Workbook / Laboratory Manual
to accompany

Second Edition

puntos
en breve

A Brief Course

Alice A. Arana
Fullerton College, Emeritus

Oswaldo Arana
CSU Fullerton, Emeritus

María Sabló-Yates
Delta College

Boston   Burr Ridge, IL   Dubuque, IA   Madison, WI   New York
San Francisco   St. Louis   Bangkok   Bogotá   Caracas   Kuala Lumpur
Lisbon   London   Madrid   Mexico City   Milan   Montreal   New Delhi
Santiago   Seoul   Singapore   Sydney   Taipei   Toronto

 **Higher Education**

This is an ⌐BI book.

Workbook / Laboratory Manual
to accompany Puntos en breve:
A Brief Course

Published by McGraw-Hill, an imprint of The McGraw-Hill Companies, Inc., 1221 Avenue of the Americas, New York, NY 10020. Copyright © 2007 by The McGraw-Hill Companies, Inc. All rights reserved. No part of this publication may be reproduced or distributed in any form or by any means, or stored in a database or retrieval system, without the prior written consent of The McGraw-Hill Companies, Inc., including, but not limited to, in any network or other electronic storage or transmission, or broadcast for distance learning.

This book is printed on recycled, acid-free paper.

5 6 7 8 9 0 QPD QPD 0 9

ISBN-13: 978-0-07-320828-2
ISBN-10: 0-07-320828-0

Vice president and editor-in-chief: *Emily G. Barrosse*
Publisher: *William R. Glass*
Senior sponsoring editor: *Christa Harris*
Director of development: *Scott Tinetti*
Development editor: *Janet Gokay*
Executive marketing manager: *Nick Agnew*
Production supervisor: *Louis Swaim*
Production editor: *David Blatty*
Managing editor: *David M. Staloch*
Illustrators: *David Bohn, Wayne Clark, Anica Gibson, Rich Hackney,*
    Sally Richardson, Dave Sullivan
Compositor: *TechBooks/GTS, York, PA*
Typeface: *10/12 Palatino*
Paper: *40# Alt*
Printer and binder: *Quebecor World Printing, Dubuque*

http://www.mhhe.com

Workbook / Laboratory Manual
to accompany

Second Edition

puntos
en breve

A Brief Course

Alice A. Arana
Fullerton College, Emeritus

Oswaldo Arana
CSU Fullerton, Emeritus

María Sabló-Yates
Delta College

Boston   Burr Ridge, IL   Dubuque, IA   Madison, WI   New York
San Francisco   St. Louis   Bangkok   Bogotá   Caracas   Kuala Lumpur
Lisbon   London   Madrid   Mexico City   Milan   Montreal   New Delhi
Santiago   Seoul   Singapore   Sydney   Taipei   Toronto

 **Higher Education**

This is an EBI book.

Workbook / Laboratory Manual
to accompany Puntos en breve:
A Brief Course

Published by McGraw-Hill, an imprint of The McGraw-Hill Companies, Inc., 1221 Avenue of the Americas, New York, NY 10020. Copyright © 2007 by The McGraw-Hill Companies, Inc. All rights reserved. No part of this publication may be reproduced or distributed in any form or by any means, or stored in a database or retrieval system, without the prior written consent of The McGraw-Hill Companies, Inc., including, but not limited to, in any network or other electronic storage or transmission, or broadcast for distance learning.

This book is printed on recycled, acid-free paper.

5 6 7 8 9 0 QPD QPD 0 9

ISBN-13: 978-0-07-320828-2
ISBN-10: 0-07-320828-0

Vice president and editor-in-chief: *Emily G. Barrosse*
Publisher: *William R. Glass*
Senior sponsoring editor: *Christa Harris*
Director of development: *Scott Tinetti*
Development editor: *Janet Gokay*
Executive marketing manager: *Nick Agnew*
Production supervisor: *Louis Swaim*
Production editor: *David Blatty*
Managing editor: *David M. Staloch*
Illustrators: *David Bohn, Wayne Clark, Anica Gibson, Rich Hackney,*
        Sally Richardson, Dave Sullivan
Compositor: *TechBooks/GTS, York, PA*
Typeface: *10/12 Palatino*
Paper: *40# Alt*
Printer and binder: *Quebecor World Printing, Dubuque*

Contents

To the Student

Welcome to the combined Workbook / Laboratory Manual to accompany *Puntos en breve: A Brief Course*, Second Edition. Each chapter of this Workbook / Laboratory Manual is based on the corresponding chapter of the text, so that you may practice and review on your own what you are learning in class. For ease of identification, the exercises appear under the same headings as in *Puntos en breve*. Once a section from the textbook has been introduced, you can do the same section in the Workbook / Laboratory Manual with the assurance that no new vocabulary or structures from later sections of that chapter will be encountered.

Integrated Written and Oral Exercises

Because your different senses and skills (writing, reading, listening, and speaking) reinforce one another, written and oral exercises for each point in the text appear together in the Workbook / Laboratory Manual. Oral exercises are coordinated with the Audio Program, available in compact disc format and on the Online Learning Center (www.mhhe.com/peb2), which you can use at home or at your school's language laboratory. They are marked with a headphones symbol:

To get the most out of the Audio Program, you should listen to the recordings after your instructor covers the corresponding material in class, and you should listen as often as possible. You will need the Workbook / Laboratory Manual much of the time when you listen to the recordings, since many of the exercises are based on visuals, realia (real things—such as advertisements, classified ads, and so on, that you would encounter in a Spanish-speaking country), and written cues.

Organization

The structure of the **Capítulo preliminar** in the Workbook / Laboratory Manual parallels that of **Capítulo preliminar: Ante todo** in the main text. **Capítulos 1-16** are organized as follows:

- **Vocabulario: Preparación** allows you to practice the thematic vocabulary of each chapter through a variety of fun and interesting exercises. Here and in **Gramática,** written and oral exercises (in that order) appear together for each point.
- This preliminary vocabulary study is followed by pronunciation exercises (**Pronunciación y ortografía**) that provide focused practice of Spanish pronunciation, with explanations all in English.
- **Gramática** presents a variety of written and oral exercises on each grammar point in the corresponding section of the main text.
- **Un poco de todo** combines grammar points and vocabulary introduced in the current chapter as well as in previous chapters. This section includes written and oral exercises as well as the following sections.
  - **¡Repasemos!** is a focused review of grammar and vocabulary from preceding chapters, including reading selections, tense transformation, and paragraph completion. The last activity in each **¡Repasemos!** section is an oral interview, in which you respond to personalized questions. Answers for **¡Repasemos!** sections are *not* provided in the Appendix.
  - **Mi diario** is a chapter-culminating activity in which you are encouraged to write freely about your own experiences, applying the material you have been studying in that chapter.
- **Conozca...** corresponds to the cultural section found in the textbook. Here you are assessed on your comprehension of the cultural content.

- Every chapter also includes a final section called **Póngase a prueba.** In this section, you will find first a short quiz called **A ver si sabe… ,** which focuses on some of the more mechanical aspects of the language-learning process, such as memorization of verb forms and syntax. By taking this quiz, you can evaluate your knowledge of the most basic aspects of the language before moving on to the **Prueba corta,** where you will complete a brief quiz that contains more contextualized written and oral practice.

Answers

Answers to most oral exercises are given on the Audio Program. In a few cases, as required, they appear in the Appendix at the back of this Workbook / Laboratory Manual. Answers to most written activities also appear in the Appendix. No answers are provided for exercises requiring personalized answers, indicated with this symbol: ❖

Acknowledgments

The authors wish to offer their sincere thanks to the following individuals:

- Ana María Pérez-Gironés (Wesleyan University), who wrote the listening passages in the **¡Repasemos!** sections
- Manuela González-Bueno (University of Kansas), who made many helpful suggestions for improving the **Pronunciación y ortografía** sections
- William R. Glass, whose reading of previous editions of the separate Workbook / Laboratory Manual provided welcome suggestions and advice
- Christa Harris, for her valuable suggestions, helpful comments, and continued assistance and good humor in the editing of this edition
- Scott Tinetti, whose comments, suggestions, and superior editing made this combined Workbook / Laboratory Manual and Audio Program possible
- Thalia Dorwick, whose continuing work on the **Puntos** family of books reflects her abiding love of language learning and teaching

We sincerely hope that beginning Spanish will be a satisfying experience for you!

Alice A. Arana
Oswaldo Arana
María Sabló-Yates

About the Authors

Alice A. Arana is Associate Professor of Spanish, Emeritus, Fullerton College. She received her M.A.T. from Yale University and her Certificate of Spanish Studies from the University of Madrid. Professor Arana has taught Spanish at the elementary and high school levels, and has taught methodology at several NDEA summer institutes. She is coauthor of the first edition of *A-LM Spanish,* of *Reading for Meaning—Spanish,* and of several elementary school guides for the teaching of Spanish. In 1992, Professor Arana was named Staff Member of Distinction at Fullerton College and was subsequently chosen as the 1993 nominee from Fullerton College for Teacher of the Year. In 1994, she served as Academic Senate President.

Oswaldo Arana is Professor of Spanish, Emeritus, at California State University, Fullerton, where he has taught Spanish-American culture and literature. He received his Ph.D. in Spanish from the University of Colorado. Professor Arana has taught at the University of Colorado, the University of Florida (Gainesville), and at several NDEA summer institutes. He served as a language consultant for the first edition of *A-LM Spanish,* and is coauthor of *Reading for Meaning—Spanish* and of several articles on Spanish-American narrative prose.

In addition to this Workbook / Laboratory Manual, the Aranas are coauthors of the first through seventh editions of the Workbook to accompany *Puntos de partida: An Invitation to Spanish,* and the first through seventh editions of the *¿Qué tal?* Workbook.

María Sabló-Yates is a native of Panama. She holds a B.A. and an M.A. from the University of Washington (Seattle). She has taught at the University of Washington, Central Michigan University (Mt. Pleasant, Michigan), and currently teaches at Delta College (University Center, Michigan). In addition to this Workbook / Laboratory Manual, she is the author of the *¿Qué tal?* Laboratory Manual and of the Laboratory Manual to accompany *Puntos de partida: An Invitation to Spanish.*

PRIMERA PARTE

■■■Saludos y expresiones de cortesía

A. Saludos. Greet the following people in an appropriate manner.

1. a classmate, at any time of day _____

2. la señora Alarcón, at 9:30 P.M. _____

3. el señor Ramírez, at 2:00 P.M. _____

4. la señorita Cueva, at 11:00 A.M. _____

¡RECUERDE! (*REMEMBER!*)

¿Tú o (*or*) usted?

1. What form do you use when speaking to a professor?   tú ☐   usted ☐

2. What form do you use when speaking to another student?   tú ☐   usted ☐

3. To ask a classmate his or her name, say: ¿_____?

4. To ask your instructor his or her name, say: ¿_____?

B. ¡Hola, Carmen! On your way to class, you meet Carmen, a student from Spain, and exchange greetings with her. Complete the brief dialogue.

USTED: Hola, Carmen, ¿_____[1]?

CARMEN: Bien, gracias. ¿_____[2]?

USTED: Regular.

CARMEN: Adiós, _____[3] mañana.

USTED: Adiós, Carmen. _____[4].

C. Diálogo. Complete the following dialogue between you and your Spanish instructor. Since the term has just begun, your instructor has not yet learned your name. Be sure to use your own name and that of your instructor in the appropriate blanks.

USTED: _____[1] noches, profesor(a)_____. ¿Cómo

_____[2]?

PROFESOR(A):   Bien, _____[3]. ¿Cómo _____[4]?

USTED: _____[5] (*your name*).

PROFESOR(A):   Mucho _____[6].

USTED: _____[7].

D. Diálogos. In the following dialogues, you will practice greeting others appropriately in Spanish. The dialogues will be read with pauses for repetition. After each dialogue, you will hear two summarizing statements. Circle the letter of the statement that best describes each dialogue. First, listen.

1. MANOLO: ¡Hola, Maricarmen!
    MARICARMEN: ¿Qué tal, Manolo? ¿Cómo estás?
    MANOLO: Muy bien. ¿Y tú?
    MARICARMEN: Regular. Nos vemos, ¿eh?
    MANOLO: Hasta mañana.

Comprensión: a. b.

2. ELISA VELASCO: Buenas tardes, señor Gómez.
    MARTÍN GÓMEZ: Muy buenas, señora Velasco.
    ¿Cómo está?
    ELISA VELASCO: Bien, gracias. ¿Y usted?
    MARTÍN GÓMEZ: Muy bien, gracias. Hasta luego.
    ELISA VELASCO: Adiós.

Comprensión: a. b.

3. LUPE: Buenos días, profesor.
    PROFESOR: Buenos días. ¿Cómo te llamas?
    LUPE: Me llamo Lupe Carrasco.
    PROFESOR: Mucho gusto, Lupe.
    LUPE: Igualmente.

Comprensión: a. b.

E. ¿Formal o informal? You will hear a series of expressions. Indicate whether each expression would be used in a formal or in an informal situation.

1. a. formal   b. informal
2. a. formal   b. informal
3. a. formal   b. informal
4. a. formal   b. informal

■■■Nota comunicativa: Otros saludos y expresiones de cortesía

Saludos.

Paso 1. You will hear a series of questions or statements. Each will be said twice. Circle the letter of the best response or reaction to each.

1. a. Me llamo Ricardo Barrios.   b. Bien, gracias.
2. a. Encantada, Eduardo.   b. Muchas gracias, Eduardo.
3. a. Regular. ¿Y tú?   b. Mucho gusto, señorita Paz.

4. a. Con permiso, señor.   b. No hay de qué.
5. a. De nada, señora Colón.   b. Buenas noches, señora Colón.
6. a. Soy de Guatemala.   b. ¿Y tú?

Paso 2. Now, listen to the questions and statements again and read the correct answers in the pauses provided. You will hear each item only once. Be sure to repeat the correct answer after you hear it.

1. ...   2. ...   3. ...   4. ...   5. ...   6. ...

PRONUNCIACIÓN Y ORTOGRAFÍA   El alfabeto español

A. **El alfabeto español.** You will hear the names of the letters of the Spanish alphabet, along with a list of place names. Listen and repeat, imitating the speaker. Notice that most Spanish consonants are pronounced differently than in English. In future chapters, you will have the opportunity to practice the pronunciation of most of these letters individually.

a	a	la Argentina	ñ	eñe	España
b	be	Bolivia	o	o	Oviedo
c	ce	Cáceres	p	pe	Panamá
d	de	Durango	q	cu	Quito
e	e	el Ecuador	r	ere	el Perú
f	efe	Florida	rr	erre	Monterrey
g	ge	Guatemala	s	ese	San Juan
h	hache	Honduras	t	te	Toledo
i	i	Ibiza	u	u	el Uruguay
j	jota	Jalisco	v	ve	Venezuela
k	ca	(*Kansas*)	w	doble ve	(*Washington*)
l	ele	Lima	x	equis	Extremadura
m	eme	México	y	i griega	el Paraguay
n	ene	Nicaragua	z	zeta	Zaragoza

B. Repeat the following words, phrases, and sentences. Imitate the speaker and pay close attention to the difference in pronunciation between Spanish and English.

1.	c/ch	Colón	Cecilia	Muchas gracias.	Buenas noches.
2.	g/gu	Ortega	gusto	Miguel	guitarra
3.	h	La Habana	Héctor	hotel	historia
4.	j/g	Jamaica	Jiménez	Geraldo	Gilda
5.	l/ll	Lupe	Manolo	Sevilla	me llamo
6.	y	Yolanda	yate	Paraguay	y
7.	r/rr	Mario	arte	Roberto	carro
8.	ñ	Begoña	Toño	señorita	Hasta mañana.

C. **Más repeticiones.** Repeat the following Spanish syllables, imitating the speaker. Try to pronounce each vowel with a short, tense sound.

1.	ma	fa	la	ta	pa		4.	mo	fo	lo	to	po
2.	me	fe	le	te	pe		5.	mu	fu	lu	tu	pu
3.	mi	fi	li	ti	pi		6.	sa	se	si	so	su

D. Las vocales. Compare the pronunciation of the following words in both English and Spanish. Listen for the schwa, the *uh* sound in English, and notice its absence in Spanish.

English: *banana*   Spanish: **banana**

capital   **capital**

Now, repeat the following words, imitating the speaker. Be careful to avoid the English schwa. Remember to pronounce each vowel with a short and tense sound.

1. hasta   tal   nada   mañana   natural
2. me   qué   Pérez   usted   rebelde
3. sí   señorita   permiso   imposible tímido
4. yo   con   cómo   noches   profesor
5. tú   uno   mucho   Perú   Lupe

E. Dictado: En el hotel. Imagine that you work as a hotel receptionist in Miami. Listen to how some Hispanic guests spell out their last names for you. Write down the names as you hear them.

1. _____   3. _____

2. _____   4. _____

■■■ Nota comunicativa: Los cognados

A. Los cognados

❖**Paso 1.** Scan the following excerpt from an ad, then underline all the cognates and other words that look familiar to you.*

> # La calidad empieza con una actitud
>
> A pesar de ser una compañía pequeña, Luna Defense Systems en Baldwin Park, California, posee uno de los sistemas de control de calidad más sofisticados del mundo. Pero Al Luna, presidente y fundador, no depende sólo de máquinas. Él cree que la calidad empieza con una mentalidad positiva. Por lo tanto, concentra una gran parte de su tiempo desarrollando esta actitud en sus empleados.

Paso 2. Based on your understanding of the ad, check the box for either **cierto** (*true*) or **falso** (*false*). **¡OJO!** The sentences can help you understand a little more about the ad.

		C	F
1.	Luna Defense Systems is a company located in the United States.	☐	☐
2.	This company has one of the most sophisticated quality control systems in the world.	☐	☐
3.	Al Luna is just one of the company's employees.	☐	☐
4.	At Luna, quality control depends principally on the fine machinery they use.	☐	☐
5.	At Luna, quality depends on the positive mental attitude of the employees.	☐	☐

_____

*Exercises marked with the symbol (❖) do *not* have answers at the back of the Workbook / Laboratory Manual or on the recorded audio program.

B. Características. Repeat the following cognates, imitating the speaker.

1. cruel
2. idealista
3. flexible
4. liberal
5. terrible
6. serio
7. religiosa
8. emocional
9. generoso

C. Dictado: ¿Cómo son?* (*What are they like?*) You will hear five sentences. Each will be said twice. Listen carefully and write the missing words.

1. Nicolás es _____.

2. La profesora Díaz es _____.

3. Juan no es _____.

4. Maite es muy _____.

5. Íñigo no es _____.

■■■ ¿Cómo es usted?

❖**A. Adjetivos.** Read aloud the following adjectives, then choose those that best describe you and use them to complete the sentence. Remember to use the **-o** ending if you are male and the **-a** ending if you are female.

ambicioso/a, artístico/a, atlético/a, cínico/a, cómico/a, estudioso/a, extraordinario/a, extrovertido/a, generoso/a, impulsivo/a, práctico/a, romántico/a, serio/a, sincero/a, tímido/a

Yo soy _____, _____, _____ y _____.

B. ¿Qué opina usted? (*What do you think?*) Describe the following people by using appropriate adjectives from the preceding list and from the list in **Nota comunicativa: Los cognados** in your textbook.

1. Gloria Estefan es _____, _____ y _____.

2. Enrique Iglesias es _____, _____ y _____.

3. Madonna es _____, _____ y _____.

4. Sammy Sosa es _____, _____ y _____.

5. David Letterman es _____, _____ y _____.

❖**C. Mi mejor amigo/a** (*My best friend*). Tell your best friend what you think he/she is like. What verb form will you use with **tú: soy, eres, es?**

Tú _____ _____, _____ y _____.

❖**D. Encuesta** (*Survey*). You will hear a series of questions. For each question, check the appropriate answer. No answers will be given. The answers you choose should be correct for you!

1. ☐ Sí, soy independiente.
   ☐ No, no soy independiente.
2. ☐ Sí, soy impulsivo/a.
   ☐ No, no soy impulsivo/a.
3. ☐ Sí, soy eficiente.
   ☐ No, no soy eficiente.
4. ☐ Sí, soy materialista.
   ☐ No, no soy materialista.

---

*Answers to all **Dictado** exercises are given in the Appendix.

E. **Preguntas** (*Questions*). Ask the following persons about their personalities, using **¿Eres... ?** or **¿Es usted... ?** as appropriate, and the cues you will hear. Follow the model. (Remember to repeat the correct question. If you prefer, pause and write the questions.) You will hear answers to your questions.

> MODELO: (*you see*) Marta   (*you hear*) tímida →
> (*you say*) Marta, ¿eres tímida?   (*you hear*) Sí, soy tímida.

1. Ramón, ¿_____?

2. Señora Alba, ¿_____?

3. Señor Castán, ¿_____?

4. Anita, ¿_____?

■■■Spanish in the United States and in the World

A. Match the geographical area of the United States with the largest Spanish-speaking group(s) that has (have) settled in each area.

Northeast _____

Southwest _____

Southeast _____

    a. Central Americans
    b. Cubans
    c. Mexicans
    d. Puerto Ricans

❖**B.** Do you know people who have come from Spanish-speaking countries? Which countries?

_____

SEGUNDA PARTE

■■■Los números 0–30; *hay*

A. **Cantidades** (*Quantities*). Write out the numbers indicated in parentheses. Remember that the number **uno** changes to **un** before a masculine noun and to **una** before a feminine noun.

1. (1) _____ clase (*f.*)

2. (4) _____ dólares

3. (7) _____ días

4. (13) _____ personas

5. (11) _____ señoras

6. (1) _____ estudiante (*m.*)

7. (20) _____ señoras

8. (23) _____ personas

9. (26) _____ clases

10. (21) _____ señores (*m.*)

11. (21) _____ pesetas (*f.*)

12. (30) _____ estudiantes

B. **Problemas de matemáticas.** Complete each equation, then write out the missing numbers in each statement.

1. 14 + _____ = 22   Catorce y _____ son veintidós.

2. 15 − 4 = _____   Quince menos cuatro son _____.

3. 2 + 3 = _____   Dos y tres son _____.

4. 8 + _____ = 14   Ocho y _____ son catorce.

5. 13 + _____ = 20   Trece y _____ son veinte.

6. 15 + 7 = _____   Quince y siete son _____.

7. _____ − 3 = 27   _____ menos tres son veintisiete.

❖C. **Preguntas** (*Questions*). Answer the following questions that a friend has asked about your university.

1. ¿Cuántas clases de Español I hay? _____

_____

2. ¿Cuántos estudiantes hay en tu (*your*) clase de español? _____

_____

3. ¿Y cuántos profesores hay en el Departamento de Español? _____

4. ¿Hay clase de español mañana? _____

5. ¿Hay un teatro en la universidad? _____

D. **¿Cuántos hay?** (*How many are there?*) Read the following phrases when you hear the corresponding numbers. (Remember to repeat the correct answer.)

1. 21 personas (*f.*)
2. 18 profesores
3. 1 señora (*f.*)
4. 21 días (*m.*)
5. 30 cafés

E. **¿Qué hay en la sala de clase?** (*What is there in the classroom?*) You will hear a series of questions. Each will be said twice. Answer based on the following drawing. (Remember to repeat the correct answer.)

1. ...   2. ...   3. ...   4. ...

■■■Gustos (*Likes*) y preferencias

A. Gustos y preferencias. Imagine that you are asking your instructor and several classmates whether they like the following things. Form your questions by combining phrases from the first column with items and activities in the other two. Then write the answers you think they *might* give.

le gusta	la música jazz	esquiar
te gusta	el chocolate	beber café
(no) me gusta	el programa «Who Wants to Be a Millionaire?»	estudiar
		jugar a la lotería / al tenis / al fútbol

1. —Profesor(a), ¿_____?

   —Sí (No), _____.

2. —Profesor(a), ¿_____?

   —Sí (No), _____.

3. —_____, ¿_____?
   (*classmate's name*)

   —Sí (No), _____.

4. —_____, ¿_____?

   —Sí (No), _____.

5. —_____, ¿_____?

   —Sí (No), _____.

6. —_____, ¿_____?

   —Sí (No), _____.

B. Gustos y preferencias. You will hear a series of questions. Each will be said twice. You should be able to guess the meaning of the verbs based on context. Answer based on your own experience. You will hear a possible answer. (Remember to repeat the answer.)

MODELO: (*you see*) jugar
(*you hear*) ¿Te gusta jugar al tenis? →
(*you say*) Sí, me gusta jugar al tenis. OR No, no me gusta jugar al tenis.

1. jugar   2. estudiar   3. tocar   4. comer

■■■¿Qué hora es?

A. Son las… Match the following statements with the clock faces shown.

1. _____ Son las cinco y diez de la tarde.
2. _____ Son las diez menos veinte de la noche.
3. _____ Es la una y cuarto de la mañana.
4. _____ Son las once y media de la mañana.
5. _____ Son las cuatro menos cuarto de la tarde.
6. _____ Son las nueve y veinte de la noche.

a.  b.  c.  d.   e.  f.

B. ¿Qué hora es? Write out the times indicated. Use **de la mañana, de la tarde,** or **de la noche,** as required.

1. It's 12:20 A.M. _____
2. It's 1:05 P.M. _____
3. It's 2:00 A.M. _____
4. It's 7:30 P.M. _____
5. It's 10:50 A.M. _____
6. It's 9:45 P.M. _____
7. It's 1:30 A.M. _____

¡OJO!

In Spain, as in most of Europe, times in transportation schedules are given on a 24-hour clock. A comma is often used instead of a colon.

Convert the following hours from the 24-hour system to the A.M./P.M. system.

a. 16,05 = _____   b. 20,15 = _____   3. 22,50 = _____

C. ¿A qué hora es... ? You will hear a series of questions about Marisol's schedule. Answer based on her schedule. (Remember to repeat the correct answer.) First, pause and look at the schedule.

MODELO: (*you hear*) ¿A qué hora es la clase de español? →
                (*you say*) Es a las ocho y media de la mañana.

Horario escolar°

Nombre: Marisol Abad
Dirección: Calle Alfaro, 16
Teléfono: 72-45-86

8:30	Español
9:40	Ciencias
11:00	Matemáticas
12:25	Inglés
2:15	Arte

°Horario... *School schedule*

---

1. ...   2. ...   3. ...   4. ...

■■■Lectura: La geografía del mundo hispánico

Un poco de (*A little bit of*) **geografía.** Match these geographical names with the category to which they belong.

1. _____ los Andes
2. _____ Titicaca
3. _____ Cuba
4. _____ el Amazonas
5. _____ Yucatán

a. una cordillera
b. una isla
c. un lago
d. una península
e. un río

UN POCO DE TODO (Para entregar)

❖¡Repasemos!

Entrevista. You will hear a series of questions. Each will be said twice. Answer based on your own experience. Pause and write the answers (on a separate sheet of paper).

❖Mi diario

It is a good idea to have a separate notebook for your **diario** entries. Before you begin writing, reread the pages about **Mi diario** at the front of this workbook. Include at least the following information in your first entry.

- First, write today's date in numerals. Note that in Spanish the day comes first, then the month, and finally the year. Thus, 29/8/03 is August 29, 2003.
- Now greet your diary as you would a friend and introduce yourself.
- Write down what time it is. (Write out the hour.)
- Describe your personality, using as many adjectives as you can from pages 6–7 of your textbook.
- List two things you like (or like to do) and two things you do *not* like (or do not like to do).

PÓNGASE A PRUEBA

■■■A ver si sabe...

A. **¿Cómo es usted?** (*What are you like?*) Fill in the blanks with the appropriate form of **ser.**

1. yo _____   2. tú _____   3. usted, él, ella _____

B. **Saludos y expresiones de cortesía.** Complete the following phrases.

1. To a friend: ¡_____! ¿Qué tal?

2. Fill in the blanks with the correct form of **bueno.**

   _____ días. _____ tardes. _____ noches.

3. To ask a classmate her name, you say: ¿Cómo _____?

4. The responses to **muchas gracias** are _____ or _____.

C. **Gustos y preferencias.** Fill in the blanks with the appropriate word(s).

   1. ¿Te _____ el chocolate?   ⟶   2. No, no _____.

D. **¿Qué hora es?**

   1. To ask what time it is, you say: ¿_____?

   2. To answer, use _____ **la una (y cuarto, y media)** or _____ **las dos (tres, etcétera).**

■■■Prueba corta

A. **Conteste en español.**

   1. Ask your instructor what his or her name is. _____

   _____

   2. Ask the student next to you what his or her name is. _____

   _____

   3. What do you say when someone gives you a gift? _____

   4. How does that person respond? _____

   5. Tell your best friend what he or she is like. Use at least three adjectives.

   _____

   6. Ask your instructor if he or she likes **el jazz.** _____

   _____

   7. Ask a classmate if he or she likes **el chocolate.** _____

   _____

   8. Write out the numbers in the following series: tres, _____, nueve, _____,

   _____, dieciocho, _____, veinticuatro, veintisiete, _____.

   9. Express 11:15 P.M. in Spanish: _____

B. **Hablando** (*Speaking*) **de las clases.** You will overhear a conversation between Geraldo and Delia. Listen carefully. Try not to be distracted by unfamiliar vocabulary; concentrate instead on what you do know. Then, you will hear a series of statements. Circle **C** if the statement is true (**cierto**) and **F** if it is false (**falso**).

   1. **C   F**   2. **C   F**   3. **C   F**   4. **C   F**   5. **C   F**

CAPÍTULO 1

VOCABULARIO Preparación

■■■En la clase

A. Identificaciones. Identify the person, place, or objects shown in each drawing.

1. _____   2. _____   3. _____   6. _____

4. _____   7. _____

5. _____   8. _____

9. _____

10. _____

11. _____

12. _____

13. _____

14. _____

15. _____

16. _____

17. _____

18. _____

19. _____

20. _____

21. _____

22. _____

23. _____

24. _____

B. **¡Busque el intruso!** (*Look for the intruder!*) Write the item that does not belong in each series of words and explain why.

> **Categorías posibles:** un lugar (*place*), una cosa (*thing*), una persona

MODELO: el bolígrafo / el estudiante / el profesor / el hombre →
El bolígrafo, porque (*because*) es una cosa. No es una persona.

1. la consejera / la profesora / la calculadora / la compañera de clase

   _____

2. la residencia / la librería / la biblioteca / la mochila

   _____

3. el papel / el lápiz / el hombre / el bolígrafo

   _____

4. el diccionario / el libro / el cuaderno / el edificio

   _____

5. la bibliotecaria / la cafetería / la biblioteca / la oficina

   _____

C. **¿Qué necesita?** (*What does she need?*) Luisa is making a list of things that she will need for her classes this semester. Listen carefully to her list and check the items that she needs. If she mentions a number, write it in the space provided. Don't be distracted by unfamiliar vocabulary; concentrate instead on the words that you *do* know. **¡OJO!** Not all items will be mentioned. First, listen to the list of possible items.

COSAS	SÍ	NO	¿CUÁNTOS O CUÁNTAS?
mochila(s)			
lápiz (lápices)			
bolígrafo(s)			
libro(s) de texto			
cuaderno(s)			
diccionario(s)			
calculadora(s)			
papel			
pizarra(s)			

D. Identificaciones. Identify the following items when you hear the corresponding number. Begin each sentence with **Es el...** or **Es la...** (Remember to repeat the correct answer.)

1. ...   2. ...   3. ...   4. ...   5. ...   6. ...   7. ...   8. ...   9. ...   10. ...

■■■Las materias

A. Materias. What classes would you take if you were majoring in the following areas? Choose your classes from the list.

1. Matemáticas y administración de empresas

   a. _____

   b. _____

   c. _____

   d. _____

2. Lenguas y literatura

   a. _____

   b. _____

   c. _____

3. Ciencias sociales

   a. _____

   b. _____

   c. _____

Astronomía
Biología 2
Gramática alemana
Cálculo 1
Contabilidad (*Accounting*)
La novela moderna
Química orgánica
Antropología
Francés 304
Sociología urbana
Trigonometría
Sicología del adolescente
Física
Computación

4. Ciencias naturales

   a. _____

   b. _____

   c. _____

   d. _____

❖B. **¿Qué estudias?** (*What are you studying?*) Write about the courses you need or like or do not like to study by combining phrases from the two columns.

Necesito estudiar
(No) Me gusta estudiar

chino, español, inglés, italiano, japonés, ruso
cálculo, computación, contabilidad
ciencias políticas, historia
biología, química
sicología

MODELO: Necesito estudiar inglés.

1. _____

2. _____

3. _____

■■■Nota comunicativa: Palabras interrogativas

A. **Palabras interrogativas.** Complete the sentences with the most appropriate interrogative word or phrase from the following list. In some cases more than one answer is possible. Write your answers in the spaces on the right. To use this exercise for review, cover the answers with a piece of paper.

¿A qué hora?   ¿Cuándo?   ¿Dónde?
¿Cómo?   ¿Cuánto?   ¿Qué?
¿Cuál?   ¿Cuántos?   ¿Quién?

1. ¿_____ es por el libro (*for the book*)? ¿Tres o cuatro dólares? _____

2. ¿_____ es la clase de historia? ¿a la una o a las dos? _____

3. Buenos días, señor Vargas. ¿_____ está usted hoy? _____

4. ¿_____ es la capital de la Argentina? ¿Buenos Aires o Lima? _____

5. ¿_____ estudias (*do you study*), en casa (*at home*) o en la biblioteca (*library*)? _____

6. —¿_____ es usted? —Soy María Castro. _____

7. ¿_____ es el examen, hoy o mañana? _____

8. ¿_____ es esto? ¿una trompeta o un saxofón? _____

B. **El Cine Bolívar.** Your friend asks you some questions about a movie (**una película**) at the Cine Bolívar. Use an appropriate interrogative phrase to complete each of his questions.

AMIGO: ¿_____¹ se llama la película?

USTED: *Casablanca*.

AMIGO: ¿_____² es el actor principal?

USTED: Humphrey Bogart.

AMIGO: ¿_____³ es la película?

USTED: Es romántica.

AMIGO: ¿_____⁴ es por la entrada (*for the admission*)?

CINE BOLÍVAR

CASABLANCA
¡BOGART y BERGMAN!
7:00 TARDE
ADULTOS $5.00   NIÑOS $3.00
AVENIDA BOLÍVAR TELÉFONO 24680

USTED: Ocho dólares. 1. _____

AMIGO: ¿_____⁵ está el Cine Bolívar? 2. _____

USTED: Está en la Avenida Bolívar. 3. _____

AMIGO: ¿_____⁶ es la película? 4. _____

USTED: A las siete de la tarde. 5. _____

AMIGO: ¿_____⁷ hora es ahora? 6. _____

USTED: Son las cinco y cuarto. 7. _____

C. Preguntas y respuestas (*Questions and answers*). Imagine that your friend Marisa has just made some statements that you didn't quite understand. You will hear each statement twice. Circle the letter of the interrogative word or phrase you would use to obtain information about what she said.

1. a. ¿a qué hora?   b. ¿cómo es?
2. a. ¿quién?   b. ¿dónde?
3. a. ¿cuál?   b. ¿dónde está?
4. a. ¿cuántas?   b. ¿cuándo?
5. a. ¿qué es?   b. ¿cómo es?
6. a. ¿cómo está?   b. ¿qué es?

PRONUNCIACIÓN Y ORTOGRAFÍA   Diphthongs and Linking

A. Repaso: Las vocales. Repeat the following words, imitating the speaker. Pay close attention to the pronunciation of the indicated vowels.

WEAK VOWELS

(i, y)	Pili	silla	soy	y
(u)	gusto	lugar	uno	mujer

STRONG VOWELS

(a)	calculadora	Ana	banana	lápiz
(e)	trece	papel	clase	general
(o)	profesor	hombre	Lola	bolígrafo

B. Diptongos. Diphthongs are formed by two successive weak vowels (**i** or **y, u**) or by a combination of a weak vowel and a strong vowel (**a, e, o**). The two vowels are pronounced as a single syllable. Repeat the following words, imitating the speaker. Pay close attention to the pronunciation of the indicated diphthongs.

1. (ia) me**dia**   gra**cia**s
2. (ie) b**ie**n   s**ie**te
3. (io) Jul**io**   edific**io**
4. (iu) c**iu**dad (*city*)   v**iu**da (*widow*)
5. (ua) c**ua**derno   Mana**gua**
6. (ue) b**ue**nos   n**ue**ve
7. (ui) m**uy**   f**ui** (*I was / I went*)

8. (uo) c**uo**ta   ard**uo**
9. (ai) **ai**re   h**ay**
10. (ei) v**ei**nte   tr**ei**nta
11. (oi) s**oy**   est**oy**
12. (au) **au**to   p**au**sa
13. (eu) d**eu**da (*debt*)   C**eu**ta

C. Más sobre (*about*) **los diptongos**

Paso 1. Diphthongs can occur within a word or between words, causing the words to be "linked" and pronounced as one long word. Repeat the following phrases and sentences, imitating the speaker. Pay close attention to how the words are linked.

    1. (oi/ia)   Armando y Alicia
                              las letras o y hache
    2. (ei/ie)   el tigre y el chimpancé
                              Vicente y Elena
    3. (oi/ie/ai/io) Soy extrovertida y optimista.
    4. (ai/iu)   Elena y Humberto necesitan una mochila y unos libros.

Paso 2. Linking also occurs naturally between many word boundaries in Spanish. Repeat the following sentences, imitating the speaker. Try to say each without pause, as if it were one long word.

    1. ¿Es usted eficiente?
    2. ¿Dónde hay un escritorio?
    3. Tomás y Alicia están en la oficina.
    4. Están en la Argentina y en el Uruguay.
    5. No hay estudiantes en el edificio a estas horas (*at these hours*).

D. Dictado. You will hear a series of words containing diphthongs. Each will be said twice. Listen carefully and write the missing vowels.

    1. c_____nc_____s   4. b_____nos

    2. Patric_____   5. _____to

    3. s_____s   6. s_____

GRAMÁTICA

1. Identifying People, Places, and Things • Singular Nouns: Gender and Articles

A. ¿El o la? Escriba el artículo definido apropiado, **el** o **la**.

    1. _____ tarde   4. _____ profesor   7. _____ clase

    2. _____ libertad   5. _____ día   8. _____ hombre

    3. _____ nación   6. _____ mujer

B. ¿Un o una? Escriba el artículo indefinido apropiado, **un** o **una**.

    1. _____ diccionario   4. _____ dependienta   7. _____ mesa

    2. _____ universidad   5. _____ día   8. _____ papel

    3. _____ lápiz   6. _____ mochila

C. Una cuestión de gustos. Indicate how you feel about the following places or things. Remember to use the article **el** or **la**.

MODELO: programa «Sixty Minutes» → (No) Me gusta el programa «Sixty Minutes».

1. clase de español _____

2. universidad _____

3. música de Bach _____

4. Mundo de Disney _____

5. limonada _____

6. comida (*food*) mexicana _____

7. física _____

8. programa «Friends» _____

D. Minidiálogo: En la clase del profesor Durán: El primer día

Paso 1. Dictado. The following dialogue will be read twice. Listen carefully the first time; the second time, write in the missing words.

PROFESOR DURÁN: Aquí está _____

_____ del curso.

Son necesarios _____

_____ de texto y

_____ diccionario. También hay

_____ _____

de _____ y libros

de poesía.

ESTUDIANTE 1:   ¡Es una lista infinita!

ESTUDIANTE 2:   Sí, y los libros cuestan demasiado.

ESTUDIANTE 1:   No, _____ _____ no es el precio de los libros. ¡Es _____

_____ para leer los libros!

Paso 2. ¿Cierto o falso? Now pause and read the following statements about the dialogue. Circle **C** (**cierto**) if the statement is true or **F** (**falso**) if it is false.

1. **C   F**   En la clase del profesor Durán es necesario leer muchos libros.

2. **C   F**   Para los estudiantes, el problema es el tiempo para leer los libros.

3. **C   F**   Los estudiantes necesitan una calculadora para la clase.

Now resume listening.

E. **¿Qué te gusta?** Tell a friend what you like, using the oral cues and the correct definite article. (Remember to repeat the correct answer.)

> MODELO: (*you hear*) profesora → (*you say*) Me gusta la profesora.

1. … 2. … 3. … 4. … 5. …

F. **¿Qué hay en estos** (*these*) **lugares?** Identify the items in each drawing after you hear the corresponding number. Begin each sentence with **Hay un…** or **Hay una…** (Remember to repeat the correct answer.)

> MODELO: (*you see*) diccionario → (*you say*) Hay un diccionario en la mesa.

1.

2.

3.

4.

2. Identifying People, Places, and Things • Nouns and Articles: Plural Forms

A. **Singular → plural.** Escriba la forma plural.

1. la amiga _____
2. el bolígrafo _____
3. la clase _____
4. un profesor _____

5. el lápiz _____
6. una extranjera _____
7. la universidad _____
8. un programa _____

B. **Plural → singular.** Escriba la forma singular.

1. los edificios _____

2. las fiestas _____

3. unas clientes _____

4. unos lápices _____

5. los papeles _____

6. las universidades _____

7. unos problemas _____

8. unas mujeres _____

C. **Daniel, un estudiante típico.** ¿Qué hay en el escritorio de Daniel? Use el artículo indefinido.

MODELO: Hay un radio en el escritorio.

1. _____

2. _____

3. _____

¿Qué necesita Daniel? (*What does Daniel need?*)

4. Necesita _____.

5. _____

6. _____

7. _____

❖¿Y qué necesita usted?

8. Necesito _____.

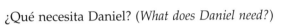

D. **Descripción: El cuarto de Ignacio.** You will hear Ignacio describe his room. As you listen, circle the number of the drawing that best matches his description. First, pause and look at the drawings.

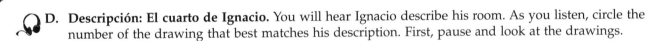

1.   2.   3.

E. **Cambios** (*Changes*). You will hear a series of nouns and articles. Give the plural forms of the first four nouns and articles and the singular forms of the next four. (Remember to repeat the correct answer.)

SINGULAR → PLURAL   PLURAL → SINGULAR

1. ... 2. ... 3. ... 4. ... 5. ... 6. ... 7. ... 8. ...

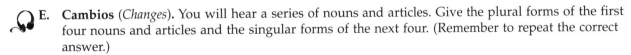

F. **Los errores de Inés.** You will hear some statements that your friend Inés makes about the following drawing. She is wrong and you must correct her. (Remember to repeat the correct answer.)

MODELO: (*you hear*) Hay dos libros. → (*you say*) No. Hay tres libros.

1. …   2. …   3. …   4. …   5. …   6. …

G. **Dictado.** You will hear a series of sentences. Each will be said twice. Listen carefully and write the missing words. You will be listening for words that are either singular or plural.

1. Hay _____ _____ en _____ _____ .

2. _____ _____ están en _____ _____ .

3. No hay _____ en _____ _____ .

4. ¿Hay _____ _____ en _____ _____ ?

3. Expressing Actions • Subject Pronouns; Present Tense of *-ar* Verbs; Negation

A. **Los pronombres personales.** What subject pronouns would you use to speak *about* the following persons?

1. your female friends _____

2. your brother _____

3. yourself _____

4. your friends Eva and Jesús _____

5. your male relatives _____

6. you and your sister _____

B. **Más sobre (*about*) los pronombres.** What subject pronouns would you use to speak *to* the following persons?

1. your cousin Roberto _____

2. your friends (*m.*) _____   _____
    (*in Spain*)   (*in Latin America*)

3. your instructors _____

4. your friend _____   _____
    (*in Spain*)   (*in Latin America*)

C. En la universidad. Describe what the following people are doing, using the verbs given. Not all verbs will be used.

bailar
cantar
hablar
pagar
tocar
tomar
trabajar

1. *En el bar:* Yo _____ por teléfono. Madonna _____ en la televisión

   y Jaime y Ana _____. Tomás y Carlos _____ cerveza y Carlos

   _____ las bebidas.ᵃ El meseroᵇ _____ mucho.

   ᵃ*drinks* ᵇ*waiter*

buscar
escuchar
necesitar
pagar

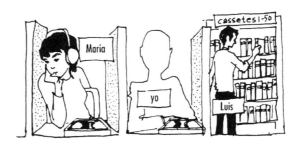

2. *En el laboratorio de lenguas:* María y yo _____ la lección de español. Luis

   _____ el casete #2. Él _____ preparar la lección de francés.

desear
enseñar
estudiar
practicar
regresar

3. *En la clase:* La profesora Cantellini _____ italiano, y los estudiantes

   _____ y _____ mucho. A las nueve y media, ella

   _____ a suᵃ oficina.

   ᵃ*her*

❖4. Now write three sentences that describe what you and your friends do on a typical weekend. Use only verbs that you have studied so far. (Use **nosotros** forms.)

En un fin de semana típico, _____

_____

_____

D. **¡No, no!** Correct the following statements by making them all negative. Use subject pronouns in your answers. Then write two sentences telling about things *you* do *not* do. Use only verbs that you have studied so far.

1. Shaquille O'Neal trabaja en una oficina.

_____

2. Gloria Estefan canta en japonés.

_____

3. Tomamos cerveza en la clase.

_____

4. La profesora regresa a la universidad por la noche.

_____

5. Los estudiantes bailan en la biblioteca.

_____

❖6. _____

❖7. _____

NOTA COMUNICATIVA: THE VERB **estar**

¿Dónde están todos ahora? Tell where you and your classmates are. Form complete sentences by using the words provided in the order given.

MODELO: Ud. / cafetería → Ud. está en la cafetería.

1. Raúl y Carmen / oficina _____

2. yo / biblioteca _____

3. tú / clase de biología _____

4. Uds. / laboratorio de lenguas _____

_____

E. **¿Quién habla?** You will hear a series of sentences. Each will be said twice. Listen carefully and circle the letter of the *subject* of each sentence. In this exercise, you will practice listening for specific information.

1. a. yo   b. ella
2. a. él   b. tú
3. a. Ana y yo   b. los estudiantes
4. a. Alberto   b. Alberto y tú
5. a. Uds.   b. nosotras

F. **Mis compañeros y yo.** Form complete sentences about yourself and others, using the oral and written cues. (Remember to repeat the correct answer.)

MODELO: (*you see and hear*) yo   (*you hear*) pagar la matrícula →
(*you say*) Pago la matrícula.

1. Ana y yo   3. el estudiante de Chile   5. profesor, Ud....
2. Chela y Roberto   4. Jaime, tú...

UN POCO DE TODO (Para entregar)

A. **Situaciones.** You and your friend have just met Daniel, a new student at the university. It is about half an hour before class. He asks you the following questions. Answer them in complete sentences.

1. ¿Estudian Uds. español? _____

2. ¿Quién enseña la clase? _____

3. ¿Cuántos estudiantes hay en la clase? _____

4. ¿Te gusta la clase? _____

5. ¿El profesor / la profesora habla inglés en la clase? _____

6. ¿Uds. necesitan practicar en el laboratorio todos los días? _____

_____

7. ¿A qué hora es la clase? _____

B. **¿Qué hay?** Escriba una pregunta con las palabras indicadas.

MODELO: diccionario / escritorio → ¿Hay un diccionario en el escritorio?

1. programa interesante / televisión _____

2. problemas / pizarra _____

3. mochila / silla _____

4. residencia / universidad _____

5. cuadernos / ¿ ? _____

C. **De compras** (*Shopping*). Martín necesita comprar unos libros. Conteste las preguntas según el dibujo (*according to the drawing*).

1. ¿Dónde compra libros Martín? _____

2. ¿Hay libros en italiano en la librería? _____

3. ¿Qué otras cosas hay? _____

   _____

4. ¿Cuántos libros compra Martín? _____

5. ¿Hablan alemán la dependienta y Martín? _____

6. ¿Paga Martín doce dólares? _____

❖¡Repasemos!

A. **¿Cómo se dice en español?** Siga (*Follow*) el modelo. Use un verbo conjugado + un infinitivo.

   MODELO: I need to study. → Necesito estudiar.

1. I want to work. _____

2. We need to work. _____

3. We need to buy a dictionary. _____

4. We need to pay for the dictionary. _____

5. He needs to look for some books. _____

B. En la cafetería. En español, por favor. Escriba en otro papel.

ANA: Hi, Daniel! How are you?
DANIEL: Fine, thanks. (At) What time are you going (returning) home today?
ANA: At two o'clock. I work at four.
DANIEL: How many (**¿Cuántas**) hours do you work today?
ANA: Six. And tonight (**esta noche**) I need to study. Tomorrow there is an exam in (**un examen de**) history.
DANIEL: Poor thing! (**¡Pobre!**) You work a lot.
ANA: Well, I need to pay for my (**mis**) books and the registration fee. See you tomorrow.
DANIEL: Good-bye. See you later.

C. Entrevista. You will hear a series of questions about your classes and your life at the university. Each will be said twice. Answer, based on your own experience. Pause and write the answers (on a separate sheet of paper).

Note: The word **tu** means *your*, and **mi** means *my*.

❖Mi diario

Write the date first. (*Remember:* In Spanish the day comes first, then the month: 29/9/02.) Write about yourself. Be sure to write in complete sentences. Include the following information:

- your name and where you are from
- how you would describe yourself as a student (**Como estudiante, soy…**); review the cognates in **Ante todo** if you need to
- the courses you are taking this term (**este semestre/trimestre**) and at what time they are given
- the school materials and equipment that you have (**tengo…**) and those you need
- what you like to do (**me gusta…**) at different times of the day (**por la mañana, por la tarde, por la noche**).

Limit yourself to vocabulary you have learned so far. Do *not* use a dictionary!

CONOZCA A... los hispanos en los Estados Unidos

¿Cierto o falso?

	C	F
1. Hay más de 30 millones de hispanos en los Estados Unidos.	☐	☐
2. La palabra **hispánico** se refiere a la raza o grupo étnico.	☐	☐
3. César Chávez fue (*was*) líder de los trabajadores agrícolas.	☐	☐
4. César Chávez se graduó (*graduated*) de la Universidad de Stanford en 1962.	☐	☐

■■■A ver si sabe...

A. Gender and Articles. Escriba el artículo apropiado.

DEFINITE ARTICLES (*the*)   INDEFINITE ARTICLES (*a, an, some*)

    SINGULAR   PLURAL   SINGULAR   PLURAL

1. *m.* _____ _____   3. *m.* _____ _____

2. *f.* _____ _____   4. *f.* _____ _____

B. Present Tense of *-ar* Verbs. Escriba la forma correcta del verbo **buscar.**

1. yo _____   4. nosotros/as _____

2. tú _____   5. vosotros/as _____

3. Ud., él, ella _____   6. Uds., ellos, ellas _____

C. Negation. Place the word **no** in the appropriate place.

1. Yo _____ deseo tomar _____ café.

2. _____ hablamos _____ alemán en la clase.

D. Palabras interrogativas. Write the appropriate interrogative word. Be sure to write accent marks and question marks.

1. Where? _____   4. Who? (*singular*) _____

2. How? _____   5. What? _____

3. When? _____   6. Why? _____

E. El verbo *estar*. Escriba la forma plural.

yo estoy → _____ _____ [1]

tú estás → vosotros _____ [2]

         Uds. _____ [3]

él está → _____ _____ [4]

■■■Prueba corta

A. Dé el artículo definido.

1. _____ papel   4. _____ libro de texto   7. _____ lápices

2. _____ mochila   5. _____ nación

3. _____ universidad   6. _____ días

B. Dé el artículo indefinido.

1. _____ librería   4. _____ problema   7. _____ mujer

2. _____ señores   5. _____ clase

3. _____ hombres   6. _____ tardes

C. Complete las oraciones con la forma apropiada de un verbo de la lista.

enseñar, estudiar, hablar, necesitar, practicar, regresar, tocar

1. Los estudiantes _____ en la biblioteca.

2. Yo _____ español en el laboratorio de lenguas.

3. En la clase de español (nosotros) no _____ inglés.

4. ¡Alberto es fantástico! _____ el piano como (*like*) profesional.

5. La profesora García _____ ciencias naturales.

6. Perdón, señor. (Yo) _____ comprar un diccionario.

7. ¿A qué hora _____ el consejero a su (*his*) oficina?

D. Cosas de todos los días

Paso 1. Practice talking about your university, using the written cues. When you hear the corresponding number, form sentences using the words provided in the order given, making any necessary changes or additions. (Remember to repeat the correct answer.)

MODELO: (*you see*) 1. profesores / llegar / temprano / a / universidad   (*you hear*) uno →
(*you say*) Los profesores llegan temprano a la universidad.

2. consejeros / trabajar / en / oficina
3. mi amiga y yo / estudiar / en / biblioteca
4. en clase / nosotros / escuchar / a / profesores
5. fin de semana / mis amigos y yo / bailar / en / discoteca
6. por la mañana / (yo) / practicar / vocabulario
7. por la noche / (yo) / mirar / televisión

Paso 2. ¿Qué recuerdas? (*What do you remember?*) Now you will hear a series of questions. Each will be said twice. Answer, based on the preceding sentences. If you prefer, pause and write the answers. (Remember to repeat the correct answer.)

1. _____

2. _____

3. _____

4. _____

CAPÍTULO 2

VOCABULARIO Preparación

■■■La familia y los parientes

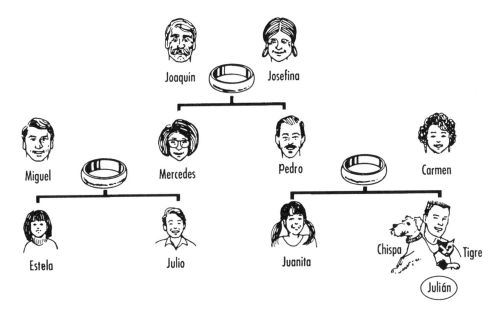

A. Identificaciones. Identifique a los parientes y mascotas de Julián.

MODELO: Pedro *es el padre de Julián.*

1. Joaquín _____.

2. Julio _____.

3. Miguel y Mercedes _____.

4. Estela y Julio _____.

5. Josefina _____.

6. Pedro y Carmen _____.

7. Chispa _____.

8. Tigre _____.

B. ¿Qué son? Complete the sentences logically. Use each item only once. Some items will not be used.

1. El hijo de mi hermano es mi _____.

2. La madre de mi primo es mi _____.

3. Los padres de mi madre son mis _____.

4. La madre de mi madre es mi _____.

5. Yo soy la _____ de mis abuelos.

6. Hay muchos _____ en mi familia. Tengo seis tíos
   y veintiún primos.

7. El perro o gato de una familia es su (*their*) _____.

abuela
abuelos
hermana
hermano
mascota
nieta
padres
parientes
sobrino
tía

C. Definiciones. You will hear a series of definitions of family relationships. Each will be said twice. Listen carefully and write the number of the definition next to the word defined. First, listen to the list of words.

_____ mi (*my*) abuelo   _____ mi hermano   _____ mi tío

_____ mi tía   _____ mi prima   _____ mi abuela

D. La familia Muñoz. You will hear a brief description of Sarita Muñoz's family. Listen carefully and complete the following family tree according to the description. First, pause and look at the family tree.

Juanito = el primo   Sarita

■■■Los números 31–100

A. Situaciones. You've been asked to make a list of some equipment and supplies in the university library. Write out the numbers. **¡RECUERDE!** (*Remember!*) **Uno** becomes **un** before a masculine noun and **una** before a feminine noun.

1. 100 _____ discos compactos

2. 31 _____ computadoras

3. 57 _____ enciclopedias

4. 91 _____ diccionarios

5. 76 _____ escritorios

❖**B.** **¿Cuántos años tienen?** (*How old are they?*) Complete las oraciones con información acerca de (*about*) su (*your*) familia o amigos: **padre, madre, abuelo/a, amigo/a, ¿ ?**

1. Mi _____ tiene _____ años.

2. Mi _____ tiene _____ años.

3. Mi _____ tiene _____ años.

4. Y yo tengo _____ años.

C. **Dictado: El inventario.** Imagine that you and a friend, Isabel, are taking inventory at the university bookstore where you work. Write out the numerals as she dictates the list to you. She will say each number twice. **¡OJO!** Items are given in random order. First, listen to the list of words.

_____ mochilas

_____ lápices

_____ cuadernos

_____ novelas

_____ calculadoras

_____ libros de español

NOTA CULTURAL: HISPANIC LAST NAMES

1. Miguel Martín Soto married Carmen Arias Bravo. Thus, their daughter Emilia's legal name is
   a. Emilia Soto Bravo
   b. Emilia Martín Bravo
   c. Emilia Martín Arias
   d. Emilia Soto Arias
2. Ángela Rebolleda Castillo married César Aragón Saavedra. Their son Francisco's name, therefore, is
   a. Francisco Castillo Saavedra
   b. Francisco Aragón Rebolleda
   c. Francisco Saavedra Castillo
   d. Francisco Rebolleda Saavedra

■■■Adjetivos

❖**A.** **¿Qué opina Ud.?** Do you agree or disagree with the following statements? Check the appropriate box.

	ESTOY DE ACUERDO.	NO ESTOY DE ACUERDO.
1. David Letterman es cómico.	☐	☐
2. Danny DeVito es alto y delgado.	☐	☐
3. Christina Aguilera es morena y gorda.	☐	☐
4. Brad Pitt es guapo.	☐	☐
5. El Parque Yosemite es impresionante.	☐	☐

B. ¿Cómo son Ricardo y Felipe? Ricardo is the opposite of Tomás, and Felipe is the opposite of Alberto. What are Ricardo and Felipe like?

1. Tomás es alto, guapo, tonto y perezoso, pero Ricardo es _____,

   _____, _____ y _____.

2. Alberto es casado, joven, antipático y rubio, pero Felipe es _____,

   _____, _____ y _____.

C. ¿Qué opina Ud.?

Paso 1. ¿Cómo son estas personas famosas? Escriba todos los adjetivos apropiados.

1. Billy Crystal es _____.

2. Arnold Schwarzenegger es _____.

3. Madonna es (**¡OJO!** Remember to use the **-a** ending if the adjective ends in **-o.**) _____

   _____.

4. Gloria Estefan es (**¡OJO!**) _____.

❖**Paso 2.** Now write sentences that describe a male friend, a male member of your family, or your favorite male actor.

1. ¿Quién es? _____

2. ¿Cómo es? _____

   _____

D. ¿Cuál es? You will hear a series of descriptions. Each will be said twice. Circle the letter of the item or person described.

1. a.   b.   2. a.   b.

3. a.   b.   4. a.   b.

PRONUNCIACIÓN Y ORTOGRAFÍA Stress and Written Accent Marks (Part 1)

A. Repeticiones. Repeat the following words, imitating the speaker. The highlighted syllable receives the stress in pronunciation.

1. If a word ends in a vowel, **n,** or **s,** stress normally falls on the next-to-the-last syllable.

   sin**ce**ra   inte re**san**te   cua**der**nos   e**xa**men

2. If a word ends in any other consonant, stress normally falls on the last syllable.

   es**tar**   libe**ral**   profe**sor**   pa**pel**

B. Más repeticiones. Repeat the following words, imitating the speaker. The words have been divided into syllables for you. Pay close attention to which syllable receives the spoken stress.

1. Stress on the next-to-the-last syllable

li-bro	si-lla	cla-se	me-sa	Car-men
con-se-je-ra	li-te-ra-tu-ra	o-ri-gen	com-pu-ta-do-ra	cien-cias

2. Stress on the last syllable

se-ñor	mu-jer	fa-vor	ac-tor	co-lor
po-pu-lar	li-ber-tad	ge-ne-ral	sen-ti-men-tal	u-ni-ver-si-dad

C. Dictado. You will hear the following words. Each will be said twice. Listen carefully and circle the syllable that receives the spoken stress.

1. con-trol
2. e-le-fan-te
3. mo-nu-men-tal

4. com-pa-ñe-ra
5. bue-nos
6. us-ted

¡RECUERDE!

Circle the letter of the correct answer.

1. A word that ends in **-n, -s,** or a vowel is normally stressed on
   a. the next-to-last syllable   b. the last syllable
2. A word that ends in any other consonant is normally stressed on
   a. the next-to-last syllable   b. the last syllable

D. El acento. Underline the stressed vowel in each of the following words.

1. doctor
2. mujer
3. mochila
4. actor
5. permiso
6. posible
7. general
8. profesores
9. universidad
10. Carmen
11. Isabel
12. biblioteca
13. usted
14. libertad
15. origen
16. animal

GRAMÁTICA

4. Describing • Adjectives: Gender, Number, and Position

A. María Gabriela. The following sentences describe some aspects of the life of María Gabriela, a student from Argentina. In each item, scan through the adjectives to see which ones, by *form* and *meaning*, can complete the sentences. Write the appropriate ones in the space provided.

1. La ciudad de Buenos Aires es _____.

   bonita, corta, grande, interesante, largo, pequeños

2. Los compañeros de María Gabriela son _____.

   amable, casado, delgados, jóvenes, simpáticos, solteras

3. Su amiga Julia es _____.

   delgada, gordo, importantes, nervioso, pequeña, trabajadora

4. Sus profesoras son _____.

   altas, impacientes, inteligentes, morena, perezosos, simpáticos

B. Personas, cosas y lugares internacionales. Complete the following sentences with the appropriate adjective of nationality.

1. Berlín es una ciudad _____.

2. El Ferrari es un coche _____.

3. Ted Kennedy es un político _____.

4. Londres (*London*) es la capital _____.

5. Guadalajara es una ciudad _____.

6. Shakespeare y Charles Dickens son dos escritores _____.

7. París y Marsella son dos ciudades _____.

C. En busca de... (*In search of . . .*) Describe what you or your friends are looking for by inserting the adjectives given in parentheses *in their proper position* in these sentences. Be sure that the adjectives agree with the nouns they modify.

1. Ana busca coche. (italiano, otro) _____

   _____

2. Buscamos motocicleta. (alemán, uno) _____

   _____

3. Paco busca las novelas. (francés, otro) _____

_____

4. Busco el drama *Romeo y Julieta*. (grande, inglés) _____

_____

5. Jorge busca esposa. (ideal, uno) _____

_____

D. Hablando de la familia. Imagine that your friend Graciela is describing her family. Listen to her description and check the adjectives that apply to each member of her family. **¡OJO!** Not all the adjectives will be used, and not all adjectives in the description appear in the chart. In this exercise, you will practice listening for specific information.

	ACTIVOS	BAJO	ALTAS	JÓVENES	SOLTERO	CASADA
su tío						
los abuelos						
sus primos						
su hermana						
su padre						

E. ¿Cómo son? Practice describing various people, using the oral and written cues. Remember to change the endings of the adjectives if necessary. (Remember to repeat the correct answer.)

MODELO: (*you see and hear*) mis profesores   (*you hear*) listo →
(*you say*) Mis profesores son listos.

1. mi compañero de cuarto
2. la profesora de español
3. Bernardo

4. Amanda
5. yo (*f.*)

F. ¿De dónde son y qué idioma hablan? Imagine that your friend Carmen is asking you about some of the exchange students on campus. You will hear each of her questions twice. Answer according to the model, giving the nationality of the persons she mentions and the language they might speak. First, listen to the list of nationalities. You will need to change the endings in some cases. (Remember to repeat the correct answer.)

italiano   alemán   francés   inglés   portugués   español

MODELO: (*you hear*) ¿Evaristo es de Portugal? → (*you say*) Sí, es portugués y habla portugués.

1. …   2. …   3. …   4. …   5. …

5. Expressing *to be* • Present Tense of *ser*; Summary of Uses

A. Estudiantes españoles. Muchos estudiantes en la universidad son de España. Imagínese que Ud. es uno de ellos. Jorge es de Madrid. ¿De dónde son los otros estudiantes? Use la forma apropiada de **ser**.

Yo _____ ¹.
　　　　　　(Barcelona)

Miguel y David _____ ².
　　　　　　　　　　　　(Valencia)

Tú _____ ³.
　　　　(Granada)

Nosotros _____ ⁴.
　　　　　　　　(Sevilla)

Uds. _____ ⁵.
　　　　(Toledo)

Vosotras _____ ⁶.
　　　　　　(Burgos)

❖B. ¿De dónde son? Indicate what state (or country, if appropriate) the following people are from. Use the correct form of **ser**.

1. Yo _____.

2. Mi mejor (*best*) amigo/a _____.

3. Mi profesor(a) de español _____.

4. Muchos estudiantes en mi clase _____.

C. Regalos. Imagine that you are giving presents to the following people. Justify each choice of presents by using one of these phrases. Add other details if you wish.

es gordo/a　　　　　　　　　　　necesitan comprar un televisor nuevo
le gusta la música clásica　　　　　tienen (*they have*) cuatro niños

MODELO: diccionario bilingüe / Alberto →
　　　　El diccionario bilingüe es para Alberto. Es estudiante de lenguas.

1. programa de «Weight Watchers» / Rosie O'Donnell _____

　_____

2. casa grande / los señores Walker _____

　_____

3. dinero / mis padres _____

　_____

4. discos compactos de las sinfonías de Haydn / mi hermano Ramón _____

　_____

D. ¿De quién son estas cosas? Ask Jorge to whom the following things belong. Then write Jorge's response.

MODELO: UD.:   ¿De quién es el cuaderno?
              JORGE: Es del Sr. Ortega.

Sr. Ortega

1.

la profesora

UD.: _____

JORGE: _____

2.

Cecilia

UD.: _____

JORGE: _____

3.

Sr. Alonso

UD.: _____

JORGE: _____

4.

Sres. Olivera

UD.: _____

JORGE: _____

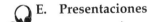 **E. Presentaciones**

Paso 1. You will hear a brief passage about a Spanish family. As you listen, try not to be distracted by unfamiliar vocabulary. Concentrate instead on what you *do* know and understand. You may want to take notes on the information in the passage.

_____

_____

_____

Paso 2. ¿Qué recuerdas? Now pause and complete the following sentences based on the passage and your notes. **¡OJO!** Use a form of the verb **ser** in the first blank of each sentence.

1. Marta _____ la _____ de Lola y Manolo.

2. Lola _____ profesora de _____ .

3. Lola y Manolo _____ de _____ .

4. Lola _____ morena y _____ ; Manolo es _____ y moreno.

6. Expressing Possession • Possessive Adjectives (Unstressed)

¡RECUERDE!
Uso de la preposición **de** para expresar posesión. ¿Cómo se dice en español?   MODELO: It's Raúl's family. → Es la familia de Raúl. 1. She's Isabel's sister. _____ 2. They're Mario's relatives. _____ 3. They're Marta's grandparents. _____

A. ¿Cómo es su vida (*life*)**?** Escoja (*Choose*) la forma correcta del adjetivo posesivo, y luego (*then*) complete la oración con los adjetivos apropiados.

1. Mi/Mis familia es _____ .

   grande, mediana (*average*), pequeña, pobre, rica

2. Nuestra/Nuestro universidad es _____ .

   grande, moderna, nueva, pequeña, vieja

3. Muchos de mi/mis amigos son _____ .

   casados, estudiosos, listos, perezosos, trabajadores

4. El coche de mi/mis padres es _____ .

   grande, nuevo, pequeño, viejo

5. Mi/Mis clases son _____ .

   aburridas (*boring*), grandes, interesantes, pequeñas

6. La madre de mi/mis mejor (*best*) amigo/a es _____.

        alta, baja, delgada, generosa, gorda, morena, rubia, simpática

B. Hablando (*Speaking*) de la familia. Answer affirmatively, using a possessive adjective.

    MODELO: ¿Son ellos los hijos de tu hermana? → Sí, son sus hijos.

1. ¿Es ella la suegra de su hija? _____

2. ¿Es Carlos el hermano de Uds.? _____

3. ¿Son ellos los padres de tu novia? _____

4. ¿Son Uds. los primos del padre? _____

5. ¿Es Carmen la sobrina de tu mamá? _____

6. ¿Eres el nieto / la nieta de los señores? _____

C. ¿Cómo es la familia de Vicente? Tell what Vicente's family is like, using the written cues and the correct form of the possessive adjective **su.** Say the sentence when you hear the corresponding number. **¡OJO!** Watch for singular or plural forms of the verb **ser.** (Remember to repeat the correct answer.)

    MODELO: (*you see*) 1. tíos / bajos (*you hear*) uno → (*you say*) Sus tíos son bajos.

2. tías / simpáticas
3. primos / altos
4. abuela / delgada

5. hermanos / mayores
6. madre / bonita

D. ¿Cómo es su universidad? Describe your university to an exchange student who has recently arrived on campus, using the written cues and the appropriate form of **nuestro** and the verb **ser.** Say the sentence when you hear the corresponding number. (Remember to repeat the correct answer.)

    MODELO: (*you see*) 1. universidad / vieja (*you hear*) uno →
             (*you say*) Nuestra universidad es vieja.

2. profesores / buenos
3. clases / pequeñas
4. biblioteca / grande

5. consejeros / amables
6. estudiantes / buenos

7. Expressing Actions • Present Tense of *-er* and *-ir* Verbs; More about Subject Pronouns

A. En el centro estudiantil (*student union*). Use los verbos indicados para describir las acciones de los estudiantes.

beber Coca-Cola
comer mucho
escribir una carta
estudiar francés
leer un periódico
mirar un vídeo

1. _____

2. _____

3. _____

4. _____

5. _____

6. _____

❖**B.** **¿Y Ud.?** Now imagine that you are at the student union. Write two more sentences telling what you and your friends usually do (or do not do) there. Remember to use the **nosotros** form.

1. _____

2. _____

C. **Una carta de Ramón.** Ramón y Pepe son dos hermanos mexicanos. Ahora viven en California. Complete el comienzo (*beginning*) de una carta que escribe Ramón a su familia en Morelia, México.

Queridos[a] padres:

Pepe y yo _____[1] (vivir) bien aquí en California, en la casa de una señora muy

simpática. Yo _____[2] (asistir) a clases cinco días a la[b] semana. Mis clases son difíciles,

pero los profesores son buenos. En la clase de inglés _____[3], _____[4]

y _____[5] (*nosotros:* hablar, leer, escribir). Todos los días _____[6]

(*nosotros:* aprender) algo nuevo. Sin embargo[c], hay estudiantes que[d] nunca _____[7]

(abrir) los libros para estudiar[e].

Pepe y yo _____[8] (comer) en la cafetería estudiantil por la mañana. Por la noche

_____[9] (*nosotros:* deber) regresar a casa porque la señora nos[f] _____[10]

(preparar) la comida. ¡Es muy amable!

[a]*Dear* [b]*a... per* [c]*Sin... However* [d]*who* [e]*para... to study* [f]*for us*

❖**D.** **Ud. y sus amigos.** Tell about what you and your friends do or do not do. Form complete sentences by using one word or phrase from group A and one from group B. Be sure to limit yourself to writing only those things you have learned how to say in Spanish. Use the **nosotros** verb form.

MODELO: comer → A veces comemos en la cafetería. Casi nunca comemos en casa.

A. nunca, casi nunca, a veces, con frecuencia, todos los días
B. asistir, beber, deber, estudiar, leer y escribir, practicar, trabajar

1. _____

2. _____

3. _____

4. _____

5. _____

E. ¿Quién... ? Answer the following questions using the oral cues. Use subject pronouns only if necessary. (Remember to repeat the correct answer.)

1. ¿Quién come en la cafetería?

MODELO: (*you hear*) Evita → (*you say*) Evita come en la cafetería.

a. ...   b. ...   c. ...   d. ...

2. ¿Quién vive en una residencia?

MODELO: (*you hear*) yo → (*you say*) Vivo en una residencia.

a. ...   b. ...   c. ...   d. ...

F. Un sábado típico de la familia Robles. Describe what happens on a typical Saturday at the Robles household, using the written and oral cues. Remember that subject pronouns are not always used in Spanish. (Remember to repeat the correct answer.)

MODELO: (*you hear*) nosotros   (*you see*) estar en casa →
(*you say*) Estamos en casa.

1. leer el periódico
2. escribir cartas
3. asistir a un partido (*game*) de fútbol
4. abrir una carta de mi prima
5. comer a las seis

UN POCO DE TODO (Para entregar)

❖**A. La escena (*scene*) universitaria.** Imagine that you have just returned home after your first few weeks at the university. Describe the people, places, and things you have seen. Form complete sentences by using one word or phrase from each column. Make five sentences with nouns from the second column and two with nouns that you supply. Watch out for agreement of adjectives! Do not use the same adjective more than once.

	laboratorio de lenguas		nuevo / viejo
mi	edificios		simpático / amable / antipático
mis	estudiantes		pequeño / grande / enorme
el	biblioteca	(no) es	tonto / inteligente
la	coche de mi amigo	(no) son	alto / bajo
los	clases		feo / bonito
las	profesores		joven / viejo
	¿ ?		interesante
			¿ ?

1. _____

2. _____

3. _____

4. _____

5. _____

6. _____

7. _____

B. ¿Qué hacen (*are doing*) **estas personas?**

1. Ana _____.

2. Gloria y Carlos _____.

3. Tomás _____.

4. El Sr. García _____.

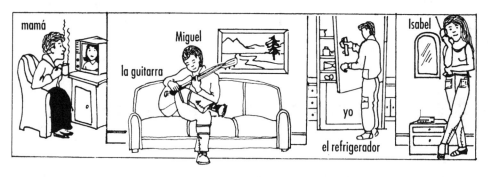

5. Mi mamá _____.

6. Mi hermana Isabel _____.

7. Nuestro primo Miguel _____.

8. Yo _____.

❖¡Repasemos!

A. La familia Rivera. Answer these questions about the Rivera family in complete sentences. You will need to invent information about several of the characters.

Palabras útiles: el ama de casa (*housewife*)

1. ¿Cuántas personas hay en la familia Rivera?

   _____

2. ¿De dónde son los padres?

   _____

3. ¿Dónde trabaja el padre ahora? ¿y la madre?

   _____

4. ¿Qué estudia el hijo mayor (*oldest*)? ¿Cuántos años tiene él? ¿Cómo es él?

   _____

5. ¿Quién es la otra señora? ¿Cuántos años tiene? ¿Cómo es?

   _____

6. ¿Cómo son el coche y la casa, y de quién(es) son?

   _____

B. **Entrevista.** You will hear a series of questions. Each will be said twice. Answer, based on your experience. Pause and write the answers (on a separate sheet of paper).

❖Mi diario

Write a description of your favorite relative. Include the following information.

- name
- relationship to you
- age (**Tiene _____ años.**)
- where he/she is from
- what he/she does for a living
- appearance
- personality

Use all the adjectives you can! Refer to the vocabulary list on page 48 of your textbook for additional adjectives.

CONOZCA... México

¿Cierto o falso?

	C	F
1. La UNAM es la famosa Universidad de Guanajuato.	☐	☐
2. La UNAM es del año (*dates from the year*) 1551 (mil quinientos cincuenta y uno).	☐	☐
3. El muralismo desea enseñar cultura contemporánea.	☐	☐
4. La población mexicana es una mezcla (*mixture*) de dos razas: la indígena y la blanca.	☐	☐
5. Hay un mural de José Clemente Orozco en los Estados Unidos.	☐	☐

PÓNGASE A PRUEBA

■■■A ver si sabe...

A. **Adjectives: Gender, Number, and Position**

1. Escriba la forma correcta del adjetivo **casado.**

   a. hermana _____   b. primos _____

2. Escriba la forma **plural** de los adjetivos.

   a. grande _____   b. sentimental _____

3. Complete la tabla con la forma correcta de los adjetivos de nacionalidad.

FEMININE SINGULAR	mexicana		
MASCULINE SINGULAR			
FEMININE PLURAL			españolas
MASCULINE PLURAL		franceses	

B. **Present Tense of *ser*.** Match the following statements with the uses of **ser** given in the right-hand column.

1. Lola es de Puerto Rico.

2. La carta es para mi madre.

3. Los papeles son del profesor.

4. Alicia es mi prima.

   a. _____ With **para,** to tell for whom or what something is intended.

   b. _____ With **de,** to express possession.

   c. _____ With **de,** to express origin.

   d. _____ To identify people and things.

C. **Possessive Adjectives (Unstressed).** Express the following possessive adjectives and nouns in Spanish.

1. my brother _____   3. our grandparents _____

2. her uncle _____   4. their house _____

D. **Present Tense of *-er* and *-ir* Verbs.** Complete la tabla con la forma correcta de los verbos.

	leer		**escribir**
yo	_____	tú	_____
nosotros	_____	ella	_____
vosotros	_____	Uds.	_____

■■■Prueba corta

A. Complete the following sentences with the adjective of nationality that corresponds to the country in parentheses.

MODELO: Marta es *mexicana*. (México)

1. Paolo es un estudiante _____. (Italia)

2. París es una ciudad _____. (Francia)

3. El Volkswagen es un coche _____. (Alemania)

4. Diane y Margaret son dos mujeres _____. (Inglaterra)

B. Escriba la forma apropiada del verbo **ser.**

1. La mochila no _____ nueva.

2. Yo _____ de los Estados Unidos.

3. Burgos y Toledo _____ ciudades viejas y fascinantes.

4. ¿Tú _____ de México?

5. El profesor y yo _____ de California.

C. Complete las oraciones con el adjetivo posesivo apropiado.

La madre de _____ [1] (*my*) sobrino Mauricio se llama Cecilia. Ella es

_____ [2] (*my*) cuñada. _____ [3] (*My*) hermanos Enrique y Luis son

solteros. El padre de Cecilia se llama Marco; _____ [4] (*her*) madre se llama Elena.

Elena y Marco son italianos, pero viven en México. Ellos piensan (*They think*) que

_____ [5] (*our*) cultura es muy interesante. Todos _____ [6] (*their*) nietos

son mexicanos. ¿De dónde es _____ [7] (*your*) familia?

D. Complete las oraciones con la forma correcta del verbo apropiado de la lista.

asistir, beber, comprender, escuchar, estudiar, hablar, leer, recibir, vender

1. Nosotros no _____ mucho cuando la profesora _____ rápidamente (*quickly*).

2. ¿(Tú) _____ música mientras (*while*) (tú) _____?

3. Mi padre nunca _____ la sección de deportes del periódico.

4. ¿Siempre _____ Uds. los libros al final del semestre?

5. Mi hermana siempre _____ muchos regalos y tarjetas (*cards*) el día de su santo.

6. Yo no _____ café por la noche.

7. Nosotros _____ a esta clase todos los días.

E. La familia de doña Isabel. You will hear a passage about doña Isabel's family. Read the passage along with the speaker and circle the numbers you hear.

¡La familia de doña Isabel es muy grande y extendida! Ella tiene **30** / **20** nietos en total, y **16** / **26** bisnietos (*great-grandchildren*). Doña Isabel tiene **89** / **99** años. Su hijo mayor, Diego, tiene **67** / **77** años. Su hija menor, Alida, tiene **64** / **54.** Doña Isabel tiene **10** / **6** hijos en total. El próximo año, todos sus hijos, nietos y bisnietos celebran los **100** / **50** años de edad de doña Isabel.

F. Cosas de todos los días. Practice talking about your imaginary family, using the written cues. When you hear the corresponding number, form sentences using the words provided in the order given, making any necessary changes or additions. (Remember to repeat the correct answer.)

MODELO: (*you see*) 1. mi / familia / ser / muy / simpático   (*you hear*) uno →
(*you say*) Mi familia es muy simpática.

2. (nosotros) vivir / en / un / ciudad / pequeño
3. nuestro / casa / ser / bonito
4. mi / padres / siempre / leer / periódico / en / patio
5. (nosotros) siempre / comer / juntos (*together*)
6. este / noche / mi / hermanos / asistir / a / un / concierto
7. pero / yo / deber / estudiar / para / mi / clases

CAPÍTULO **3**

VOCABULARIO Preparación

■■■De compras: La ropa

A. La ropa. Identifique la ropa que llevan estas personas. Use el artículo indefinido.

1. a. _____
   b. _____
   c. _____
   d. _____
   e. _____
   f. _____

2. a. _____
   b. _____
   c. _____
   d. _____
   e. _____

B. De compras en México. Imagine that you are studying in Puebla, México. You ask your friend Rosa about where and how to shop. Complete her answer with the appropriate items from the list on the right.

En el _____ [1] comercial de la calle Bolívar, hay un

_____ [2] grande donde _____ [3]. Allí[a] los

precios son _____ [4] y muy caros. Ahora, en las

_____ [5] del centro, hay muchas _____ [6].

O puedes ir[b] al _____ [7]. Allí los precios no son fijos y es

posible _____ [8]. También puedes encontrar[c] muchas

_____ [9].

almacén
centro
fijos
gangas
mercado
rebajas
regatear
tiendas
venden de todo

[a]*There* [b]*puedes… you can go* [c]*find*

C. **¿Qué opina Ud.?** Complete la narración en español. Use estas palabras: **algodón, lana, seda.**

1. La ropa interior de _____ es más fresca que (*cooler than*) la de nilón.

2. Las _____ de _____ son elegantes y bonitas.
        (*ties*)

3. Los _____ y las _____ de _____ son caros y
        (*sweaters*)   (*skirts*)
    abrigados (*warm*).

■■■¿De qué color es?

A. **¿De qué color es?** Complete the sentences with the correct form of the words from the list on the right. Adjectives are given in the masculine singular form. Be sure to make the adjectives agree with the nouns they are describing. Some words can be used more than once.

1. Las plantas son _____.

2. La bandera (*flag*) mexicana es _____, _____ y
                                          (*green*)   (*white*)
    _____.
        (*red*)

3. La bandera de los Estados Unidos es _____,

    _____ y _____.

4. La naranja (*orange*) es _____ y el limón es

    _____.

5. El color _____ es una combinación de blanco y negro.

6. El color _____ es una combinación de rojo y azul.

7. El color tradicional para las bebés (*baby girls*) es _____.

8. Muchos hombres hispanos usan ropa de color oscuro (*dark*): azul, negro, gris y

    _____.

amarillo
anaranjado
azul
blanco
gris
morado
pardo
rojo
rosado
verde

❖B. **Mi estilo personal.** ¿Qué ropa usa Ud. en estos lugares? Mencione los colores, cuando sea (*whenever it is*) posible.

> **Palabra útil:** la sudadera (*sweatshirt*)

1. En la universidad: _____

    _____

2. En una cena (*dinner*) elegante: _____

    _____

3. En la playa (*beach*): _____

C. Hablando (*Speaking*) **de la moda**

Paso 1. Listen to the description of the clothing that a group of classmates wore to a popular nightclub last Friday evening. As you listen, check the clothing worn by each person.

	ZAPATOS DE TENIS	CALCETINES	CAMISA	PANTALONES	CINTURÓN	CAMISETA	CORBATA
Ana							
Juan							
Luis							

Paso 2. Dictado. Now, listen again. As you listen, write the colors mentioned for each article of clothing. **¡OJO!** The clothes are not listed in order. (Check your answers in the Appendix.)

ARTÍCULOS	COLOR(ES)
corbata	
camisa	
cinturón	
pantalones	
camiseta	
zapatos de tenis	
calcetines	

■■■Más allá del número 100

A. Los números. Write the following numbers in Arabic numerals.

1. ciento once _____

2. cuatrocientos setenta y seis _____

3. quince mil setecientos catorce _____

4. setecientos mil quinientos _____

5. mil novecientos sesenta y cinco _____

6. un millón trece _____

B. ¿Cuánto cuesta? Ernesto has been asked to compare the prices of some items in Spain and Mexico for his economics class. Here is his list. Write out the amounts in Spanish.

1. En España, por un televisor pequeño pagan 112 euros. _____

_____

En México pagan 1.050 nuevos pesos. _____

_____

2. En España, por un refrigerador pagan 439 euros. _____

_____

En México pagan 4.221 nuevos pesos. _____

_____

3. En España, por un carro elegante pagan 21.639 euros. _____

_____

En México pagan 210.700 nuevos pesos. _____

_____

C. **Dictado: El inventario del Almacén Robles.** Imagine that you and a coworker are doing a partial inventory for a department store. Listen to what your coworker says, and write the numbers in numerals next to the correct items. You will hear each number twice. **¡OJO!** The items are not listed in sequence. First, listen to the list of items.

ARTÍCULOS	NÚMERO (CANTIDAD)
pares de medias de nilón	
camisas blancas	
suéteres rojos	
pares de zapatos de tenis	
blusas azules	
faldas negras	

PRONUNCIACIÓN Y ORTOGRAFÍA
Stress and Written Accent Marks (Part 2)

A. **Sílabas acentuadas.** In Spanish, a written accent is required when a word does not follow the two basic rules.

1. The following words end in a vowel, **n,** or **s.** However, native speakers of Spanish do not pronounce these words according to the first basic rule. Repeat the following words, imitating the speaker.

ac-**ción**	fran-**cés**	a-le-**mán**	es-**tás**
sim-**pá**-ti-ca	me-**nú**	be-**bé**	te-**lé**-fo-no

2. These words break the second basic rule because they end in a consonant other than **n** or **s** and are not stressed on the last syllable. Repeat the following words, imitating the speaker.

lá-piz **dó**-lar **ál**-bum
Pé-rez **Cá**-diz **Gó**-mez

B. Más sílabas acentuadas. Here are other instances in which a Spanish word requires a written accent.

1. When two consecutive vowels do not form a diphthong, the vowel that receives the spoken stress will have a written accent mark. This is very common in words ending in **-ía.** Compare the pronunciation of these pairs of words. Repeat each word, imitating the speaker.

A-li-cia   cien-cias
Cle-men-cia   a-gua
po-li-cí-a   dí-a
bio-lo-gí-a   grú-a (*construction crane*)

2. Some one-syllable words have accents to distinguish them from other words that sound like them. This accent is called a diacritical accent, and it has no effect on the pronunciation of the word. Repeat each word, imitating the speaker.

él (*he*) / el (*the*)   tú (*you*) / tu (*your*)
sí (*yes*) / si (*if*)   mí (*me*) / mi (*my*)

3. Interrogative and exclamatory words require a written accent on the stressed vowel. Repeat each sentence, imitating the speaker.

¿Qué estudias?   ¿Cómo te llamas?
¿Quién es tu profesora?   ¡Qué bueno! (*How great!*)
¿Dónde está Venezuela?

C. Palabras divididas. The following words have been divided into syllables for you. Read them when you hear the corresponding number. (Remember to repeat the correct answer.) **¡OJO!** Some of the words will be unfamiliar to you. This should not be a problem because you have pronunciation rules to guide you.

1. nor-mal
2. prác-ti-co
3. á-ni-mo
4. a-na-to-mí-a
5. cu-le-bra
6. con-ver-ti-bles
7. ter-mó-me-tro
8. co-li-brí
9. con-di-cio-nal

D. Dictado. You will hear the following words. Each will be said twice. Listen carefully and write in a written accent where required. **¡OJO!** Some of the words will be unfamiliar to you. This should not be a problem because you have the rules and the speaker's pronunciation to guide you.

1. metrica
2. distribuidor
3. anoche
4. Rosalia
5. actitud
6. sabiduria
7. jovenes
8. magico
9. esquema

8. Pointing Out People and Things • Demonstrative Adjectives and Pronouns

A. **¿Este, ese o aquel?** Complete las oraciones con la forma correcta de **este, ese** o **aquel.** Complete la última oración con su preferencia.

Ud. necesita comprar un coche. ¿Cuál le gusta más?

_____ ¹ coche es muy viejo; _____ ² coche es muy grande; _____ ³

coche es fantástico, pero también es muy caro. Pienso comprar _____ ⁴ coche porque

_____.

B. **¿De quién son?** You and a friend are trying to sort out to whom the following items belong. Answer your friend's questions with the appropriate demonstrative adjective.

Note: **Aquí** (*Here*) and **allí** (*there*), like **este** and **ese,** suggest closeness to, or distance from, the speaker.

MODELO: Aquí hay unos zapatos. ¿Son de Pablo? → Sí, estos zapatos son de Pablo.
Allí veo (*I see*) una bolsa. ¿Es de Chela? → Sí, esa bolsa es de Chela.

1. Aquí hay una chaqueta. ¿Es de Miguel?

_____

2. Allí veo unos calcetines. ¿Son de Daniel?

_____

3. Allí veo un impermeable. ¿Es de Margarita?

_____

4. Aquí hay unos guantes. ¿Son de Ceci?

_____

5. Aquí hay un reloj. ¿Es de Pablo?

_____

6. Allí veo unos papeles. ¿Son de David?

_____

C. ¿Cómo son estas cosas? Answer, using the oral cues and an appropriate form of the indicated demonstrative adjective. Remember to change the endings of the adjectives, and use **es** or **son,** as appropriate.

MODELO: (*you see*) ese / corbatas   (*you hear*) verde → (*you say*) Esas corbatas son verdes.

1. ese / botas
2. este / pantalones
3. aquel / trajes

4. aquel / faldas
5. ese / vestidos

D. Recuerdos de su viaje a México. Your friends want to know all about your trip to Mexico. Answer their questions, using an appropriate form of the demonstrative adjective **aquel** and the oral cues.

MODELO: (*you hear and see*) ¿Qué tal el restaurante El Charro?   (*you hear*) excelente →
(*you say*) ¡Aquel restaurante es excelente!

1. ¿Qué tal el Hotel Libertad?
2. ¿Y los dependientes del hotel?
3. ¿Qué tal la ropa del Mercado de la Merced?
4. ¿Y los parques de la capital?

9. Expressing Actions and States • *Tener, venir, preferir, querer,* and *poder;* Some Idioms with *tener*

A. Diálogo

Paso 1. Complete the following dialogue between you and a friend to make plans to go to a movie.

—¿_____¹ (*Tú: Querer*) ir al cineª esta noche?

—Hoy no _____² (*yo: poder*) porque _____³ (*tener*) que estudiar

para un examen de sicología. _____⁴ (*Preferir*) ir mañana.

—Bien. Entoncesᵇ _____⁵ (*yo: venir*) por tiᶜ mañana a las siete y media.

No _____⁶ (*yo: querer*) llegar tarde.

ªir... *to go to the movies*   ᵇ*Then*   ᶜpor... *for you*

Paso 2. Now rewrite the same dialogue, replacing **yo** with the **nosotros** form and **tú** with the **Uds.** form. (Replace **por ti** with **por Uds.**)

_____

_____

_____

_____

B. Luis habla con su compañero Mario. Complete el diálogo entre (*between*) Luis y Mario. **¡OJO!** / / indica una oración nueva.

LUIS: ¿a qué hora / (tú) venir / universidad / mañana?

_____

MARIO: (yo) venir / 8:30 / / ¿por qué?

_____

LUIS: ¿(yo) poder / venir / contigo[a]? / / no / (yo) tener / coche

_____

MARIO: ¡cómo no![b] / / (yo) pasar / por ti[c] / 7:30 / / ¿(tú) tener / ganas / practicar / vocabulario ahora?

_____

_____

LUIS: no / / ahora / (yo) preferir / comer / algo[d] / / ¿(tú) querer / venir? / / (nosotros) poder / estudiar / para / examen / después[e]

_____

_____

MARIO: bueno / idea / / (yo) creer / que / Raúl y Alicia / querer / estudiar / con nosotros

_____

_____

[a]*with you*   [b]*¡cómo… of course!*   [c]*por… for you*   [d]*something*   [e]*later*

C. Conclusiones personales. Conteste con un modismo con **tener.**

1. Cuando Ud. trabaja toda la noche, ¿qué tiene en la mañana?

_____

2. Si Ud. quiere aprender, ¿qué tiene que hacer (*do*)?

_____

3. Si Ud. se encuentra con (*run into*) un hombre con revólver, instintivamente, ¿qué tiene Ud.?

_____

4. Ud. necesita llegar a la oficina a las dos. Si son las dos menos uno, ¿qué tiene Ud.?

_____

5. Si Ud. dice (*say*) que Buenos Aires es la capital de la Argentina, ¿qué tiene Ud.?

_____

_____

D. Es la semana de exámenes. Practice telling about what you and your friends do during exam week, using the written and oral cues. **¡OJO!** Remember that subject pronouns are not always used in Spanish.

MODELO: (*you hear*) nosotros   (*you see*) tener muchos exámenes →
(*you say*) Tenemos muchos exámenes.

1. estar en la biblioteca
2. siempre venir conmigo (*with me*)
3. leer cien páginas
4. ¡ya no poder leer más!
5. querer regresar a la residencia
6. …pero no poder

E. Situaciones y reacciones. You will hear a series of partial conversations. Each will be said twice. Listen carefully and circle the letter of the reaction or response that best completes each one.

1. a. Ay, ¡tú siempre tienes prisa!   b. Tienes razón, ¿verdad?
2. a. ¿Por qué tienes sueño?   b. Sí, tienes razón, pero tienes que estudiar más.
3. a. ¿Tienes que comer en un restaurante?   b. ¿Tienes ganas de ir (*go*) a un restaurante?
4. a. ¿Cuántos años tienes?   b. La verdad es que tienes miedo, ¿no?
5. a. No, no tengo ganas de comprar ropa.   b. ¿Cuántos años tiene la niña ahora?

10. Expressing Destination and Future Actions • *Ir; ir* + *a* + Infinitive; The Contraction *al*

A. Una fiesta familiar. Complete las oraciones con la forma apropiada del verbo **ir**.

Muchas personas van a ir a una fiesta. Toda la familia de Ana _____[1]. Los tíos y los

abuelos de Julio _____[2] con los padres de Ana. Tú _____[3] también,

¿verdad? Miguel y yo _____[4], pero yo _____[5] a llegar tarde.

B. El cumpleaños (*birthday*) de Raúl. Using **ir** + **a** + an infinitive, indicate what the following people are going to do for Raúl's birthday.

MODELO: La fiesta es este sábado. → La fiesta va a ser este sábado.

1. Eduardo y Graciela buscan un regalo. _____

_____

2. David y yo compramos las bebidas (*drinks*). _____

_____

3. Todos van a la fiesta. _____

4. Ignacio y Pepe vienen con nosotros. _____

_____

5. Por eso necesitamos tu coche. _____

_____

6. Desgraciadamente (*Unfortunately*) Julio no prepara la comida. _____

_____

C. Situaciones. Imagine that a friend of yours has made the following statements. Form a response using **vamos a** + one of the phrases from the following list. In each case you will be suggesting that you and your friend do something together: "Let's ____."

> MODELO: Este diccionario es malo. → Vamos a comprar otro.

> mirar en el Almacén Juárez, descansar ahora, estudiar esta tarde, buscar algo más barato, comprar otro

1. Mañana vamos a tener examen. _____

2. En esta tienda no venden buena ropa. _____

3. Los precios aquí son muy caros. _____

4. No tengo ganas de trabajar más hoy. _____

D. Buscando regalos para papá. Listen to a conversation between a brother and sister, José and Ana, who are looking for gifts for their father. Do not be distracted by unfamiliar vocabulary. As you listen, circle only the items that they decide to buy.

E. ¿Qué va a hacer Gilberto este fin de semana?

Paso 1. You will hear a brief passage in which Gilberto tells what his plans are for this weekend. As you listen, number the following drawings so that they match the order in which Gilberto narrates his plans. Write the number in the smaller of the two blanks.

a. _____ _____   b. _____ _____

c. _____ _____   d. _____ _____

Paso 2. Now pause and, in the larger blanks, write a sentence that describes Gilberto's future actions. Use **ir** + **a** + infinitive. Check your answers in the Appendix.

Now resume listening.

F. ¿Adónde vas? You will hear a series of questions about what you like to do or want to do. Using the words and phrases listed below, tell where you would go to do these activities. First, listen to the list.

| universidad | discoteca El Ciclón | Restaurante Gallego |
| Almacén Robles | biblioteca | mercado |

MODELO: (*you hear*) Te gusta estudiar y aprender cosas nuevas. →
(*you say*) Por eso voy a la universidad.

1. ...   2. ...   3. ...   4. ...   5. ...

G. Preguntas. You will hear a series of questions. Each will be said twice. Answer, using **ir** + **a** + infinitive and the written cues.

MODELO: (*you hear*) ¿Qué vas a comprar en la librería?   (*you see*) unos cuadernos →
(*you say*) Voy a comprar unos cuadernos.

1. tres horas
2. a casa de un amigo
3. en McDonald's
4. pantalones grises / un suéter rojo

UN POCO DE TODO (Para entregar)

A. Mis amigos y profesores. Imagine that you are talking about your friends and professors. Form complete sentences, using the words provided in the order given. Make any necessary changes, and add other words when necessary. *Note:* / / indicates a new sentence.

MODELO: Irma / aprender / matemáticas / con / doctor Sánchez →
Irma aprende matemáticas con el doctor Sánchez.

1. Beatriz / no / querer / ir / clase / / preferir / ir / compras

_____
_____

2. Isabel Suárez / no / poder / asistir / clases / por / tarde / porque / tener / trabajar

_____

_____

3. ¡mi profesor / siempre / llevar / chaquetas / lana / y / calcetines / rojo!

_____

_____

4. Marcos / no / ser / bueno / estudiante / / con frecuencia / no / leer / lecciones / y / llegar / tarde / clase

_____

_____

5. (yo) creer / que / Sra. Fuentes / ser / uno / grande / profesora

_____

_____

B. **María Montaño.** Imagine that you are a new student in Dr. Prado's class. Talk about yourself and the way you feel. Complete the sentences using idioms with **tener.**

Me llamo María Montaño. _____ [1] 18 años y tengo _____ [2] de

aprender español porque quiero hablar con mis abuelos y otros parientes que viven en México.

Desgraciadamente[a], en clase tengo _____ [3] de hablar. El profesor cree que debo

practicar más en el laboratorio. Él tiene _____ [4], pero no tengo mucho tiempo libre[b].

Trabajo muchas horas y cuando quiero estudiar, tengo mucho _____ [5] y a veces me

quedo dormida[c].

[a]_Unfortunately_   [b]_free_   [c]_me... I fall asleep_

C. **Entre amigas.** Fill in the blanks with the correct form of the infinitive or with the correct word in parentheses to complete the dialogue between Susana and Paquita.

SUSANA: Hola, Paquita. ¿Qué tal?

PAQUITA: Bien. Y tú, ¿cómo _____ [1]?
                                    (estás, eres)

SUSANA: Muy bien. Aquí tengo algo para ti. Creo que _____ [2] textos son
                                                              (esos, estos)

_____ [3] libros de historia, ¿verdad?
(tu, tus)

PAQUITA: ¡Ay, qué bueno! Necesito _____ [4] libros para estudiar para
                                          (esos, aquellos)

_____ [5] examen. Gracias.
(nuestra, nuestro)

SUSANA: ¿Adónde _____ [6] ahora?
(ir)

PAQUITA: Primero _____ [7] a la biblioteca a buscar un libro y luego María y yo
(ir)

_____ [8] a estudiar. ¿Por qué no estudias con _____ [9]?
(ir)   (nosotros, nosotras)

SUSANA: Gracias por _____ [10] invitación, pero _____ [11] tarde dan[a]
(tú, tu)   (esta, este)

una película francesa y Enrique y yo _____ [12] ir. Tengo
(querer)

_____ [13] porque él está esperándome[b] ahora mismo[c].
(razón, prisa)

PAQUITA: Muy bien. _____ [14].
(Adiós, Vamos)

[a]they're showing [b]waiting for me [c]ahora… right now

❖¡Repasemos!

A. De compras

Paso 1. El Sr. Rivera necesita comprar dos artículos de ropa para sus vacaciones en México. Conteste las preguntas según los dibujos.

1.
2.
3.
4.

5.
6.
7.

1. ¿Qué quiere comprar el Sr. Rivera? ¿Qué tipo (type) de camisa busca? _____

_____

2. ¿A qué hora llega a la tienda? _____

3. ¿Cómo son todas las camisas, caras o baratas? _____

_____

4. ¿Qué camisa compra por fin (*finally*)? ¿una de veinte dólares? _____

_____

5. Y, ¿cómo son las sandalias que venden? _____

_____

6. ¿Adónde tiene que ir para comprar las sandalias? _____

_____

7. ¿Regresa a casa contento o triste con sus compras? _____

_____

Paso 2. Now, on a separate sheet of paper, convert your answers into a paragraph about Mr. Rivera's shopping trip. Use the following words to make your paragraph more coherent and connected: **pero, y, por eso, por fin, ya** (*already*).

B. Entrevista. You will hear a series of questions. Each will be said twice. Answer, based on your own experience. Pause and write the answers (on a separate sheet of paper).

❖Mi diario

Paso 1. Look in your closet and bureau drawers and take an inventory of the articles of clothing you own and the approximate number of each item. What colors are they? Now write the information in your diary.

MODELO: Tengo diez camisetas: blancas, negras, rojas y una verde.

Paso 2. Now choose three of the following situations and write a description of the clothing you typically wear in each. Include the color and fabric, if possible.

Palabras útiles: la manga (*sleeve*), la sudadera (*sweatshirt*), los *jeans* rotos (*torn*), los zapatos de tacón alto (*high heels*), de cuero (*leather*), de manga larga (*long-sleeved*)

MODELO: Cuando estoy en la playa (*beach*), llevo…

1. en la universidad
2. en una entrevista (*job interview*)
3. en casa

4. en la playa
5. en una fiesta
6. en un *picnic* en el parque

CONOZCA... Nicaragua

Complete las oraciones con la información apropiada.

1. La capital de la República de Nicaragua es _____.

2. La moneda de Nicaragua es el _____.

3. _____ llegó (*arrived*) a Nicaragua en 1502.

4. El lago (*lake*) más grande de Centroamérica es _____.

5. En 1856 _____ se declaró (*he declared himself*) presidente de Nicaragua, pero en

   1858, fue (*he was*) _____ por los nicaragüenses.

6. Nicaragua tiene una _____ turbulenta por las luchas entre las fuerzas

   _____ y _____.

7. En 1990 _____ fue elegida (*was elected*) presidenta de Nicaragua.

PÓNGASE A PRUEBA

■■■A ver si sabe...

A. Demonstrative Adjectives. Escriba el adjetivo demostrativo apropiado.

1. _____ (*this*) zapato

2. _____ (*these*) pantalones

3. _____ (*that*) bolsa

4. _____ (*those*) abrigos

5. _____ (*that, over there*) camiseta

6. _____ (*those, over there*) cinturones

B. *Tener, venir, preferir, querer,* **and** *poder;* **Some Idioms with** *tener.*

1. Complete la tabla con la forma apropiada del presente.

INFINITIVO	YO	UD.	VOSOTROS	NOSOTROS
poder			podéis	
querer		quiere		
venir				

2. Exprese en español los siguientes modismos con **tener.**

   a. to be afraid (of) _____

   b. to be right (wrong) _____

   c. to feel like _____

   d. to have to _____

C. *Ir; ir + a +* **Infinitive.** Rewrite the following sentences, using **ir + a +** infinitive.

1. Ellos compran ropa. _____

2. ¿No comes? _____

3. Tienen una fiesta. _____

4. Voy de compras. _____

■■■Prueba corta

A. Rewrite the sentences, substituting the noun provided and making all the necessary changes.

MODELO: ¿Necesitas aquel sombrero rojo? (corbata) →
¿Necesitas aquella corbata roja?

1. Quiero comprar esa camisa negra.

(impermeable) _____

2. ¿Buscas estos calcetines grises?

(traje) _____

3. Juan va a comprar esos zapatos blancos.

(chaqueta) _____

4. Mis padres trabajan en aquel almacén nuevo.

(tienda) _____

B. Complete las oraciones con la forma apropiada de uno de los verbos de la lista. (*Note:* Use each verb at least once.)

poder, preferir, querer, tener, venir

1. Mis amigos y yo _____ a esta biblioteca todos los días para estudiar. Nuestras

clases son difíciles y _____ que estudiar mucho.

2. —¿Qué (tú) _____ tomar, una Coca-Cola o un café? —Yo _____ un café.

3. Si Ud. _____ prisa, debe salir (*leave*) ahora.

4. En una librería, los estudiantes _____ comprar libros, cuadernos y mochilas.

C. Rewrite each sentence, changing the simple present tense to a construction with **ir** + **a** + infinitive, to tell what the following people are going to do.

MODELO: Estudio mucho. → Voy a estudiar mucho.

1. Roberto lleva traje y corbata. _____

2. Busco sandalias baratas. _____

3. Tenemos una fiesta. _____

4. ¿Vienes a casa esta noche? _____

D. Cosas de todos los días. Practice talking about the price of different items of clothing, using the written cues. When you hear the corresponding number, form sentences using the words provided in the order given, making any necessary changes or additions. *Note:* **Cuesta** means *it costs*, **cuestan** means *they cost*.

MODELO: (*you see*) 1. este / pantalones / negro / cuestan / $80 (*you hear*) uno →
(*you say*) Estos pantalones negros cuestan ochenta dólares.

2. ese / chaqueta / azul / cuesta / $127
3. aquel / botas / pardo / cuestan / $215
4. este / vestido / amarillo / cuesta / $149
5. aquel / traje / gris / cuesta / $578
6. ese / ropa / cuesta / $1.069

E. ¿Qué van a llevar? You will hear a series of situations. Tell what each person might wear based on the information in each. First, listen to the possible items of clothing. **¡OJO!** There is an extra item.

zapatos de tenis   un traje y una corbata de seda
una camiseta de algodón   un traje de baño
un cinturón   un abrigo de lana

MODELO: (*you hear*) Los pantalones que llevo son muy grandes. →
(*you say*) Voy a llevar un cinturón.

1. ... 2. ... 3. ... 4. ... 5. ...

CAPÍTULO 4

VOCABULARIO Preparación

■■■¿Qué día es hoy?

A. El horario (*schedule*) **de David.** Escriba lo que (*what*) va a hacer David esta semana.

L	M	M	J	V	S	D
banco hablar con consejero	dentista	estudiar física	laboratorio de física	examen cenar^a con Diana	de compras concierto	playa^b

^a*to have dinner* ^b*beach*

MODELO: El lunes tiene que ir al banco. (El lunes va a ir al banco.)

1. El lunes también… _____

2. _____

3. _____

4. _____

5. _____

6. _____

7. _____

B. ¿Qué día es hoy? Complete las oraciones con las palabras apropiadas.

1. Hay dos días en el _____ de semana: _____ y

    _____.

2. _____ es el primer (*first*) día de la semana en el calendario hispánico.

3. Si hoy es martes, mañana es _____.

4. El Día de Acción de Gracias es siempre el cuarto (*fourth*) _____ de noviembre.

5. Si hoy es miércoles, pasado mañana es _____.

6. Mi hermano no puede venir _____ sábado porque _____ sábados trabaja.

7. Esta semana tengo que estudiar mucho porque la _____ semana tengo tres exámenes.

C. El horario (*schedule*) **de la profesora Velásquez**

Paso 1. Dictado. Imagine that you are Professor Velásquez's secretary and that you are filling in her weekly calendar. Listen carefully as she tells you her schedule for this week, and fill in the blanks in the calendar. Some of the entries have already been made. First, pause and look at the calendar.

LUNES	MARTES	MIÉRCOLES	JUEVES	VIERNES
mañana 10:45 AM : Clase de conversación	mañana _____ : dentista	mañana _____ :	mañana _____ :	mañana _____ :
tarde _____ :	tarde _____ :	tarde _____ :	tarde 3:00 PM : Clase de español	tarde _____ :

Paso 2. Preguntas. Now you will hear a series of questions. Each will be said twice. Answer based on the information in **Paso 1.** Be sure to check your answers to **Paso 1** in the Appendix before beginning **Paso 2.** Follow the model.

MODELO: (*you hear*) ¿Qué días enseña la profesora una clase de conversación? →
(*you say*) los lunes y los viernes.

1. ...   2. ...   3. ...   4. ...

■■■Los muebles, los cuartos y otras partes de la casa

A. ¿Qué hay en esta casa? Identifique las siguientes partes de la casa.

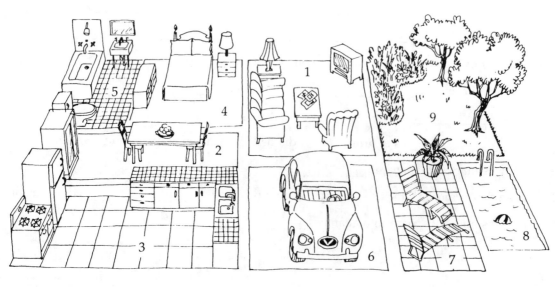

1. _____ 6. _____
2. _____ 7. _____
3. _____ 8. _____
4. _____ 9. _____
5. _____

❖**B.** **Describa su alcoba.** Mencione los muebles que hay y el color de las paredes y de la alfombra (si la hay). Luego use tres adjetivos para describir la alcoba en general.

_____

_____

_____

C. **Identificación: ¿Qué hay en estos cuartos?** Identify the following items when you hear the corresponding number. Begin each sentence with **Es un...** or **Es una...**

En la sala

1. ...   2. ...   3. ...   4. ...   5. ...   6. ...   7. ...

En la alcoba

8. ...   9. ...   10. ...

■■■¿Cuándo? • Preposiciones

¿Antes o después? ¿Cuándo hace Ud. estas cosas? Siga el modelo.

MODELO: estudiar las lecciones / tomar el examen →
          Estudio las lecciones antes de tomar el examen.

1. tener sueño / descansar

   _____

2. regresar a casa / asistir a clase

   _____

3. tener ganas de comer / estudiar

   _____

4. preparar la comida / ir al supermercado

   _____

5. lavar los platos / comer

   _____

PRONUNCIACIÓN Y ORTOGRAFÍA *b* and *v*

Spanish **b** and **v** are pronounced exactly the same way. At the beginning of a phrase or after **m** or **n**, **b** and **v** are pronounced like the English *b*, as a stop; that is, no air is allowed to escape through the lips. In all other positions, **b** and **v** are fricatives; that is, they are produced by allowing some air to escape through the lips. There is no equivalent for this sound in English.

A. Repeticiones. Repeat the following words and phrases, imitating the speaker. Note that the type of *b* sound you will hear is indicated at the beginning of the series.

1. [b]   bueno   viejo   barato   baño   hombre
2. [b̶]   llevar   libro   pobre   abrigo   universidad
3. [b/b̶]   bueno / es bueno   busca / Ud. busca   bien / muy bien   en Venezuela / de Venezuela   visita / él visita
4. [b/b̶]   beber   bebida   vivir   biblioteca   vívido

B. Dictado. You will hear five sentences. Each will be said twice. Listen carefully and write what you hear.

1. _____
2. _____
3. _____
4. _____
5. _____

GRAMÁTICA

11. Expressing Actions • *Hacer, oír, poner, salir, traer,* and *ver*

A. Las actividades de Roberto. Complete las oraciones con la forma apropiada del verbo.

1. Los domingos _____ (*yo:* ver) una película con mi hermano Enrique.

2. Ricardo y yo _____ (salir) con amigos los fines de semana.

3. _____ (*yo:* Poner) el televisor antes de ir a clases.

4. Los sábados, _____ (*yo:* traer) a mi perro a este parque (*park*).

5. Jimena y Alberto _____ (oír) las noticias (*news*) por la radio.

6. Antes del examen de español, _____ (*yo:* hacer) los ejercicios del libro.

7. _____ (*yo:* Salir) de la clase de matemáticas a las once de la mañana.

B. Un sábado típico. Complete the following paragraph with the correct form of **hacer, oír, poner, salir, traer,** or **ver** to tell about a typical Saturday. **¡OJO!** Not all of the verbs will be used.

Por la mañana (yo) _____ [1] la radio y _____ [2] la tarea[a] para el

lunes. Por la tarde, un amigo normalmente _____ [3] sándwiches y cerveza y

comemos juntos[b]. Por la noche, (nosotros) _____ [4] con un grupo de amigos.

_____ [5] una película o _____ [6] a bailar.

[a]*homework*   [b]*together*

❖**C. Preguntas personales.** Conteste con oraciones completas.

1. ¿A qué hora sale Ud. de casa los lunes para ir a la universidad?

   _____

2. ¿Ve películas en casa o prefiere salir a ver películas en el cine?

   _____

3. En clase, ¿hace Ud. muchas preguntas o prefiere estar callado/a (*quiet*)?

   _____

4. Si Ud. quiere escuchar música, ¿qué pone Ud., la radio o un CD? ¿Tiene Ud. una estación de

   radio favorita? ¿Cuál es? _____

   _____

5. ¿Qué cosas trae Ud. a clase en su mochila? _____

6. ¿A qué hora oye Ud. las noticias? _____

D. Minidiálogo: ¡Qué dedicada! You will hear a conversation between two students on campus, followed by a series of statements. Circle **C** (**cierto**) if the statement is true or **F** (**falso**) if it is false.

1. **C F**   2. **C F**   3. **C F**

❖E. Siempre, a veces (*sometimes*)**, nunca.** You will hear a series of statements. For each statement, check **siempre, a veces,** or **nunca.** No answers will be given. The answers you choose should be true for you.

	SIEMPRE	A VECES	NUNCA			SIEMPRE	A VECES	NUNCA
1.	☐	☐	☐	4.		☐	☐	☐
2.	☐	☐	☐	5.		☐	☐	☐
3.	☐	☐	☐	6.		☐	☐	☐

F. Mis compañeros y yo. Form complete sentences about yourself and others, using the oral and written cues. The last two sentences will be negative.

MODELO: (*you see*) Adela   (*you hear*) hacer ejercicio →
(*you say*) Adela hace ejercicio.

1. yo
2. Tito y yo
3. tú

4. ellos
5. Marta

G. Soy buen compañero. You want to impress your friend Sam who is looking for a roommate. Use the cues to form sentences to convince Sam that you would be a good roommate.

MODELO: (*you see*) oír / noticias / por la mañana →
(*you say*) Oigo las noticias por la mañana.

1. siempre / poner / ropa / cómoda
2. no / ver / mucho / televisión
3. no / traer / muchos amigos / a casa
4. sólo / salir / tarde / los sábados

¡RECUERDE!

Stem-Changing Verbs You Already Know. Complete the verb chart.

	YO	TÚ	UD., ÉL, ELLA	NOSOTROS	UDS., ELLOS, ELLAS
querer	_____	_____	_____	queremos	_____
preferir	_____	prefieres	_____	_____	_____
poder	_____	_____	puede	_____	_____

---

12. Expressing Actions • Present Tense of Stem-Changing Verbs

❖**A.** **¿Cierto o falso?**

	C	F
1. Pienso ir de compras esta noche.	☐	☐
2. Todos los días vuelvo a casa antes de las cinco.	☐	☐
3. Cuando salgo a comer, siempre pido una cerveza.	☐	☐
4. Mis amigos y yo nunca pedimos vino.	☐	☐
5. Almuerzo en casa todos los días.	☐	☐
6. En mi casa servimos la cena (*dinner*) a las siete.	☐	☐
7. Con frecuencia pierdo mis libros.	☐	☐

B. **Preferencias.** ¿Qué prefieren hacer Ud. y sus amigos? Complete las oraciones con la forma apropiada de los verbos entre paréntesis.

1. (pensar) Isabel y Fernando _____ almorzar en casa, pero Pilar y yo

   _____ salir. ¿Qué _____ hacer tú?

2. (volver) Nosotras _____ en tren con Sergio, pero Felipe _____

   en coche con Lola. ¿Cómo _____ Uds.?

3. (pedir) Por lo general Tomás _____ cerveza. Rita y Carmen

   _____ Coca-Cola. Pepe y yo _____ café.

C. **Un día típico de Bernardo.** Describe a typical school day for Bernardo. Form complete sentences, using the words provided in the order given. Make any necessary changes, and add other words when necessary.

   MODELO: comer / casa / 6:00 → Come en casa a las seis.

1. salir / casa / 7:15

   _____

2. su / primera clase / empezar / 8:00

   _____

3. si no / entender / lección, / hacer / mucho / preguntas

   _____

4. con frecuencia / almorzar / en / cafetería

   _____

5. a veces / pedir / hamburguesa / y / refresco

   _____

6. lunes y miércoles / jugar / tenis / con / un / amigo

_____

7. su madre / servir / cena (*dinner*) / 6:00

_____

8. hacer / la tarea (*homework*) / por / noche / y / dormir / siete horas

_____

❖D. **Encuesta.** You will hear a series of statements about your habits. For each statement, check the appropriate response. No answers will be given. The answers you choose should be correct for you!

	SIEMPRE	CON FRECUENCIA	A VECES	¡NUNCA!
1.	☐	☐	☐	☐
2.	☐	☐	☐	☐
3.	☐	☐	☐	☐
4.	☐	☐	☐	☐
5.	☐	☐	☐	☐
6.	☐	☐	☐	☐

E. **Un sábado típico en mi casa.** Tell about the activities of your fictitious family on a typical Saturday. Use the written and oral cues.

1. yo   2. mis padres   3. mi hermana y yo   4. tú

F. **Entrevista con los Sres. Ruiz.** Interview Mr. and Mrs. Ruiz about some of the things they like to do. Use the oral cues. You will hear an answer to each of your questions.

MODELO: (*you hear*) jugar al tenis →
(*you say*) ¿Juegan al tenis?   (*you hear*) No, no jugamos al tenis.

1. ...   2. ...   3. ...   4. ...

13. Expressing *-self/-selves* • Reflexive Pronouns

❖A. **¿Cierto o falso?**

		C	F
1.	Me levanto tarde los fines de semana.	☐	☐
2.	Me divierto con los amigos todas las noches.	☐	☐
3.	A veces mi padre se duerme cuando mira la televisión.	☐	☐
4.	Siempre me ducho por la noche.	☐	☐
5.	Me pongo zapatos de tenis para ir a clase.	☐	☐
6.	En la clase de español nos sentamos en un círculo.	☐	☐
7.	Me cepillo los dientes antes de vestirme.	☐	☐

B. Oraciones incompletas. Complete las oraciones con la forma apropiada del pronombre reflexivo.

1. Yo _____ llamo Juan y mi hermana _____ llama Inés.

2. Nuestros padres _____ llaman Carlos y Luisa.

3. ¿Por qué _____ pones esa blusa? Está sucia (*dirty*).

4. ¿_____ despiertan Uds. tarde los sábados?

5. Después de levantarnos, _____ bañamos y _____ vestimos.

6. ¿Dónde _____ diviertes más, en el teatro o en el cine?

C. Ud. y otra persona. Cambie (*Change*) el sujeto **yo** por (*to*) **nosotros.** Haga todos los cambios necesarios.

1. Me despierto temprano. _____

2. Me visto después de ducharme. _____

3. Nunca me siento para tomar el desayuno. _____

   _____

4. En la universidad asisto a clases y me divierto. _____

   _____

5. Después de volver a casa hago la tarea. _____

   _____

6. A las doce tengo sueño, me cepillo los dientes y me acuesto. _____

   _____

7. Me duermo a las doce y media. _____

   _____

❖**D. Preguntas personales.** Conteste con oraciones completas.

1. ¿A qué hora se despierta Ud. los sábados? ¿Por qué? _____

   _____

2. Los lunes, ¿se levanta Ud. inmediatamente después de despertarse? _____

   _____

3. ¿Se afeita Ud.? ¿Cuántas veces por semana? _____

   _____

4. ¿Prefiere Ud. bañarse o ducharse? ¿Se baña (Se ducha) por la mañana o por la noche?

   _____

5. ¿Dónde prefiere sentarse para mirar la tele? ¿en un sillón? ¿en un sofá? ¿en la alfombra? ¿Y

   para estudiar? _____

6. ¿Dónde se divierte Ud. más? (en el cine, en una discoteca, en la playa [*beach*], practicando

   [*playing*] un deporte) _____

❖**E.** **Encuesta.** You will hear a series of statements about your habits. For each statement, check the appropriate response. No answers will be given. The answers you choose should be correct for you!

		CON					CON		
	SIEMPRE	FRECUENCIA	A VECES	¡NUNCA!		SIEMPRE	FRECUENCIA	A VECES	¡NUNCA!
1.	☐	☐	☐	☐	4.	☐	☐	☐	☐
2.	☐	☐	☐	☐	5.	☐	☐	☐	☐
3.	☐	☐	☐	☐	6.	☐	☐	☐	☐

F. **Hábitos y costumbres.** Practice telling about some of the habits of the members of your fictitious family. Use the oral and written cues.

1. yo   2. mi primo y yo   3. mi hermanito   4. mis abuelos

G. **¿Qué van a hacer estas personas?** When you hear the corresponding number, tell what the people in each drawing are going to do. **¡OJO!** You will be using the **ir** + **a** + infinitive construction, and you will attach the reflexive pronouns to the infinitives. First, listen to the list of verbs.

acostarse   afeitarse   ducharse   quitarse   sentarse

UN POCO DE TODO | (Para entregar)

A. El próximo sábado... Complete las oraciones con la forma correcta del verbo para describir las actividades de Juan Carlos el próximo sábado.

Por lo general, los sábados _____¹ a las nueve de la mañana, pero el sábado de la
(*yo:* levantarse)

próxima semana _____² que _____³ más temprano porque
(tener)   (despertarse)

_____⁴ ir a _____⁵ al tenis con mi amigo Daniel. Casi siempre, el
(querer)   (jugar)

juegoª _____⁶ a las nueve y media; si _____⁷ el despertadorᵇ a las
(empezar)   (*yo:* poner)

ocho y media y _____⁸ de la casa a las nueve, _____⁹ llegar a
(salir)   (poder)

tiempo. Daniel y yo _____¹⁰ después de jugar al tenis. Si Daniel
(almorzar)

_____¹¹ el juego, _____¹² que pagar el restaurante; si yo
(perder)   (*él:* tener)

_____¹³ el juego, yo _____¹⁴ que pagar. A las dos,
(perder)   (tener)

_____¹⁵ a mi casa.
(*yo:* volver)

ª*match* ᵇ*alarm clock*

❖B. Un día típico. Write about your typical day this semester, what you do when.

Paso 1. Before you begin to write, read the verbs given and cross out those that do not apply to you. Organize the verbs you plan to use by writing **m (mañana), t (tarde), n (noche)** next to the appropriate infinitives. Then put each group into a logical chronological sequence.

acostarse _____   hacer _____

afeitarse _____   ir _____

almorzar _____   leer _____

asistir _____   levantarse _____

bañarse/ducharse _____   llamar por teléfono (a) _____

despertarse _____   mirar _____

dormirse _____   ponerse _____

empezar _____   quitarse _____

salir _____   trabajar _____

sentarse a (comer) _____   vestirse _____

tomar el desayuno _____   volver ___

Paso 2. Now begin to write. Use any of the phrases listed here, or any others, to tell *when* you do these activities and to help you organize your sentences. Connect them into three coherent paragraphs: **por la mañana, por la tarde, por la noche.**

primero, luego	siempre, todos los días	hasta	antes de
nunca	con frecuencia, a veces	durante	después de

❖**C.** **¿Cuál es su casa?** You will hear a description of Raquel and Arturo's house, read by Raquel. Listen to the description and circle the number of the drawing that matches the description.

❖¡Repasemos!

A. The following is a letter from Mariana to her pen pal in Bogotá, Colombia. Complete it with the correct forms of the words in parentheses, as suggested by the context. When two possibilities are given in parentheses, select the correct word.

Querida Amalia:

Me preguntas[a] cómo pasamos[b] _____[1] fines de semana. Pues,
                                    (nuestro / nuestros)

_____[2] viernes, _____[3] clases, _____[4] a casa o
        (el / los)   (antes de / después de)   (volver)

[a]Me... *You ask me*   [b]*we spend*

_____[5] a la _____[6] porque es un lugar tranquilo para estudiar.
        (ir)   (biblioteca/librería)

Por _____[7] noche, yo voy _____[8] cine con
        (el/la)   (a la / al)

_____[9] amigos o _____[10] todos a una discoteca. Los sábados
        (mi/mis)   (*nosotros:* ir)

trabajo en un almacén grande. No es un trabajo difícil[c], pero _____[11] las seis
                                                                        (a/son)

_____[12] la tarde, estoy _____[13]. Los domingos,
        (de/en)   (cansada/cansado)

_____[14] padres, _____[15] hermana y yo _____[16]
        (mi/mis)   (mi/mis)   (ir)

a la iglesia, _____[17] el periódico y _____[18] la televisión.
                    (leer)   (mirar)

_____[19] la tarde, muchas veces vamos a la casa de _____[20]
        (Por/De)   (mi/mis)

tíos. Como _____[21], _____[22] fines de semana todos nosotros
                (*tú:* ver)   (el/los)

_____[23].
        (divertirse)

                                        Recuerdos cariñosos[d],
                                        Mariana

[c]*difficult*   [d]Recuerdos... *Affectionate regards*

🎧 **B. Entrevista.** You will hear a series of questions. Each will be said twice. Answer, based on your own experience. Pause and write the answers (on a separate sheet of paper).

❖Mi diario

In your diary, write a description of your house (apartment, dorm, room, and so on). Be sure to include the following information:

- size
- name(s) and size of room(s)
- furniture in each room
- color of the walls, rug (if any), and furniture
- if there's a garage and/or yard, and what it or they are like
- your favorite place in the house (apartment, dorm, or room) and why

CONOZCA... Costa Rica y Panamá

A. Complete las oraciones con la información necesaria.

1. La capital de Costa Rica es _____.

2. La moneda oficial de Costa Rica es _____.

3. Costa Rica tiene una población de más de (*more than*) _____ de habitantes.

4. En 1987 el presidente de Costa Rica recibió (*received*) _____ de la Paz.

5. La Fundación Arias es una organización dedicada a _____.

B. **¿Cierto o falso?**

	C	F
1. La protección de las regiones naturales es muy importante en Costa Rica.	☐	☐
2. Aproximadamente un 50 por ciento (%) de Costa Rica está cubierto de bosques y selvas.	☐	☐
3. Más de la mitad (*half*) del territorio costarricense está dedicada para la preservación.	☐	☐
4. El idioma oficial de Costa Rica es el misquito.	☐	☐

C. Conteste las preguntas.

1. ¿Qué otra moneda usan en Panamá, además del (*besides the*) balboa? _____

2. ¿Qué significa la palabra Panamá? _____

3. ¿Qué carretera importante va de Alaska a Panamá? _____

PÓNGASE A PRUEBA

■■■A ver si sabe...

A. *Hacer, oír, poner, salir, traer,* **and** *ver.* Complete la siguiente tabla.

INFINITIVO	YO	TÚ	NOSOTROS	ELLOS
hacer			hacemos	
traer				traen
oír		oyes		

B. Present Tense of Stem-Changing Verbs

1. What vowel changes occur in the following verb types?

    a. emp**e**zar, p**e**rder   e → _____

    b. d**o**rmir, alm**o**rzar   o → _____

    c. p**e**dir, s**e**rvir   e → _____

2. What are the two pronouns whose verb forms do not show any change in the stem? _____

    and _____.

3. Complete las oraciones con los siguientes verbos y preposiciones.

    a. (pensar servir)   ¿Qué _____ (tú) _____?

    b. (empezar a)   Ahora (yo) _____ _____ entender.

    c. (volver a)   ¿Uds. van a _____ _____ entrar?

    d. (pedir)   Voy a _____ otra Coca-Cola.

C. Reflexive Pronouns

1. Escriba el pronombre reflexivo apropiado.

    a. yo _____ levanto   c. él _____ despierta   e. vosotros _____ acostáis

    b. tú _____ acuestas   d. nosotros _____ divertimos   f. Uds. _____ bañan

2. Cambie el plural por el singular.

    a. Nosotros nos acostamos tarde.   _____

    b. ¿Cuándo se sientan a comer?   (tú)_____

    c. Nos vestimos en cinco minutos.   _____

■■■Prueba corta

A. Complete las oraciones con la forma apropiada de los verbos de la lista. (_Note:_ Use each verb once.)

divertirse, dormirse, hacer, levantarse, ponerse, salir, sentarse

1. Algunos (_Some_) estudiantes _____ en clase cuando están muy cansados.

2. Prefiero _____ cerca del escritorio del profesor.

3. Yo _____ mucho cuando salgo con mis amigos.

4. Si quieres llegar a tiempo, debes _____ temprano.

5. Para ir a un concierto al aire libre ella _____ un suéter y _jeans_.

6. (Tú) Siempre _____ muchas preguntas en clase, ¿verdad?

7. Los viernes por la noche mis amigos y yo _____ a comer y vamos al cine.

B. Complete la siguiente lista.

1. Escriba tres actividades que Ud. realiza (*that you do*) en la alcoba por la mañana:

   _____, _____ y _____.

2. Escriba tres actividades que Ud. realiza en el baño, después de despertarse:

   _____, _____ y _____.

3. Escriba el nombre de tres muebles de su sala: _____,

   _____ y _____.

4. Escriba el nombre de tres cosas o muebles que Ud. piensa comprar para su casa:

   _____, _____ y _____.

C. Asociaciones. You will hear a series of statements. Circle the location with which you associate each statement.

1. a. la lámpara	b. el comedor	c. la cocina
2. a. la sala	b. el baño	c. la alcoba
3. a. el sofá	b. el armario	c. el lavabo
4. a. la piscina	b. el almacén	c. el garaje
5. a. la cocina	b. el comedor	c. el dormitorio
6. a. la mesita	b. el plato	c. el sillón
7. a. la cómoda	b. el estante	c. el jardín

D. La rutina diaria. Practice talking about your daily routine using the written cues. When you hear the corresponding number, form sentences using the words provided in the order given, making any necessary changes or additions.

MODELO: (*you see*) 1. (yo) despertarse y levantarse / 7:00 A.M. (*you hear*) uno →
(*you say*) Me despierto y me levanto a las siete de la mañana.

2. (yo) ducharse / vestirse / y/ peinarse
3. hacer / el desayuno / y / sentarse a comer
4. hacer / la cama / y / salir / de casa / 8:00
5. después de las clases / ir / al gimnasio
6. hacer ejercicio / hasta / 3:30
7. volver a casa / y / poner el televisor
8. empezar / a preparar / comida
9. por fin / acostarse / 11:00 P.M. / y / dormirse

CAPÍTULO **5**

VOCABULARIO   Preparación

■■■¿Qué tiempo hace hoy?

A. ¿Qué tiempo hace? Describe the weather conditions in each drawing.

1.    2.    3.

4. 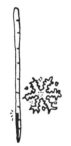   5.

1. _____
2. _____
3. _____
4. _____
5. _____

B. ¿Qué tiempo hace?

1. Marta lleva impermeable y botas. _____

2. Joselito tiene frío y lleva abrigo, dos suéteres y botas. _____

3. Carmen tiene calor y lleva traje de baño. _____

4. Samuel lleva una chaqueta de lana, pero no lleva abrigo. _____

5. Todos llevan camisetas y pantalones y están en el parque. _____

6. Nadie (*No one*) hace ejercicio hoy. _____

C. **¿Qué tiempo hace?** You will hear a series of weather conditions. Each will be said twice. Give the number of the drawing to which each corresponds, then repeat the description. First, pause and look at the drawings.

1.

2.

3.

4.

5.

6.

■■■Los meses y las estaciones del año

A. **Meses y estaciones.** Complete las oraciones con las palabras apropiadas de esta sección.

1. El Día de los Inocentes (*April Fools' Day*) es _____
   en los Estados Unidos.

2. Los tres meses del verano son _____, _____ y

   _____.

3. Diciembre es el primer mes del _____.

4. En la primavera hace buen tiempo, pero también _____ mucho.

5. Septiembre, octubre y noviembre son los tres meses del _____.

❖6. Mi cumpleaños es en (la estación de) _____.

B. **¿Cuándo es... ?** Your Peruvian friend Evangelina wants to know when certain events take place, including a birth date (**una fecha de nacimiento**), an anniversary (**un aniversario**), and a national holiday (**una fiesta nacional**). Answer using the written cues.

MODELO: (*you hear*) ¿Cuándo es el cumpleaños de Nicolás? (*you see*) Sunday, May 4 →
(*you say*) Es el domingo, cuatro de mayo.

1. Saturday, November 22
2. Wednesday, April 14
3. February 11, 1899
4. July 4, 1776

■■■¿Dónde está? • Las preposiciones

A. ¿Dónde está España? Mire el mapa y luego complete la descripción con la(s) palabra(s) apropiada(s). Es necesario usar algunas (*some*) palabras más de una vez (*more than once*).

al norte, al sur, al este, al oeste, cerca, lejos, en, entre

España y Portugal forman la Península Ibérica. Los Pirineos están _____¹ España y

Francia. Francia está _____² de España y África está _____³ de

España. El Mar Mediterráneo está _____⁴ de la península y el Océano Atlántico está

_____⁵.

Madrid, la capital, está en el centro del país.

La hermosa ciudad de Granada está

_____⁶ de Madrid; Toledo está

_____⁷. La isla de Mallorca, una

de las Islas Baleares, está _____⁸

el Mar Mediterráneo. Las Islas Canarias están

_____⁹ de África del Norte.

 B. ¿Dónde está? You will hear a series of descriptions. Listen carefully and name the country, location, or item described. You will be listening for specific information about the location of the place or item. (Remember to repeat the correct answer.)

1. ...   2. ...   3. ...

4. …   5. …   6. …

7. …   8. …   9. …

The letter **r** has two pronunciations in Spanish: the trilled **r** (written as **rr** between vowels or as **r** at the beginning of a word), and the flap **r**, which appears in all other positions. Because mispronunciations can alter the meaning of a word, it is important to distinguish between these two pronunciations of the Spanish **r.** For example: **coro** (*chorus*) and **corro** (*I run*).

The flap **r** is similar to the sound produced by the rapid pronunciation of *tt* and *dd* in the English words *Betty* and *ladder.*

A. Listen to these word pairs. Then repeat them.

   petty / pero   *sadder* / Sara   *motor* / moro

B. Repeat the following words, phrases, and sentences, imitating the speaker.

1. arte	gracias	para	vender	triste
2. ruso	Roberto	real	reportero	rebelde
3. burro	corral	carro	barra	corro

4. el extranjero   las residencias   El perro está en el corral.
el precio del cuaderno   una mujer refinada   Soy el primo de Roberto Ramírez.
el nombre correcto   Puerto Rico   Estos errores son raros.
Enrique, Carlos y Rosita

C. *¿R o rr?* You will hear a series of words. Each will be said twice. Circle the letter of the word you hear.

1. a. ahora   b. ahorra   3. a. coro   b. corro   5. a. pero   b. perro
2. a. caro   b. carro   4. a. coral   b. corral

GRAMÁTICA

14. ¿Qué están haciendo? • Present Progressive: *estar + -ndo*

A. En este momento... ¿Qué están haciendo estas personas en este momento? Hay más de una respuesta posible.

1. _____ Enrique Iglesias
2. _____ Antonio Banderas
3. _____ su profesor(a)
4. _____ Jennifer López
5. _____ el presidente
6. _____ Óscar de la Hoya

a. está trabajando en una película
b. está hablando en las Naciones Unidas
c. está cantando canciones románticas
d. está corrigiendo (*correcting*) exámenes
e. está practicando boxeo
f. está haciendo un vídeo

B. La familia de Rigoberto. Describa lo que están haciendo los miembros de la familia de Rigoberto, desde su perspectiva. Use la forma apropiada del gerundio. **¡OJO!** Cuidado con los verbos que tienen un cambio en la raíz (*stem*).

1. Mi abuela está _____ (dormir) la siesta ahora.

2. Mi hermana María está _____ (pedir) $8.00 para ir al cine.

3. Mi padre está _____ (servirse) café.

4. Mis hermanos están _____ (jugar) al tenis.

5. Mi madre está _____ (almorzar) con una amiga.

Está _____ (divertirse).

C. Mis padres (hijos) y yo. Sus padres (hijos) siempre hacen cosas muy diferentes de las que Ud. hace. Cambie los infinitivos para mostrar lo que están haciendo ellos y lo que hace Ud. en este momento.

> MODELO: leer el periódico / estudiar para un examen →
> Mis padres (hijos) están leyendo el periódico, pero yo estoy estudiando para un examen.

1. jugar al golf / correr en un maratón _____

_____

2. mirar la tele / aprender a esquiar _____

_____

3. leer el periódico / escuchar música _____

_____

4. acostarse / vestirme para salir _____

_____

D. Descripción: ¿Qué están haciendo en este momento? Using the present progressive of the following verbs, tell what each person in the Hernández family is doing at the moment. For the exercise, don't attach the reflexive pronouns to the present participle. First, listen to the list of verbs.

        ponerse   afeitarse   jugar   vestirse   dormir   bañarse

> MODELO: (you hear) 1. → (you say) El bebé está durmiendo.

2. ...   3. ...   4. ...   5. ...   6. ...

15. ¿*Ser* o *estar*? • Summary of the Uses of *ser* and *estar*

¡RECUERDE!

¿Se usa **ser** o **estar**? Escriba el infinitivo apropiado en la columna de la izquierda. Luego complete las oraciones con la forma apropiada de **ser** o **estar** en la columna de la derecha.

1. *to talk about location of a person or thing:*

    _____

    Mis libros _____ al lado de mi silla.

2. *to talk about origin:* _____

    Mi abuela _____ de España.

3. *to express possession with* **de:**

    _____

    ¿De quién _____ este dinero?

4. *with adjectives, to express the norm or*

    inherent qualities: _____

    Los padres de Elena _____ altos.

    La nieve _____ blanca.

5. *with adjectives, to express a change from*

    the norm or to express conditions:

    _____

    Mi café _____ frío.

    Tú _____ muy guapo esta noche.

    ¿_____ Uds. ocupados?

6. *to identify people or things:*

    _____

    Nosotros _____ estudiantes.

    Miguel _____ el hijo de Julio.

7. *to express time:* _____

    _____ las dos y media.

A. Minidiálogos. Complete los diálogos con la forma apropiada de **ser** o **estar**.

1. —¿De dónde _____ tú? —_____ de Buenos Aires.

2. —¿De quién _____ estas cosas? —Creo que _____ de Ana.

3. —Estos boletos (*tickets*) _____ para Uds. Vamos a entrar ahora, ¿eh? Las puertas del cine ya _____ abiertas. —Buena idea.

4. —Pablo, ya _____ la una y media. Tenemos que _____ en el aeropuerto a las dos y _____ difícil encontrar (*to find*) un taxi a estas horas. —De acuerdo. Vamos.

5. —Juan, tu cuarto _____ muy desordenado. —Sí, mamá. (Yo) _____ de acuerdo, ¡pero la puerta _____ cerrada!

6. —La novia de Tito _____ cariñosa y alegre. ¿Y él? —Él _____ muy formal y serio.

B. Sentimientos. Complete the sentences with the forms of **estar** and the most appropriate adjectives from the following list in order to describe how you might feel in the following situations. Use each adjective only once. ¡OJO! Be careful with adjective agreement.

aburrido/a, cansado/a, contento/a, furioso/a, nervioso/a, preocupado/a, triste

1. Cuando leo un libro que no me gusta, _____.

2. Cuando voy al cine con mis amigos, _____.

3. Antes de un examen difícil, _____.

4. Cuando mi novio/a no llama, _____.

5. Cuando mi hermano/a (compañero/a de cuarto,...) lleva mi chaqueta de seda favorita,

   _____.

6. Después de trabajar diez horas, _____.

7. Cuando no tengo dinero, _____.

C. Diálogo. Mari habla con Anita. Complete el diálogo con las formas apropiadas de **ser** o **estar.**

MARI: Hola, Anita. ¿Cómo _____[1]?

ANITA: Todavía _____[2] un poco enferma de gripe[a].

MARI: Ay, lo siento[b]. ¿Quiénes _____[3] esos chicos que _____[4] con tu hermano?

ANITA: _____[5] nuestros primos. _____[6] de la Argentina.

MARI: ¿Y esta guitarra? ¿De quién _____[7]?

ANITA: De mi prima Rosario. Ella _____[8] una guitarrista fabulosa. Canta y toca como[c] profesional.

MARI: ¿Cuánto tiempo van a _____[9] aquí?

ANITA: Sólo dos semanas. ¿Por qué no vienes a casa el domingo? Vamos a dar[d] una fiesta.

MARI: Encantada, gracias.

[a]flu [b]lo... I'm sorry [c]like a [d]give

D. ¿Qué pregunta hiciste? (*What question did you ask?*) You will hear a series of statements that contain **ser** or **estar.** Each will be said twice. Circle the letter of the question that corresponds to each.

1. a. ¿Cómo estás?   b. ¿Cómo eres?
2. a. ¿Cómo están?   b. ¿Cómo son?
3. a. ¿Dónde estás?   b. ¿De dónde eres?
4. a. ¿Dónde está el consejero?   b. ¿De dónde es el consejero?
5. a. ¿De quién es la blusa?   b. ¿De qué es la blusa?

E. **¿Quiénes son?** Imagine that the people in this photograph are your relatives. Tell who they are and describe them, using the oral cues and the appropriate forms of **ser** or **estar.** All the cues are about the couple on the right. Begin your first answer with **Son…**

1. … 2. … 3. … 4. … 5. … 6. …

16. Describing • Comparisons

A. **Hablando de Roberto, Ceci y Laura.** Compare las cualidades indicadas de las personas nombradas.

MODELOS: Roberto / Ceci (delgado) → Roberto es tan delgado como Ceci.
Roberto / Ceci (estudioso) → Roberto es más estudioso que Ceci.

1. Ceci / Laura (delgado) _____

2. Ceci / Roberto (atlético) _____

3. Roberto / Laura (introvertido) _____

4. Ceci / Laura (alto) _____

5. Roberto / Laura (estudioso) _____

6. Roberto / Ceci (moreno) _____

❖Ahora haga tres comparaciones entre Ud. y Roberto, Laura y/o Ceci.

7. _____

8. _____

9. _____

❖**B. Opiniones.** Complete las oraciones con **más/menos… que** o **tan… como.**

1. Soy _____ alto/a _____ mi padre/madre.

2. La salud (*Health*) es _____ importante _____ el dinero.

3. Mi cuarto está _____ limpio _____ el cuarto de mi mejor amigo/a.

4. Los hermanos de Michael Jackson son _____ ricos _____ él.

5. Mi padre es _____ serio _____ mi madre.

C. En el centro. Conteste, según el dibujo.

1. ¿Es el cine tan alto como la tienda Casa Montaño? _____

_____

2. ¿Cuál es el edificio más pequeño de todos? _____

_____

3. ¿Cuál es el edificio más alto? _____

_____

4. ¿Es el cine tan alto como el café? _____

_____

5. ¿Es el hotel tan grande como el cine? _____

_____

D. Comparando dos ciudades

Paso 1. La comparación. Listen as Uncle Ricardo compares Mexico City (**el Distrito Federal [D.F.]**) and Sevilla.

Paso 2. ¿Qué recuerdas? Pause and complete the following sentences based on Ricardo's comparison.

Según Ricardo...

1. Sevilla es _____ bonita _____ la Ciudad de México.

2. Sevilla tiene _____ edificios altos _____ el D.F.

3. En el D.F. no hace _____ calor _____ en Sevilla.

4. Sevilla no tiene _____ habitantes _____ el D.F.

Now resume listening. (Check your answers in the Appendix.)

E. La rutina de Alicia. The following chart shows Alicia's routine for weekdays and weekends. You will hear a series of statements about the chart. Each will be said twice. Circle **C** if the statement is true or **F** if it is false, according to the chart. First pause and read the chart.

ACCIÓN	DE LUNES A VIERNES	SÁBADO Y DOMINGO
levantarse	6:30	9:30
bañarse	7:15	10:00
trabajar	8 horas	1 hora
almorzar	20 minutos	30 minutos
divertirse	1 hora	8 horas
acostarse	11:00	11:00

1. **C F**   2. **C F**   3. **C F**   4. **C F**   5. **C F**

F. Un desacuerdo. Imagine that you and your friend Lourdes don't agree on anything! React to her statements negatively, following the model and using the cues.

MODELO: (*you hear and see*) Los amigos son más importantes que la familia.
(*you hear*) tan → (*you say*) No, los amigos son tan importantes como la familia.

1. El invierno es más bonito que el verano.
2. Hace tanto calor en Florida como en Alaska.
3. La clase de cálculo es menos difícil que la clase de física.
4. Los niños juegan más videojuegos (*video games*) que los adultos.

UN POCO DE TODO (Para entregar)

A. Un hermano increíble. Fill in the blanks with the correct form of the infinitive or with the correct words in parentheses to complete the narration. Write out the numbers.

Yo tengo _____ [1] años. Mi hermano Miguel tiene sólo _____ [2], pero
            (21)   (19)

_____ [3] chico es increíble. Estudia menos _____ [4] yo, pero recibe
  (ese/eso)   (que/como)

mejores notas[a] _____ [5] yo. También gana[b] más dinero _____ [6]
            (de/que)   (de/que)

yo, aunque[c] yo trabajo _____ [7] _____ [8] él. En realidad[d], gana más
            (tanto/tan)   (como/que)

_____ [9] _____ [10] a la semana, pero nunca tiene dinero
  (de/que)   (\$200)

_____ [11] gasta[e] todo su dinero en ropa. ¡Le gusta _____ [12] muy de
 (porque / por qué)   (ser/estar)

moda! Por ejemplo, cree que necesita más _____ [13] _____ [14] para
                                 (de/que)   (\$150)

comprar zapatos de tenis. Yo creo que es una tontería[f] _____ [15] tanto por zapatos.
                                               (paga/pagar)

[a]*grades*   [b]*he earns*   [c]*although*   [d]*En… In fact*   [e]*he spends*   [f]*foolish thing*

B. En la plaza Santa Ana

Paso 1. ¿Qué pasa? You will hear a series of statements about the following drawing. Each will be said twice. Circle **C** if the statement is true or **F** if it is false. First, pause and look at the drawing.

1. **C F**   2. **C F**   3. **C F**   4. **C F**   5. **C F**

❖**Paso 2. Descripción.** Now pause and write five sentences that describe the drawing. You can talk about the weather, what the people are doing, how they seem to be feeling, their clothing, and so on. You can also make comparisons.

1. _____
2. _____
3. _____
4. _____
5. _____

❖¡Repasemos!

A. Composición. On a separate sheet of paper, write two short paragraphs that answer the two sets of questions that follow. Remember that a paragraph is not a list of numbered answers but a connected composition. Use the following connectors to make your composition more interesting and meaningful: **por eso, y, aunque** (*although*), **también, luego,** and **porque.** However, do not use **porque** to begin a sentence; use **como** (*since*). For example, the two sentences **Hace calor** and **Voy a llevar un traje de baño** can be combined in the following ways:

> Como hace calor, voy a llevar un traje de baño.
> Voy a llevar un traje de baño porque hace calor.

Set A: 1. ¿En qué mes piensa ir de vacaciones este año? ¿Qué día va a salir? 2. ¿Adónde va a ir? ¿Con quién(es) va? 3. ¿Cuánto tiempo piensa estar allí? 4. ¿Va a estar en un hotel o en la casa de unos amigos?

Set B: 1. ¿Qué tiempo hace allí? ¿Llueve con frecuencia? ¿Nieva mucho? ¿Hay contaminación? 2. ¿Qué ropa piensa llevar? 3. ¿Qué cosas quiere hacer durante el día? ¿y durante la noche? 4. ¿En qué fecha piensa volver?

 B. Entrevista. You will hear a series of questions. Each will be said twice. Answer, based on your own experience. Write out all numbers. Pause and write the answers (on a separate sheet of paper).

❖Mi diario

Escriba Ud. sobre tres cosas que hace, que piensa hacer o que le gusta hacer en cada estación del año.

MODELO: En la primavera me gusta ir de compras. En las vacaciones de primavera pienso visitar a mis amigos en Washington. Si todavía hay nieve, voy a esquiar (*to ski*) también. Me gusta mucho esquiar.

Vocabulario útil: celebrar mi cumpleaños, esquiar, ir a la playa, nadar (*to swim*), quedarme en casa, visitar a mis abuelos (amigos)

Complete las oraciones con la información apropiada.

1. La capital de la República de Guatemala es _____.

2. En Guatemala hablan español y _____ lenguas indígenas.

3. Guatemala tiene más de doce _____ de habitantes.

4. Más del cincuenta por ciento de los habitantes de Guatemala es descendiente de los

   _____.

5. Para documentar su historia y su cultura, los mayas tenían un sistema de _____

   jeroglífica y el _____ más exacto de su época.

6. En las ruinas de _____ se puede ver la grandeza de la civilización maya.

7. La violencia contra los indígenas de Guatemala ocurre entre los años de _____ y

   _____.

8. Rigoberta Menchú pierde a cuatro miembros (*members*) de su _____, todos

   asesinados por el ejército (*army*). En 1992, Menchú recibe el _____.

PÓNGASE A PRUEBA

■■■A ver si sabe...

A. Present Progressive: *estar + -ndo*. Complete la siguiente tabla con la forma correcta del gerundio.

cepillarse		**hablar**	hablando
divertirse		**leer**	
dormir	durmiendo	**poner**	
escribir		**servir**	
estudiar		**tener**	teniendo

B. *¿Ser o estar?* Match the statements in the left-hand column with the appropriate use of **ser** or **estar** in the right-hand column.

1. Estamos muy ocupados. _____

2. Son las nueve. _____

3. Ella está en Costa Rica. _____

4. El reloj es de Carlos. _____

5. Gracias, estoy bien. _____

6. Ella es de Costa Rica. _____

7. Marta es alta y morena. _____

8. Están mirando la tele. _____

9. Es importante salir ahora. _____

a. to tell time
b. with **de** to express origin
c. to tell location of a person or thing
d. to form generalizations
e. with the present participle to form the progressive
f. with adjectives to express a change from the norm or to express conditions
g. with adjectives to express the norm or inherent qualities
h. to speak of one's health
i. with **de** to express possession

C. **Comparisons.** Subraye (*Underline*) las palabras apropiadas.

1. Paulina es (más / tanta) bonita (que / como) su hermana.
2. Tengo (tan / tantos) problemas (que / como) tú.
3. Este libro es bueno, pero el otro es (más mejor / mejor).
4. Tú cantas (tan / tanto) bien (que / como) Gloria.
5. Mis hermanos tienen (tantos / menos) clases (que / como) yo.

■■■Prueba corta

A. Escriba oraciones con las siguientes palabras en el presente progresivo.

1. (yo) mirar / programa _____

2. Juan / leer / periódico _____

3. Marta / servir / café / ahora _____

4. niños / dormir _____

5. ¿almorzar (tú) / ahora? _____

B. Study the following drawing. Then form complete sentences using the words provided, in the order given, to compare Arturo and Roberto.

Arturo
22 años

Roberto
20 años

1. Arturo / libros / Roberto _____

2. Arturo / gordo / Roberto _____

3. Roberto / alto / Arturo _____

4. Roberto / años / Arturo _____

5. Arturo / perros / Roberto _____

C. Comparaciones. You will hear a series of statements about the following chart. Each will be said twice. Circle **C** if the statement is true or **F** if it is false. First, pause and read the chart.

PAÍS	POBLACIÓN (HABITANTES)	ÁREA (MILLAS CUADRADAS) (SQUARE MILES)	TEMPERATURA COSTAL / TEMPERATURA INTERIOR EN GRADOS FAHRENHEIT	NÚMERO DE PERIÓDICOS DIARIOS (DAILY NEWSPAPERS)
Costa Rica	3.463.083	19.730	90° / 63°	4
Guatemala	11.277.614	42.042	82° / 68°	5
Nicaragua	4.272.352	50.838	77° / 79°	6
México	95.772.462	756.066	120° / 61°	285

Now resume listening.

1. **C F**   2. **C F**   3. **C F**   4. **C F**   5. **C F**   6. **C F**

D. La nueva profesora guatemalteca. Tell about the new professor, using the written cues. When you hear the corresponding number, form sentences using the words provided in the order given, making any necessary changes or additions. You will be given a choice of verbs. Choose the correct one.

MODELO: (*you see*) 1. la profesora / (ser / estar) / Isabel Darío
(*you hear*) uno → (*you say*) La profesora es Isabel Darío.

2. la profesora / (ser / estar) / de Puerto Barrios, Guatemala
3. Puerto Barrios / (ser / estar) / lejos de la capital
4. la profesora / (ser / estar) / cansada por el viaje
5. ella / se (ser / estar) / quedando con unos amigos
6. la profesora / (ser / estar) / inteligente y simpática
7. los estudiantes / (ser / estar) / contentos con la nueva profesora

CAPÍTULO **6**

VOCABULARIO Preparación

■■■ La comida

A. La comida. Complete las oraciones con las palabras apropiadas de la lista a la derecha.

1. Un buen desayuno típico para mucha gente (*people*) en los Estados Unidos es _____ de naranja, dos _____ con jamón, _____ tostado y café, _____ o _____.	agua arroz camarones carne galletas helado huevos jugo langosta leche lechuga pan patatas fritas queso sed té tomate verduras zanahorias

2. Dos mariscos favoritos son los _____ y la _____.

3. Las especialidades de McDonald's son las hamburguesas y las _____.

4. El _____ mineral es una bebida favorita de la gente que (*who*) no quiere engordar (*to gain weight*).

5. De (*For*) postre, ¿prefiere Ud. pastel, flan o _____ de vainilla o chocolate?

6. Un vegetariano no come _____; prefiere las _____ y las frutas.

7. El sándwich de jamón y _____ es popular para el almuerzo.

8. La ensalada se hace (*is made*) con _____ y _____.

9. Una combinación popular son las arvejas y las _____.

10. En la sopa de pollo hay _____ o fideos (*noodles*).

11. Cuando los niños vuelven de la escuela, tienen hambre y a veces quieren comer _____ con leche.

12. Cuando tengo _____, bebo agua fría.

❖**B. Preguntas personales.** Conteste estas preguntas sobre sus hábitos y preferencias con respecto a la comida.

1. ¿Dónde y a qué hora almuerza Ud., generalmente?

   _____

2. Cuando Ud. vuelve a casa después de sus clases o después de trabajar y tiene hambre, ¿qué le apetece (*do you feel like*) comer? ¿frutas? ¿galletas? ¿un sándwich? ¿ ?

   Me apetece comer _____.

3. Por lo general, ¿come Ud. más pescado, más pollo o más carne?

   _____

C. Identificaciones. Identify the following foods when you hear the corresponding number. Use the definite article in your answer.

1. 2. 3. 4.

5. 6. 7. 8.

D. Categorías. You will hear a series of words. Repeat each word, telling in what category it belongs: **un tipo de carne, un marisco, una fruta, una verdura, un postre,** or **una bebida.**

   MODELO: (*you hear*) el té → (*you say*) El té es una bebida.

   1. …   2. …   3. …   4. …   5. …

■■■¿Qué sabe Ud. y a quién conoce?

A. El restaurante El Clavel. Complete las oraciones con la forma apropiada de los verbos entre paréntesis.

—¿_____¹ (*Tú:* Saber) dónde está el restaurante El Clavel?

—¡Cómo no! _____² (*Nosotros:* Conocer) muy bien al dueño.

—Yo _____³ (conocer) a su hija Lucía, pero no _____⁴ (saber) dónde vive.

—Nosotros _____⁵ (saber) su número de teléfono si quieres llamar. Debes

_____⁶ (conocer) a toda la familia. Es una familia muy simpática.

B. *¿Saber o conocer?* Complete las oraciones con la forma apropiada de **saber** o **conocer,** según el sentido (*meaning*).

1. Ellas no _____ a mi primo.

2. Yo no _____ a qué hora llegan del teatro.

3. ¿(*Tú*) _____ tocar el piano?

4. Necesitan _____ a qué hora vas a venir.

5. (*Nosotros*) _____ a los padres de Paquita, pero yo no _____ al resto de su familia.

6. Queremos _____ al presidente del club.

C. **La *a* personal.** Complete las oraciones con la **a** personal, cuando sea (*whenever it is*) necesario. **¡RECUERDE! a + el = al.**

1. No veo _____¹ el dueño y no conozco _____² los camareros (*waiters*). Todos son

   nuevos.

2. —¿_____³ quién buscan Uds.? —Buscamos _____⁴ la Srta. Estrada. Creo que no está

   aquí todavía.

3. Mis padres conocen _____⁵ este restaurante. Creen que es muy bueno.

4. ¿Por qué no llamas _____⁶ el camarero ahora? Quiero ver _____⁷ el menú mientras

   esperamos _____⁸ María Elena.

D. **¿Qué sabes y a quién conoces?**

Paso 1. Mis amigos. You will hear a brief paragraph about some of the things your friends know and whom they know. Listen and write either **sí** or **no** under the corresponding item. Two items have been done for you.

NOMBRE	BAILAR	A JUAN	JUGAR AL TENIS	A MIS PADRES	ESTA CIUDAD
Enrique	*sí*	*no*			
Roberto					
Susana					

Paso 2. ¿Qué recuerdas? Now pause and complete the following statements with information from the completed chart. Check the answers to **Paso 1** in the Appendix before you begin **Paso 2.**

1. Roberto y Susana _____ jugar al tenis.

2. Susana _____ bailar.

3. Nadie (*No one*) _____ a Juan.

4. Roberto y Enrique _____ bien la ciudad.

PRONUNCIACIÓN Y ORTOGRAFÍA *d*

A. Repeticiones. Spanish **d** has two pronunciations. At the beginning of a phrase or sentence and after **n** or **l**, it is pronounced similarly to English *d* as in *dog:* [d], that is, as a stop. Listen to these words and repeat them after the speaker.

> [d]   diez   ¿dónde?   venden   condición   falda   el doctor

In all other cases, **d** is pronounced like the English sound *th* in *another* but softer: [đ], that is, as a fricative. Listen and repeat the following words.

> [đ]   adiós   seda   ciudad   usted   cuadros   la doctora

B. Entonación. Repeat the following sentences, imitating the speaker. Pay close attention to the intonation.

> ¿Dónde está el dinero?   ¿Qué estudia Ud.?
> Dos y diez son doce.   Venden de todo, ¿verdad?

C. Escoger. You will hear a series of words containing the letter **d.** Each will be said twice. Circle the letter of the **d** sound you hear.

1. a. [d]   b. [đ]   4. a. [d]   b. [đ]
2. a. [d]   b. [đ]   5. a. [d]   b. [đ]
3. a. [d]   b. [đ]

D. La *d* fricativa. Underline only the fricative [đ] in the following words and phrases.

1. el día   4. ¿Dónde está el doctor?   7. venden de todo   10. adiós
2. adónde   5. Buenos días.   8. dos radios   11. posibilidad
3. ustedes   6. De nada.   9. universidad   12. Perdón.

GRAMÁTICA

17. Expressing *what* or *whom* • Direct Object Pronouns

A. El cumpleaños de Felipe. César Eco discusses plans for Felipe's birthday, answering everyone's questions but with a great deal of repetition. Rewrite César's answers, using direct object pronouns.

> MODELOS: —¿Quién llama a Felipe?
> —Yo llamo a Felipe. → Yo lo llamo.
>
> —¿Quién va a llevar las sillas?
> —Pepe va a llevar las sillas. (*two ways*) → Pepe va a llevarlas. (Pepe las va a llevar.)

1. —¿Quién prepara el pastel?

   —Yo preparo el pastel. _____

2. —¿Quién va a comprar los refrescos?

   —Yo voy a comprar los refrescos. (*two ways*) _____

   _____

3. —¿Quién va a hacer las galletas?

   —Dolores va a hacer las galletas. (*two ways*) _____

   _____

4. —¿Quién trae los discos?

   —Juan trae los discos. _____

5. —¿Quién invita a los primos de Felipe?

   —Yo invito a los primos de Felipe. _____

B. **En casa, con la familia Buendía.** Conteste las preguntas, según los dibujos. Use los pronombres del complemento directo.

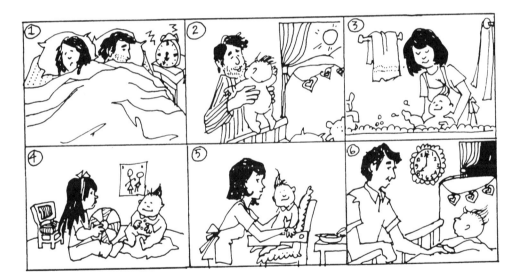

1. ¿A qué hora despierta el despertador (*alarm clock*) a los padres? _____

2. ¿Quién levanta al bebé? _____

3. ¿Quién lo baña? _____

4. ¿Quién divierte al bebé con una pelota (*ball*)? _____

5. ¿Qué hace la mamá con el bebé antes de darle de comer (*feeding him*)? _____

   _____

6. ¿Quién acuesta al bebé? _____

C. ¿Qué acaban de hacer estas personas?

MODELO: Pete Sampras → Acaba de jugar al tenis.

1. Christina Aguilera _____

2. (en un restaurante) nosotros _____

3. (al final de la comida) el camarero _____

4. el profesor que sale de clase _____

❖5. yo, ¿ ? _____

D. En la cocina. Imagine that you are preparing a meal, and your friend Pablo is in the kitchen helping you. Answer his questions, using object pronouns and the written cues. You will hear each question twice.

MODELO: (*you hear*) ¿Necesitas la olla (*pot*) ahora?
(*you see*) sí → (*you say*) ¿La olla? Sí, la necesito.
(*you see*) no → (*you say*) ¿La olla? No, no la necesito todavía.

1. no　2. sí　3. sí　4. no

E. Entre amigos... Imagine that your friend Manuel, who hasn't seen you for a while, wants to know when you can get together again. Answer his questions, using the written cues. You will hear each question twice.

1. esta noche　　2. para mañana　　3. 4:00　　4. café La Rioja

F. Hablando de los estudios. You will hear a series of questions about things you have already done. Each will be said twice. Answer, using **acabo de** and a direct object pronoun. Attach the direct object pronoun to the infinitive when you answer.

MODELO: (*you hear*) ¿Por qué no escribes la composición? → (*you say*) Acabo de escribirla.

1. …　　2. …　　3. …　　4. …

18. Expressing Negation • Indefinite and Negative Words

A. Federico, el pesimista. Su amigo Federico es muy pesimista y siempre contesta en forma negativa. Conteste las preguntas como si fuera (*as if you were*) él. Use la forma negativa de las palabras indicadas.

Palabras útiles: contigo (*with you*), conmigo (*with me*)

MODELO: ¿Sirven *algo* bueno en ese restaurante? → No, no sirven nada bueno.

1. ¿Vas a hacer *algo* interesante este fin de semana?

No, _____.

2. ¿*Siempre* sales con *alguien* los sábados?

No, _____.

3. ¿Tienes *algunos* nuevos amigos en la universidad? (**¡OJO!** Recuerde usar el singular.)

No, _____.

4. *¿Algunas* de esas chicas son tus amigas? (¡**OJO!**)

    No, _____.

5. *¿Alguien* cena contigo *a veces*?

    No, _____.

B. **Evita, la optimista.** Federico es una persona negativa, pero su novia Evita es muy positiva. Escriba las reacciones positivas de Evita a los comentarios de Federico.

1. —No quiero comer nada. La comida aquí es mala.

    —Pues, yo sí _____.

2. —Nadie viene a atendernos (*wait on us*).

    —Pero aquí viene _____.

3. —Nunca cenamos en un restaurante bueno.

    —Yo creo que _____.

4. —No hay ningún plato sabroso.

    —Aquí hay _____.

❖**C.** **¡Diga la verdad!** Escriba cuatro oraciones sobre cosas que Ud. nunca hace los sábados. Use **nunca** o **jamás.** Use expresiones de la lista o cualquier otra (*any other*).

> afeitarse, despertarse temprano, estudiar, ir al cine, lavar (*to wash*) la ropa,
> mirar la televisión todo el día, quedarse en casa, salir a bailar, ver vídeos en casa

_____

_____

_____

_____

D. **Descripción.** You will hear a series of questions. Answer, according to the drawings.

MODELO: (*you hear*) ¿Hay algo en la pizarra? →
    (*you say*) Sí, hay algo en la pizarra. Hay unas palabras.

hablo	hablamos
hablas	habláis
habla	hablan

1.

2.

3.

4.

5.

E. **¡Por eso no come nadie allí!** You will hear a series of questions about a very unpopular restaurant. Each will be said twice. Answer using the double negative.

MODELO: (*you hear*) ¿Sirven algunos postres especiales? →
(*you say*) No, no sirven ningún postre especial.

1. … 2. … 3. … 4. …

19. Influencing Others • Formal Commands

A. Durante las vacaciones. The following flyer, distributed by the Spanish government, gives advice about how to prepare your house before going away on vacation. Scan it; then do the activities that follow.

Paso 1. Copy the command forms for the following infinitives from the flyer.

Título: acostumbrar _____

1. comprobar _____

2. encargar _____

3. no hacerlo _____

   dejarlas _____

4. no comentar _____

   dejar _____

5. no dejarlos _____

Paso 2. Express the basic idea of the following recommendations from the flyer by completing these sentences in English.

1. Make sure that _____
   _____.

2. Ask a neighbor to pick up _____
   _____.

3. Leave an extra set of keys with
   _____.

4. Don't leave notes indicating _____
   _____.

5. Don't leave objects of value or money
   _____.

ACOSTUMBRE A SU CASA A QUEDARSE SOLA

DURANTE PERIODOS DE VACACIONES O AUSENCIAS PROLONGADAS

1 Compruebe que todas las posibles entradas de la casa queden perfectamente cerradas, incluyendo las ventanas que dan a patios.

2 No conviene dejar señales visibles de que su vivienda está desocupada: encargue a algún vecino la recogida de la correspondencia de su buzón.

3 Si quiere dejar un juego de llaves de reserva, no lo haga en escondites inprovisados: déjelas a alguien de su confianza.

4 No comente su ausencia con personas desconocidas ni deje notas indicando cuándo piensa volver.

5 Existen diferentes entidades de crédito que durante sus vacaciones pueden hacerse cargo de sus objetos de valor: no los deje nunca en casa, ni tampoco deje dinero.

6 Conviene dejar a un vecino de confianza su dirección y teléfono de contacto mientras está usted fuera.

7 Existe la posibilidad de instalar un reloj programable que encienda y apague la luz o la radio en su vivienda, en diferentes horarios, disimulando su ausencia del domicilio.

B. **Consejos.** Sus amigos tienen los siguientes problemas. Déles (*Give them*) consejos apropiados con un mandato formal.

MODELO: Estamos cansados. → Entonces, descansen.

1. Tenemos hambre. _____

2. Tenemos sed. _____

3. Mañana hay un examen. _____

4. Las ventanas están abiertas y tenemos frío. _____

5. Siempre llegamos tarde. _____

6. Somos impacientes. _____

C. **¡Qué amigos tan buenos!** Your friends Emilio and Mercedes are helping you at dinner time. Answer their questions with affirmative or negative commands, as indicated. Change object nouns to pronouns.

MODELO: ¿Lavamos (*Shall we wash*) los platos ahora? → Sí, lávenlos ahora.

No, no los laven todavía.

1. —¿Empezamos la comida ahora? —Sí, _____.

2. —¿Servimos la cena ahora? —No, _____.

3. —¿Llamamos a tu papá ahora? —Sí, _____.

4. —¿Hacemos el café ahora? —No, _____.

5. —¿Traemos las sillas ahora? —Sí, _____.

6. —¿Ponemos la tele ahora? —No, _____.

D. **¿Qué acaban de decir?** You will hear a series of commands. Write the number of the command you hear next to the corresponding drawing. You will hear each statement twice. **¡OJO!** There is an extra drawing.

a. _____  b. _____ c. _____

d. _____ e. _____

E. Profesora por un día... Imagine that you are the Spanish professor for the day. Practice telling your students what they should do, using the oral cues. Use **Uds.** commands.

1. ... 2. ... 3. ... 4. ... 5. ...

F. La dieta del Sr. Casiano. Mr. Casiano is on a diet, and you are his doctor. He will ask you whether or not he can eat certain things. Answer his questions, using affirmative or negative commands and direct object pronouns.

MODELO: (*you hear*) ¿Puedo comer chocolate? (*you see*) No,... →
(*you say*) No, no lo coma.

1. No,... 2. No,... 3. No,... 4. Sí,... 5. Sí,...

UN POCO DE TODO | (Para entregar)

A. Por teléfono. Fill in the blanks with the correct word(s) in parentheses to complete the dialogue between Ana and Pablo.

ANA: Oye, Pablo, ¿no _____ [1] (conoces/sabes) tú _____ [2] (a/al/el) profesor Vargas?

PABLO: No, no _____ [3] (él/lo) _____ [4] (sé/conozco). ¿Por qué?

ANA: Es profesor de historia. El viernes va a dar una conferencia[a] sobre la mujer en la Revolución mexicana. ¿No quieres ir? Yo _____ [5] (sé/conozco) que va a ser muy interesante.

PABLO: ¡Qué lástima![b] Casi _____ [6] (siempre/nunca) tengo tiempo libre[c] los viernes, pero este viernes tengo varios compromisos[d].

ANA: Pues, yo no tengo mucho tiempo libre _____ [7] (también/tampoco), pero voy a asistir. _____ [8] (Al/El) Sr. Vargas siempre usa diapositivas[e] fascinantes y tengo ganas de verlas.

[a]dar... *give a lecture* [b]¡Qué... *What a shame!* [c]*free* [d]*engagements* [e]*slides*

B. Preparativos para una barbacoa. Imagínese que Ud. vive en un nuevo apartamento, donde va a preparar una barbacoa. Conteste las siguientes preguntas sobre la barbacoa con pronombres de complemento directo.

MODELO: ¿A qué hora *me* llamas? → Te llamo a las ocho.

1. ¿Cuándo vas a preparar *la barbacoa*?

_____

2. ¿Piensas invitar *a Juan y a su novia*?

_____

3. ¿Puedo llamar *a dos amigas más*?

_____

4. *¿Te* puedo ayudar el sábado?

_____

5. ¿Necesitas *las sillas de mi apartamento*?

_____

C. **En un restaurante español.** Restaurants in Spain are rated from one to five forks, five being the highest. Scan this dinner check, then answer the questions that follow with a few words. *Note: I.V.A.* means *Value-Added Tax,* somewhat like a sales tax in the U.S.*

1. ¿A qué restaurante fueron (*went*) estas personas?

_____

2. ¿En qué ciudad está? _____

3. ¿Qué bebieron (*did they drink*) con la comida? _____

4. ¿Cómo se llama la sopa que tomaron (*they had*)? _____

5. La paella consiste en arroz, pollo y mariscos. ¿Le gustaría a Ud. probarla? (*Would you like to try it?*)

_____

6. ¿Cuántas pesetas pagaron (*did they pay*) por la comida? (Escriba el número en palabras.)

_____

_____

*The prices given on the check are in **pesetas,** the former currency of Spain. As of January 1, 2002, Spain and eleven other European Union countries began using a single monetary unit, the **euro.**

D. ¿Qué va a pedir Juan? Juan and his friend Marta are in a restaurant. Listen to their conversation and circle the items that Juan is going to order. In this exercise, you will practice listening for specific information. First, pause and look at the drawing.

❖¡Repasemos!

A. Una cena en El Toledano. En otro papel, conteste las siguientes preguntas según los dibujos e invente los detalles necesarios. Luego, organice y combine sus respuestas en dos párrafos. **¡RECUERDE!** Use palabras conectivas: **por eso, Como...** (*Since . . .*), **porque, aunque** (*although*), **luego,** etcétera.

1.

2.

3.

4.

5.

6.

A. 1. ¿Por qué llaman José y Miguel a Tomás?   2. ¿Por qué cree Ud. que deciden llevarlo a El Toledano?   3. ¿Conoce este lugar Tomás? ¿Le gusta la idea de salir con sus amigos?   4. ¿A qué hora de la noche pasan por él[a]?

B. 1. Después de llegar al restaurante, ¿en qué sitio encuentran[b] una mesa desocupada[c]: cerca o lejos del escenario[d]?   2. ¿Por qué hay tanta gente en el restaurante?   3. ¿Qué platos pide cada joven?   4. ¿Qué escuchan durante la cena?   5. ¿Qué hacen después de comer?   6. ¿Salen del restaurante contentos y satisfechos[e] o disgustados?

[a]pasan... *do they pick him up*   [b]*do they find*   [c]*empty*   [d]*stage*   [e]*satisfied*

B. **Entrevista.** You will hear a series of questions. Each will be said twice. Answer based on your own experience. Use direct object pronouns in your answers, if possible. Pause and write the answers (on a separate sheet of paper).

❖Mi diario

Ahora escriba en su diario lo que a Ud. le gusta mucho comer y la(s) comida(s) que no le gusta(n) nada. Si puede, mencione los ingredientes.

> **Palabras útiles:** el cocido (*stew*), los espaguetis, las remolachas (*beets*), el rosbif; caliente (*hot*), picante (*hot, spicy*); me encanta(n) (*I love*),* me gusta(n),* odiar (*to hate*); al horno (*baked, roasted*); bastante cocido (*medium*), bien cocido (*well done*), crudo (*raw*)

CONOZCA... España

Conteste brevemente las siguientes preguntas.

1. Además del español, ¿qué otras lenguas se hablan en Cataluña, Galicia y el País Vasco?

    _____

2. ¿Durante qué años dominaron los romanos en España? _____

3. ¿Qué lenguas se derivan del latín en la Península Ibérica? _____

4. ¿Que lengua es de origen desconocido? _____

5. ¿Cuándo ocurrió la invasión de los visigodos? _____

6. ¿Qué temas satiriza el cineasta Pedro Almodóvar en sus películas? _____

---

*If something you like is a plural noun, use the plural form of **gustar** or **encantar: Me gustan las zanahorias. Me encantan las arvejas.**

■■■A ver si sabe...

A. Direct Object Pronouns

1. Complete la tabla con la forma apropiada de los pronombres del complemento directo.

me	**me**	us	
you (*fam. sing.*)		you (*fam. pl.*)	**os**
you, him, it (*m.*)		you, them (*m.*)	**los**
you, her, it (*f.*)		you, them (*f.*)	

2. Rewrite using a direct object pronoun for the underlined direct object noun.

   a. Yo traigo <u>el postre</u>. _____

   b. ¡Traiga <u>el postre</u>! _____

   c. ¡No traiga <u>el postre</u>! _____

   d. Estamos esperando <u>al camarero</u>. (*two ways*) _____

   _____

   e. Voy a llamar <u>al camarero</u>. (*two ways*) _____

   _____

B. Negative Words. Write the negative form of the following words or phrases.

   1. alguien _____   4. algo _____

   2. también _____   5. algunos detalles (¡**OJO**!) _____

   3. siempre _____

C. Formal Commands. Complete la tabla con la forma apropiada de los mandatos formales.

	UD.		UDS.
1. **pensar**		6. **ser**	sean
2. **volver**		7. **buscar**	
3. **dar**		8. **estar**	
4. **servir**	sirva	9. **saber**	
5. **ir**		10. **decir**	

■■■Prueba corta

A. Escriba la forma apropiada de **saber** o **conocer.**

—Yo no _____ [1] a la novia de Juan. ¿La _____ [2] tú?

—No muy bien, pero (yo) _____ [3] que ella se llama María Elena y que

_____ [4] tocar bien la guitarra.

B. Vuelva a escribir las oraciones en la forma afirmativa.

1. No quiero comer nada. _____

2. No busco a nadie. _____

3. No hay nada para beber. _____

C. Conteste las preguntas usando pronombres de complemento directo.

1. ¿Vas a pedir la ensalada de fruta? _____

2. ¿Quieres zanahorias con la comida? _____

3. ¿Tomas café por la noche? _____

D. Escriba la forma apropiada del mandato formal (**Uds.**) del verbo indicado.

1. _____ (Comprar) tomates y lechuga.

2. No _____ (hacer) ensalada hoy.

3. _____ (Traer) dos sillas, por favor.

4. ¿El vino? No _____ (servirlo) ahora.

E. Cosas de todos los días. Practice talking about a new restaurant using the written cues. When you hear the corresponding number, form sentences using the words provided in the order given, making any necessary changes or additions. When you are given a choice between verbs or words, choose the correct one.

MODELO: (*you see*) 1. ¿(saber / conocer) / tú / un buen restaurante?
(*you hear*) uno → (*you say*) ¿Conoces un buen restaurante?

2. sí, yo / (saber / conocer) / un buen restaurante
3. ellos / (la / lo) / acabar de / abrir
4. yo / (saber / conocer) / al dueño (*owner*)
5. ellos / preparar / unos camarones deliciosos
6. ellos / (las / los) / cocinar / en vino blanco
7. no hay / (algo / nada) / malo en el menú
8. yo / (siempre / nunca) / cenar allí

F. ¡Qué maleducados! Mr. Alarcón's children have not been behaving lately, and he is constantly telling them what to do and what not to do. Play the role of Mr. Alarcón, using the oral cues.

MODELO: (*you hear*) no jugar en la sala → (*you say*) No jueguen en la sala.

1. ... 2. ... 3. ... 4. ... 5. ...

CAPÍTULO 7

VOCABULARIO Preparación

■■■De viaje

❖**A. Ud. y los viajes.** Lea las siguientes declaraciones y decida cuáles se refieren a Ud.

		C	**F**
1.	Tengo mucho miedo de viajar en avión.	☐	☐
2.	Siempre reservo los asientos con anticipación (*in advance*).	☐	☐
3.	Cuando voy de viaje, hago las maletas a última hora (*at the last minute*).	☐	☐
4.	Siempre llevo tantas maletas que tengo que pedirle ayuda a un maletero.	☐	☐
5.	Pido un asiento en el pasillo (*aisle*) de un avión o tren porque me gusta levantarme con frecuencia.	☐	☐
6.	Si hay una demora en la salida del avión (o del tren) no me importa. Me siento en la sala de espera y leo un libro o voy al bar.	☐	☐

B. De vacaciones. Complete las oraciones con la forma apropiada de las palabras de la lista a la derecha. Use cada expresión sólo una vez (*once*).

asiento
asistente
bajar
boleto
cola
demora
equipaje
escala
fumar
guardar
ida y vuelta
pasajeros
salida
subir
vuelo

1. Cuando voy de vacaciones prefiero comprar mi _____ antes de ir al aeropuerto.

2. Los boletos de _____ son más baratos que los de ida solamente[a].

3. Pido un _____ en la sección de no _____ porque tengo alergia al humo[b] de los cigarrillos.

4. Quiero _____ del avión si hace _____ en Londres[c].

5. Después de llegar al aeropuerto, un maletero me ayuda a facturar el

   _____ .

6. En la sala de espera hay muchos _____ que esperan su vuelo.

7. Un pasajero me _____ un asiento mientras[d] voy a comprar un libro.

8. Anuncian que el _____ #68 está atrasado; hay una _____ de media hora.

[a]*only* [b]*smoke* [c]*London* [d]*while*

9. Cuando por fin anuncian la _____ del vuelo, los pasajeros hacemos

_____ para _____ al avión.

10. Media hora después que el avión despega[e], los _____ de vuelo sirven el desayuno. ¡Y qué hambre tengo!

[e]*takes off*

C. Escenas. Describa los dibujos con los verbos indicados. Use el presente del progresivo cuando sea (*whenever it is*) posible.

1.

dormir, fumar, leer

2.

hacer cola, facturar, hacer una parada

3.

estar atrasado, correr, llover, subir

4.

mirar, servir algo de beber

1. _____

_____

2. _____

_____

3. _____

_____

4. _____

_____

■■■De vacaciones

A. Las vacaciones

Paso 1. Identifique los lugares y objetos en el dibujo.

1. _____

2. _____

3. _____

4. _____

5. _____

Paso 2. Ahora explique qué hacen las siguientes personas.

1. El padre _____.

2. La madre _____.

3. Las hijas _____.

4. El hijo _____.

5. Toda la familia _____.

B. Definiciones. You will hear a series of definitions. Each will be said twice. Circle the letter of the word that is defined by each. **¡OJO!** There may be more than one answer in some cases.

1. a. el avión   b. la playa   c. el océano
2. a. el billete   b. la estación de trenes   c. el aeropuerto
3. a. el hotel   b. el restaurante   c. la llegada
4. a. el puerto   b. el mar   c. las montañas

C. Identificaciones. Identify the items after you hear the corresponding number. Begin each sentence with **Es un...**, **Es una...**, or **Son...**

1. ...   2. ...   3. ...   4. ...   5. ...

D. Hablando de viajes... Using the oral and written cues, tell your friend Benito, who has never traveled by plane, the steps he should follow to make an airplane trip.

> MODELO: (*you see*) Primero...   (*you hear*) llamar a la agencia de viajes →
> (*you say*) Primero llamas a la agencia de viajes.

1. pedir
2. El día del viaje,...
3. facturar

4. Después...
5. Cuando anuncian la salida del vuelo,...
6. Por fin...

■■■Nota comunicativa: Other Uses of *se*

¿Cuánto sabe Ud. de estas cosas? Seleccione la respuesta más apropiada.

1. Se habla portugués en...
   a. el Paraguay.   b. Bolivia.   c. el Brasil.
2. Se factura el equipaje en...
   a. el avión.   b. el mostrador (*counter*).   c. la sala de espera.
3. Se visitan las ruinas de Machu Picchu en...
   a. Bolivia.   b. México.   c. el Perú.
4. Se ven ruinas mayas en Chichen Itzá,...
   a. Colombia.   b. México.   c. el Perú.
5. Se venden bebidas alcohólicas en...
   a. Francia.   b. Irán.   c. la Arabia Saudita.

🎧 PRONUNCIACIÓN Y ORTOGRAFÍA *g, gu,* and *j*

A. Repeticiones. In Spanish, the letter **g** followed by **e** or **i** has the same sound as the letter **j** followed by any vowel. This sound [x] is similar to the English *h*. The pronunciation of this sound varies, depending on the region or country of origin of the speaker. Note the difference in the pronunciation of these words.

España:	Jorge	jueves	general	álgebra
el Caribe:	Jorge	jueves	general	álgebra

Repeat the following words, imitating the speaker.

1. [x] general   gigante   geranio
2. [x] jamón   Juan   pasaje

Now, say the following words when you hear the corresponding number. Repeat the correct pronunciation after the speaker.

3. gimnasio
4. giralda
5. rojo
6. jipijapa

B. El sonido [g]. When the letter **g** is followed by the vowels **a, o,** or **u** or by the combination **ue** or **ui,** its pronunciation is very similar to the letter *g* in the English word *get:* [g]. It is also pronounced this way at the beginning of a word, after a pause, or after the letter **n.**

Repeat the following words, imitating the speaker.

[g] ángulo gusto gato Miguel guitarra

Now, say the following words when you hear the corresponding number. Repeat the correct pronunciation after the speaker.

1. gorila   2. grande   3. guerrilla   4. Guevara

C. El sonido [g̶]. In all other positions, the Spanish **g** is a fricative [g̶]. It has a softer sound produced by allowing some air to escape when it is pronounced. There is no exact equivalent for this variant in English.

Repeat the following words, imitating the speaker.

1. [g̶] abrigo algodón el gato el gusto los gorilas
2. [g] / [g̶] un grupo el grupo gracias las gracias un gato el gato
3. [x] / [g] gigante jugos juguete

Now, read the following sentences when you hear the corresponding numbers. Repeat the correct pronunciation after the speaker.

4. ¡Qué ganga!
5. Domingo es guapo y delgado.
6. Tengo algunas amigas guatemaltecas.
7. La guitarra de Guillermo es de Gijón.

D. Dictado. You will hear four sentences. Each will be said twice. Listen carefully and write what you hear.

1. _____

2. _____

3. _____

4. _____

GRAMÁTICA

20. Expressing *to whom* or *for whom* • Indirect Object Pronouns; *dar* and *decir*

A. Formas verbales. Complete las oraciones con la forma apropiada de los verbos entre paréntesis.

(dar) Hoy es el cumpleaños de Ana y todos lo celebramos con una fiesta. ¿Qué regalos le

_____[1] nosotros? Carmela le _____[2] una blusa, los padres de Ana le

_____[3] un impermeable, tú le _____[4] un suéter y yo le

_____[5] un libro.

(decir) ¡No estamos de acuerdo! Yo _____[6] que quiero salir, Jorge

_____[7] que tiene que estudiar, Anita y Memo _____[8] que no

tienen suficiente dinero, y tú _____[9] que estás cansado. ¿Qué les (nosotros)

_____[10] a los otros?

❖**B. Ud. y sus amigos.** Indique las cosas que Ud. hace y las cosas que hacen sus amigos. Después, Ud. va a decidir quién es más atento (*considerate*).

YO...

☐ siempre les regalo algo para su cumpleaños.

☐ les presto dinero.

☐ les ofrezco buenos consejos.

☐ les mando tarjetas postales cuando voy de vacaciones.

☐ les traigo flores en las ocasiones especiales.

☐ les hago favores.

☐ siempre les digo la verdad.

MIS AMIGOS...

☐ siempre me regalan algo para mi cumpleaños.

☐ me prestan dinero.

☐ me ofrecen buenos consejos.

☐ me mandan tarjetas postales cuando van de vacaciones.

☐ me traen flores en las ocasiones especiales.

☐ me hacen favores.

☐ siempre me dicen la verdad.

Y ahora, ¿qué opina Ud.?

☐ Yo soy más atento/a que mis amigos.

☐ Mis amigos son más atentos que yo.

☐ Yo soy tan atento/a como ellos.

C. ¿No recuerdas? Remind a friend of the things you do for him or her.

MODELO: (prestar dinero) → Te presto dinero.

1. (comprar regalos) _____

2. (mandar tarjetas postales) _____

3. (invitar a almorzar) _____

4. (explicar la tarea [*homework*]) _____

❖Now remind two other friends what you do for *them*. Use the following expressions or those from items 1–4.

mandar flores, ofrecer consejos, prestar dinero

5. _____

6. _____

7. _____

 D. En casa, durante la cena. Practice telling for whom the following things are being done, according to the model.

MODELO: (*you see*) Mi padre sirve el guacamole. (*you hear*) a nosotros →
(*you say*) Mi padre *nos* sirve el guacamole.

1. Mi madre sirve la sopa.
2. Ahora ella prepara la ensalada.
3. Mi hermano trae el café.
4. Rosalinda da postre.

E. Descripción. When you hear the corresponding number, tell what the following people are doing, using the written cues with indirect object pronouns.

En la fiesta de aniversario de los Sres. Moreno

1. Susana: regalar   2. Miguel: mandar   3. Tito: regalar

En casa, durante el desayuno

4. Pedro: dar   5. Marta: dar   6. Luis: servir / todos

21. Expressing Likes and Dislikes • *Gustar*

A. ¿Qué nos gusta de los aviones? Complete las oraciones con la forma correcta de **gustar** y la forma apropiada del complemento indirecto.

    MODELO: A mí **me gusta** llegar temprano al aeropuerto.

1. ¿A ti _____ _____ sentarte en el pasillo (*aisle*)?

2. A muchas personas no _____ _____ hacer paradas.

3. A mí tambien _____ _____ los vuelos directos.

4. A nosotros no _____ _____ la comida que sirven en la clase turística, pero a

   Jorge _____ _____ todo.

5. ¿Y qué línea aérea _____ _____ a Uds.?

B. Los gustos de la familia de Ernesto

Paso 1. Form complete sentences to tell what type of vacation activities or places the different members of Ernesto's family like, using the words provided in the order given. Make any necessary changes, and add other words when necessary. **¡RECUERDE!** Use **a** in front of the indirect object noun or pronoun.

    MODELO: su / padre / gustar / playa → A su padre le gusta la playa.

1. su / padre / gustar / vacaciones / montañas

   _____

2. su / madre / encantar / cruceros (*cruises*)

   _____

3. su / hermanos / gustar / deportes acuáticos

_____

4. nadie / gustar / viajar en autobús

_____

5. Ernesto / gustar / sacar fotos

_____

❖**Paso 2.** Now write a statement to tell what kind of vacation the different members of *your* family like. After each statement, write your reaction to their preferences using one of the following: **A mí también; Pero a mí, no.**

MODELO: A mi padre le gusta la playa. A mí también. (Pero a mí, no.)

_____

_____

_____

C. ¡Vamos de vacaciones! Pero... ¿adónde? You and your family can't decide where to go on vacation. You will hear what each person likes. Then decide where each person would like to go, using a location from the following list. There may be more than one answer in some cases. First, listen to the list. You will hear a possible answer.

Disneylandia   Nueva York
Florida   quedarse en casa
las playas de México   Roma

MODELO: (*you hear*) A mi padre le gusta mucho jugar al golf. →
         (*you say*) Le gustaría ir a Florida.

1. ...   2. ...   3. ...   4. ...   5. ...

D. ¿Qué le gusta? ¿Qué no le gusta? Using the written cues, tell what you like or dislike about the following situations or locations. You will hear a possible answer.

MODELO: (*you see and hear*) ¿En la universidad?   (*you see*) fiestas / exámenes →
         (*you say*) Me gustan las fiestas. No me gustan los exámenes.

1. ¿En la playa?   jugar al vólibol / sol
2. ¿En un restaurante?   comida / música
3. ¿En un parque?   flores / insectos
4. ¿En la cafetería?   hablar con mis amigos / comida

22. Talking about the Past (1) • Preterite of Regular Verbs and of *dar*, *hacer*, *ir*, and *ser*

A. El pretérito. Escriba la forma apropiada del pretérito de los verbos.

INFINITIVO	YO	TÚ	UD.	NOSOTROS	UDS.
hablar	hablé				
volver		volviste			
vivir			vivió		
dar				dimos	
hacer					hicieron
ser/ir	fui				
jugar		jugaste			
sacar			sacó		
empezar				empezamos	

B. ¿Qué hicieron estas personas? Complete las oraciones con la forma apropiada de los infinitivos. **¡OJO!** Recuerde los cambios ortográficos como almorcé, empecé, hizo, etcétera.

yo: Hoy _____[1] (volver) de la universidad a la una de la tarde. _____[2] (Hacerme) un sándwich y lo _____[3] (comer) sentado[a] delante del televisor. _____[4] (Recoger[b]) la ropa sucia y la _____[5] (meter[c]) en la lavadora[d]. Antes de salir para el trabajo, le _____[6] (dar) de comer[e] al perro.

tú: ¿Por qué no _____[1] (asistir) a tu clase de música esta mañana? ¿_____[2] (Acostarte) tarde? ¿Ya _____[3] (empezar) a estudiar para el examen? ¿Adónde _____[4] (ir) anoche? ¿_____[5] (Salir) con alguien interesante? ¿A qué hora _____[6] (volver) a casa?

Eva: El año pasado Eva _____[1] (casarse[f]) y _____[2] (ir) a vivir a Escocia[g] con su esposo. Después de varios meses _____[3] (matricularse) en la Universidad de Edimburgo y _____[4] (empezar) a estudiar para enfermera[h]. Este verano _____[5] (regresar) para visitar a sus abuelos en Vermont por una semana y luego _____[6] (viajar) a California, donde _____[7] (ver) a muchos amigos y lo _____[8] (pasar) muy bien[i].

[a]*seated*   [b]*To pick up*   [c]*to put*   [d]*washing machine*   [e]*le... I fed*   [f]*to get married*   [g]*Scotland*   [h]*para... to be a nurse*
[i]*lo... she had a very good time*

Mi amiga y yo: El verano pasado, mi amiga Sara y yo _____ [1] (pasar) dos meses en

Europa. _____ [2] (Vivir) con una familia francesa en Aix-en-Provence donde

_____ [3] (asistir) a clases en la universidad. También _____ [4] (hacer)

viajes cortos. _____ [5] (Visitar) la costa del sur de Francia, _____ [6]

(caminar[j]) por las playas de Niza, _____ [7] (comer) muchos mariscos y

_____ [8] (ver) a muchas personas famosas allí.

Dos científicos[k]: Mi papá y otro profesor de astronomía _____ [1] (ir) a Chile en enero

de 1986 para observar el cometa Halley. _____ [2] (Salir) de Los Ángeles en avión y

_____ [3] (llegar) a Santiago doce horas después. De allí _____ [4]

(viajar) a un observatorio en los Andes donde _____ [5] (ver) el cometa todas las

noches y _____ [6] (tomar) muchas fotos. La comida y el vino chilenos les

_____ [7] (gustar) mucho y _____ [8] (volver) de su viaje muy

contentos.

[j]to walk   [k]scientists

❖**C. Un viaje que hice yo**

Paso 1. Piense en un viaje que hizo en el pasado. Ahora subraye (*underline*) las actividades que mejor
describan sus experiencias en ese viaje.

1. Viajé en... avión / barco / tren / auto / motocicleta / ¿ ?
2. Fui a... la playa / las montañas / otra ciudad / ¿ ?
3. Hice el viaje... con familia / con amigos / solo/a / ¿ ?
4. Fui para... visitar amigos / ver familia / pasar las vacaciones / ¿ ?
5. Llevé... una maleta / dos maletas / mi mochila / ¿ ?
6. Saqué muchas fotos. / Hice vídeos. / No llevé ninguna cámara.
7. Comí... en restaurantes buenos / en casa de amigos o familia / comida rápida / ¿ ?
8. Conocí a varias personas. / No conocí a nadie. / ¿ ?

Paso 2. Ahora combine lógicamente las oraciones que subrayó para describir su viaje. Use otros detalles
para hacer más interesante su descripción.

Expresión útil: hacer reservas (*reservations*)

MODELO: El verano pasado fui a Miami con dos amigos para pasar las vacaciones, nadar y
descansar.

_____

_____

_____

_____

_____

D. ¿Qué hizo Nadia anoche? You will hear a series of statements. Each will be said twice. Write the number of each statement next to the drawing that is described by that statement. First, pause and look at the drawings. Nadia's friend is Guadalupe.

a. _____

b. _____

c. _____

d. _____

e. _____

f. _____

g. _____

h. _____

i. _____

E. ¿Qué pasó ayer? Practice telling what the following people did yesterday, using the oral and written cues. Do not say the subject pronouns in parentheses.

Antes de la fiesta

1. (yo)

2. mi compañero

3. (nosotros)

Antes del examen de química

4. Nati y yo

5. (tú)

6. todos

UN POCO DE TODO | (Para entregar)

A. Cosas que pasaron el semestre pasado. Use the expressions indicated to tell what you did for someone else or what someone else did for you this past semester. Use the preterite and the appropriate indirect object pronouns. Use affirmative or negative sentences, following the model.

MODELO: escribir una carta → Les escribí una carta a mis abuelos.
(No le escribí a nadie.)
(Nadie me escribió a mí.)

1. mandar tarjetas postales _____

2. regalar flores _____

3. recomendar un restaurante _____

4. ofrecer ayuda _____

5. prestar una maleta _____

6. hacer un pastel _____

B. Situaciones. Cambie los verbos al pretérito.

1. *Salgo* temprano para la escuela y *me quedo* allí

   toda la mañana. *Almuerzo* a mediodía[a] y a las dos *voy*

   al trabajo. *Vuelvo* a casa a las ocho. *Ceno* y luego

   miro una película. A las once *subo* a mi alcoba,

   me quejo de[b] la tarea, pero la *hago*. Por fin

   duermo unas cinco o seis horas.

2. Luisa y Jorge *son* novios. *Se hacen* muchas

   promesas[c] y él le *da* un anillo[d]. Un día

   Jorge *va* a Nueva York donde *se hace*[e] actor.

   Se escriben muchas cartas, pero nunca *vuelven*

   a verse[f] más.

3. La vida simple de Simón: *Busco* trabajo el lunes,

   me lo *dan* el martes, lo *pierdo* el miércoles, me

   pagan el jueves, *gasto*[g] el dinero el viernes, el

   sábado no *hago* nada y el domingo *descanso*.

4. *Pasamos* los días muy contentos. *Comemos* bien,

   vemos a nuestros amigos y *jugamos* al tenis.

[a]*noon*   [b]*quejarse de = to complain about*   [c]*promises*   [d]*ring*   [e]*se... he becomes*   [f]*see each other*   [g]*gastar = to spend*

❖¡Repasemos!

A. Un viaje ideal. Imagínese que Ud. acaba de recibir un regalo de $5.000 de su abuela (tía) rica. Le mandó el dinero para un viaje extraordinario. En otro papel, escríbale una carta de unas 100 palabras con la descripción de sus planes. Incluya la siguiente información:

1. ¿Adónde piensa ir y en qué mes va a salir?
2. ¿Cómo va a viajar?
3. ¿Qué ropa va a llevar?
4. ¿Qué piensa hacer en ese lugar?
5. ¿Cuánto tiempo piensa estar de viaje?
6. ¿Va a viajar solo/a o con otra persona (otras personas)?
7. ¿Dónde piensa quedarse?

MODELO:

Querida _____,

   ¡Mil gracias por el regalo tan fenomenal! Te escribo para darte detalles de mis planes para el viaje…

                    Un abrazo y muchos recuerdos cariñosos de tu (nieto/a, sobrino/a)…

 B. Entrevista. You will hear a series of questions. Each will be said twice. Answer, based on your own experience. Pause and write the answers (on a separate sheet of paper).

❖Mi diario

Escriba sobre unas vacaciones que Ud. tomó *o* las de un amigo / una amiga. Incluya (*Include*) la siguiente información:

• adónde y con quién fue
• cuándo y cómo viajó
• el tiempo que hizo durante las vacaciones (llovió mucho, nevó, hizo mucho calor…)
• cuánto tiempo pasó allí
• qué cosas interesantes hizo
• lo que le gustó más (o menos)
• si le gustaría volver a ese lugar

Expresiones útiles: esquiar, hace un año (semana, mes) = *a year* (*week, month*) *ago*, tomar el sol

CONOZCA… Honduras y El Salvador

Complete las oraciones con la información apropiada.

1. La capital de la República de Honduras es _____. Su población es de

   _____ de habitantes (*inhabitants*).

2. La capital de la República de El Salvador es _____. Su población es de

   _____ de habitantes.

3. Hoy día, el centro maya de Copán es un _____.

4. El volcán conocido como «el faro del Pacífico» está en _____.

5. El arzobispo Óscar Arnulfo Romero fue asesinado en el año de _____.

6. Durante su vida criticó la violencia e injusticia de los _____ de su país y trabajó

   mucho para mejorar _____.

PÓNGASE A PRUEBA

■■■A ver si sabe...

A. Indirect Object Pronouns, *dar*, and *decir*.

1. Place the indirect object pronoun **le** in the correct position in the following sentences.

   a. Siempre _____ digo _____ la verdad a mi amiga.

   b. _____ estoy diciendo _____ la verdad a mi amiga,

      or _____ estoy diciendo _____ la verdad a mi amiga.

   c. _____ voy a decir _____ la verdad a mi amiga,

      or _____ voy a decir _____ la verdad a mi amiga.

   d. (*aff. com.:* **decir**) ¡_____ la verdad a su amiga!

   e. (*neg. com.:* **decir**) ¡_____ la verdad a su amiga!

2. Complete la siguiente tabla.

INFINITIVO	YO	TÚ	ÉL	NOSOTROS	VOSOTROS	ELLOS
dar		das				
decir				decimos		

B. Gustar. Escriba oraciones con las siguientes palabras.

1. ¿(ellos) gustar / viajar? _____

2. a mí / no / gustar / tomates _____

3. Juan / gustar / aeropuertos _____

C. **Preterite of Regular Verbs and of** *dar*, *hacer*, *ir*, **and** *ser*.

INFINITIVO	YO	TÚ	ÉL	NOSOTROS	VOSOTROS	ELLOS
dar		diste				
hablar			habló			
hacer				hicimos		
ir/ser					fuisteis	
salir						salieron

■■■Prueba corta

A. Complete las oraciones con el pronombre apropiado del complemento indirecto.

1. Yo _____ compré un regalo. (a mi madre)

2. Ellos _____ escribieron una carta la semana pasada. (a nosotros)

3. Nosotros _____ compramos boletos para un concierto. (a nuestros amigos)

4. Roberto siempre _____ pide favores. (a mí)

5. ¿Qué _____ dieron tus padres para tu cumpleaños? (a ti)

B. Use la forma apropiada de **gustar** y el complemento indirecto.

1. A mis padres no _____ _____ los asientos cerca de la puerta.

2. A mi mejor amigo _____ _____ viajar solo.

3. A mí no _____ _____ la comida que sirven en el avión.

4. A todos nosotros _____ _____ los vuelos sin escalas.

5. Y a ti, ¿adónde _____ _____ ir de vacaciones?

C. Complete las oraciones con la forma apropiada del pretérito del verbo entre paréntesis.

1. ¿A quién le _____ (*tú: mandar*) las flores?

2. Ayer _____ (*yo: empezar*) a hacer las maletas a las once.

3. Mi hermano _____ (hacer) un viaje al Mar Caribe.

4. ¿_____ (Ir) Uds. en clase turística?

5. ¿_____ (*Tú: Oír*) el anuncio (*announcement*) para subir al avión?

6. Ellos _____ (volver) de su viaje el domingo pasado.

7. Juan no me _____ (dar) el dinero para el boleto.

D. Cosas de todos los días: De vacaciones. Practice talking about you and your family's recent trip using the written cues. When you hear the corresponding number, form sentences using the words provided in the order given, making any necessary changes or additions.

MODELO: (*you see*) 1. mi familia y yo / ir de vacaciones   (*you hear*) uno →
(*you say*) Mi familia y yo fuimos de vacaciones.

2. el agente / recomendarnos / viaje a Cancún
3. (nosotros) viajar / Cancún / en avión
4. avión / no / hacer escalas
5. (nosotros) llegar / a / hotel / sin problemas
6. el recepcionista / darnos / cuarto con balcón (*balcony*)
7. mi / hermanos / nadar / la piscina
8. (yo) tomar / el sol
9. nuestra madre / sacar / fotografías
10. nuestro padre / mandarles / tarjetas postales / a los amigos
11. gustarnos / mucho / viaje

CAPÍTULO **8**

VOCABULARIO Preparación

■■■La fiesta de Javier

❖**A.** **Ud. y las fiestas.** Indique si las siguientes declaraciones son ciertas o falsas para Ud.

		C	F
1.	Con frecuencia, en el Día de Acción de Gracias como demasiado y luego no me siento bien.	☐	☐
2.	En la Noche Vieja bebemos, comemos, bailamos y nos divertimos mucho.	☐	☐
3.	En mi universidad siempre hay una gran celebración el Cinco de Mayo.	☐	☐
4.	Doy regalos el Día de los Reyes Magos.	☐	☐
5.	Tengo guardadas (*I have saved*) algunas tarjetas del Día de San Valentín que me mandaron mis «viejos amores».	☐	☐
6.	A veces tomo cerveza verde el Día de San Patricio.	☐	☐
7.	Mi familia celebra el día de mi santo.	☐	☐
8.	En la Pascua Florida, voy a la iglesia.	☐	☐
9.	Mi familia gastó mucho dinero cuando celebró la quinceañera de mi hermana (prima, sobrina).	☐	☐

B. **¿Cuánto sabe Ud. de los días festivos?** Complete las oraciones con el día festivo apropiado.

1. El primero de enero es _____.

2. El 25 de diciembre los cristianos celebran _____.

3. _____ conmemora la huida (*escape*) de los judíos (*Jews*) de Egipto.

4. Muchos católicos asisten a la Misa del Gallo (*midnight Mass*) durante

   _____.

5. La victoria de los mexicanos sobre los franceses en la batalla de Puebla

   (1862) se celebra _____.

el Cinco de
Mayo
el Día del Año
Nuevo
la Navidad
la Nochebuena
la Pascua

C. El Día de los Inocentes. Lea la siguiente lectura sobre una fiesta popular y conteste las preguntas.

El 28 de diciembre en el mundo hispánico se celebra la fiesta tradicional que se llama el Día de los Inocentes. En esta fecha se conmemora el día en que murieron[a] muchos niños en Judea por orden de Herodes, quien esperaba hacer morir[b] al niño Jesús entre ellos.

Ese día, a la gente le gusta hacerles bromas[c] a sus amigos. Una broma común es decirle a un amigo:

—Un Sr. León te llamó hace veinte minutos[d] y quiere que lo llames porque es urgente. Aquí tienes su número de teléfono.

Todos esperan mientras el amigo inocente marca[e] el número.

—Buenos días —dice con un tono de mucha importancia—. Habla Enrique González. ¿Puedo hablar con el Sr. León, por favor? Me llamó hace unos minutos.

La joven que contesta el teléfono se ríe[f] y le dice:

—Lo siento. El Sr. León acaba de salir. ¿Quiere Ud. dejar[g] un mensaje? Yo soy su secretaria, la Srta. Elefante.

El amigo se da cuenta[h], avergonzado[i], de que ha llamado[j] al Jardín Zoológico[k] mientras todos le gritan[l]: —¡Por inocente, por inocente!

[a]*died* [b]*esperaba… hoped to kill* [c]*hacerles… to play tricks* [d]*hace… twenty minutes ago* [e]*dials*
[f]*se… laughs* [g]*to leave* [h]*se… realizes* [i]*embarrassed* [j]*ha… he has called* [k]*Jardín… Zoo* [l]*shout*

Comprensión

1. ¿Cuál es la fecha de un día festivo en los Estados Unidos que es similar al Día de los Inocentes?

   _____

2. En el mundo hispánico, ¿qué les hace la gente a sus amigos?

   _____

3. ¿Qué significa en inglés **león**? _____

D. ¿Una fiesta familiar típica? You will hear a description of Sara's last family gathering. Then you will hear a series of statements. Circle **C** if the statement is true or **F** if it is false. If the information is not given, circle **ND (no lo dice).**

1. **C F ND** Según lo que dice Sara, las fiestas familiares normalmente son muy divertidas.

2. **C F ND** A la tía Eustacia le gusta discutir (*argue*) con el padre de Sara.

3. **C F ND** Normalmente, los primos de Sara se portan mal (*behave poorly*) en las fiestas familiares.

4. **C F ND** Sara no lo pasa bien nunca en las fiestas familiares.

5. **C F ND** Los hermanos de Sara discuten mucho con sus padres.

E. Asociaciones. With which of the following celebrations do you associate the descriptions that you hear? Each will be said twice. **¡OJO!** There might be more than one possible answer in some cases.

1. a. La Navidad   b. el Día de la Raza   c. el cumpleaños
2. a. el Día de los Enamorados   b. la Pascua   c. el Cuatro de Julio
3. a. el Día de los Reyes Magos   b. el Día de Acción de Gracias   c. el Día de los Muertos
4. a. la quinceañera   b. el Día de los Reyes Magos   c. el día del santo

■■■Emociones y condiciones

A. Profesores y estudiantes. ¿Cómo reaccionan? Use la forma apropiada de los verbos de la lista.

1. Cuando Julián no contesta bien en clase, se ríe porque se pone nervioso. Cuando yo no recuerdo la respuesta correcta, yo

   _____.

2. Cuando nos olvidamos de entregar (*turn in*) la tarea (*homework*) a

   tiempo, los profesores _____.

3. Cuando llega la época de los exámenes, algunos estudiantes

   _____ porque no duermen lo suficiente

   (*enough*). Y todos _____ porque dicen que tienen muchísimo trabajo.

4. Generalmente, los estudiantes universitarios son responsables y _____ bien en clase.

5. A los profesores no les gusta _____ con los estudiantes sobre las notas (*grades*) que les dan.

discutir
enfermarse
enojarse
ponerse
   (avergonzado,
   irritado, nervioso,
   triste)
portarse
quejarse
reírse

B. ¿Qué piensa Ud.? ¡Sea enfático/a, por favor! Use formas con **-ísimo/a.**

1. ¿Le parece larga la novela *Guerra y paz*, del autor ruso Tolstoi?

   _____

2. ¿Son ricos Bill Gates y su esposa?

   _____

3. ¿Se siente Ud. cansado/a después de correr diez kilómetros?

   _____

4. ¿Es cara la vida en Tokio?

   _____

5. ¿Fueron difíciles las preguntas del último examen?

   _____

C. Reacciones. ¿Cómo reacciona o cómo se pone Ud. en estas circunstancias? Use por lo menos uno de los verbos útiles en cada respuesta. Puede usar la forma enfática (**-ísimo/a**) de los adjetivos.

> **Verbos útiles:** enojarse, llorar, ponerse contento/a (avergonzado/a, enojado/a, triste), quejarse, reírse, sonreír

1. Alguien le hace una broma un poco pesada (*in bad taste*).

   _____

2. Alguien le cuenta un chiste cómico.

   _____

3. Ud. se olvida del cumpleaños de su madre (padre, novio/a…).

_____

4. Ud. acaba de saber (*found out*) que su perro (gato) murió (*died*) en un accidente.

_____

5. En un restaurante muy caro, le sirven una comida malísima.

_____

6. Ud. acaba de saber que recibió la nota (*grade*) más alta en el examen de historia.

_____

7. Ud. acaba de saber que su ex novio/a y su mejor amigo/a van a casarse (*get married*).

_____

D. ¿Cómo reacciona Ud.? Practice telling how you react to these situations, using the oral and written cues. Use the word **cuando** in each sentence.

MODELO: (*you see*) Me olvido del cumpleaños de mi madre. (*you hear*) ponerme triste →
(*you say*) Me pongo triste cuando me olvido del cumpleaños de mi madre.

1. Mis padres me quitan (*take away*) el coche.
2. Veo una película triste.
3. Saco buenas notas (*grades*).
4. Tengo que hacer cola.

PRONUNCIACIÓN Y ORTOGRAFÍA *c and qu*

A. El sonido [k]. The [k] sound in Spanish can be written two ways: before the vowels **a, o,** and **u** it is written as **c;** before **i** and **e,** it is written as **qu.** The letter **k** itself appears only in words that are borrowed from other languages. Unlike the English [k] sound, the Spanish sound is not aspirated; that is, no air is allowed to escape when it is pronounced. Compare the following pairs of English words in which the first [k] sound is aspirated and the second is not.

can / scan   cold / scold   kit / skit

B. Repeticiones. Repeat the following words, imitating the speaker. Remember to pronounce the [k] sound without aspiration.

1. casa	cosa	rico	loca	roca
2. ¿quién?	Quito	aquí	¿qué?	pequeño
3. kilo	kilogramo	kerosén	kilómetro	karate

Now, when you hear the corresponding number, read the following words. Repeat the correct pronunciation after the speaker.

4. paquete	6. química	8. camarones
5. quinceañera	7. comida	9. ¿por qué?

C. **Dictado.** You will hear a series of words. Each will be said twice. Listen carefully and write what you hear. ¡OJO! Some of the words may be unfamiliar to you. Concentrate on the sounds.

1. _____
2. _____
3. _____
4. _____
5. _____
6. _____

GRAMÁTICA

23. Talking about the Past (2) • Irregular Preterites

A. **¿Cuánto sabe Ud.?**

Paso 1. ¿Son ciertos o falsos los siguientes hechos históricos?

	C	F
1. Neil Armstrong fue el primer hombre que estuvo en la luna (*moon*).	☐	☐
2. Los Estados Unidos pusieron un satélite en el espacio antes que la Unión Soviética.	☐	☐
3. Magallanes quiso circunnavegar el mundo, pero murió en las Filipinas a manos de los indígenas (*natives*) en 1521.	☐	☐
4. En 1592 Cristóbal Colón pudo llegar a América.	☐	☐
5. Hitler no quiso dominar Europa.	☐	☐
6. Cortés no supo de la grandeza (*grandeur*) del imperio azteca hasta que llegó a Tenochtitlán en 1519.	☐	☐
7. Los españoles trajeron el maíz (*corn*) y el tomate a América.	☐	☐
8. En Berlín George Bush (padre) dijo: «Yo soy un berlinés.»	☐	☐
9. Pocos inmigrantes irlandeses vinieron a los Estados Unidos en el siglo (*century*) XIX.	☐	☐

Paso 2. Ahora tache (*cross out*) la información incorrecta en cada respuesta falsa y corríjala (*correct it*).

B. Formas verbales. Escriba la forma indicada de los verbos.

INFINITIVO	YO	UD.	NOSOTROS	UDS.
estar				
	tuve			
		pudo		
			pusimos	
				quisieron
saber				
	vine			
		dijo		
			trajimos	

C. Situaciones. Complete las oraciones con el pretérito de los verbos entre paréntesis.

Durante la Navidad. La familia Román _____ [1] (tener) una reunión familiar muy bonita para la Navidad. Todos sus hijos _____ [2] (estar) presentes. _____ [3] (Venir) de Denver y Dallas y _____ [4] (traer) regalos para todos. Su mamá pensaba[a] hacer una gran cena para la Nochebuena, pero todos le _____ [5] (decir) que no. Por la noche todos _____ [6] (ir) a un restaurante muy elegante donde _____ [7] (comer) bien y _____ [8] (poder) escuchar música.

[a]*was planning*

Otro terremoto[a] en California. Esta mañana _____ [1] (*nosotros:* saber) que _____ [2] (haber) un terremoto en California. Lo _____ [3] (*yo:* oír) primero en el radio y luego lo _____ [4] (*yo:* leer) en el periódico. Algunas casas _____ [5] (romperse[b]), pero en general, este terremoto no _____ [6] (hacer) mucho daño[c]. Un experto _____ [7] (decir): «No _____ [8] (ser) el primero ni va a ser el último.»

[a]*earthquake*   [b]*to be destroyed*   [c]*damage*

D. Después del examen. Jorge y Manuel hablan en la cafetería. Complete las oraciones con la forma apropiada de los verbos entre paréntesis.

JORGE: ¿Cómo _____¹ (estar) el examen?

MANUEL: ¡Terrible! No _____² (poder) contestar las últimas tres preguntas porque no

_____³ (tener) tiempo. ¿Por qué no _____⁴ (venir) tú?

JORGE: _____⁵ (Querer) venir, pero _____⁶ (estar) enfermo todo el día.

¿Qué preguntas _____⁷ (hacer) el profesor?

MANUEL: Muchas, pero ahora no recuerdo ninguna. ¿_____⁸ (*Tú:* Saber) que Claudia

_____⁹ (tener) un accidente y tampoco _____¹⁰ (venir) al examen?

JORGE: Sí, me lo _____¹¹ (decir) María Inés esta mañana... Bueno, tengo que irme...

¡Caramba! ¿Dónde _____¹² (poner) mi billetera (*wallet*)?

MANUEL: ¿No la _____¹³ (traer) otra vez? Yo sólo _____¹⁴ (traer) dos dólares.

Vamos a buscar a Ernesto. Él siempre tiene dinero.

❖E. **Encuesta: Hablando de lo que pasó ayer.** You will hear a series of statements about what happened to you yesterday. For each statement, check the appropriate answer. No answers will be given. The answers you choose should be correct for you!

1. ☐ Sí ☐ No   5. ☐ Sí ☐ No

2. ☐ Sí ☐ No   6. ☐ Sí ☐ No

3. ☐ Sí ☐ No   7. ☐ Sí ☐ No

4. ☐ Sí ☐ No   8. ☐ Sí ☐ No

F. **Una fiesta de cumpleaños.** Tell what happened at the party, using the written and oral cues.

MODELO: (*you see*) estar en casa de Mario (*you hear*) todos →
(*you say*) Todos estuvimos en casa de Mario.

1. tener que preparar la comida   3. hacer mucho ruido
2. venir con regalos   4. ¡estar estupenda!

G. **Preguntas: ¿Qué hiciste la Navidad pasada?** You will hear a series of questions. Each will be said twice. Answer, using the written cues. Use object pronouns when possible.

1. en mi casa   4. debajo del árbol (*tree*)
2. sí: todos mis tíos y primos   5. los niños
3. a su novia

24. Talking about the Past (3) • Preterite of Stem-Changing Verbs

A. Formas verbales. Escriba la forma indicada de los verbos.

INFINITIVO	YO	TÚ	UD.	NOSOTROS	UDS.
divertirse					
sentir					
dormir					
conseguir					
reír					
vestir					

B. Situaciones. Complete las oraciones con la forma apropiada del pretérito de uno de los verbos entre paréntesis, según el significado de la oración.

(sentarse, dormirse)

1. Yo _____ delante del televisor y _____ poco después.

2. —¿A qué hora _____ Uds. a comer?

   —A las nueve y media. Y después de trabajar tanto, ¡nosotros casi _____ en la mesa!

3. Mi esposo se despertó a las dos y no _____ otra vez hasta las cinco de la mañana.

(reírse, sentir^a, sentirse)

4. Esa película fue tan divertida que (nosotros) _____ toda la noche. Sólo Jorge no

   _____ mucho porque no la comprendió.

5. Rita y Marcial _____ mucho haber faltado^b a tu fiesta, pero Rita se enfermó y

   _____ tan mal que se quedó en cama todo el fin de semana.

^a*to regret* ^bhaber... *having missed*

C. ¿Qué le pasó a Antonio? Tell what happened to Antonio when you hear the corresponding number. First, listen to the beginning of Antonio's story.

Raquel Morales invitó a Antonio a una fiesta en su casa. Antonio le dijo a Raquel que él asistiría (*would attend*), pero todo le salió mal. En primer lugar...

1. no recordar llevar refrescos
2. perder la dirección de la Srta. Morales
3. llegar muy tarde a la fiesta
4. no divertirse
5. sentirse enfermo después de la fiesta
6. acostarse muy tarde
7. dormir mal esa noche
8. despertarse a las cinco de la mañana
9. tener que ir a clases de todas formas (*anyway*)

> **¡RECUERDE!**
>
> Direct and Indirect Object Pronouns
>
> Cambie los complementos directos indicados o las frases indicadas (*a Ud., a nosotros, a ellos,* etcétera) a complementos pronominales. Luego identifique los pronombres (O.D. = objeto directo; O.I. = objeto indirecto).
>
> MODELOS: No dice la verdad. (*a Uds.*) → No les dice la verdad. (O.I.)
> No dice *la verdad.* → No la dice. (O.D.)
>
> 1. Yo traigo el café. (*a Ud.*) _____
>
> 2. Yo traigo *el café* ahora. _____
>
> 3. Ellos compran los boletos. (*a nosotros*) _____
>
> 4. Ellos compran *los boletos* hoy. _____
>
> 5. No hablo mucho. (*a ellas*) _____
>
> 6. No conozco bien *a tus primas.* _____
>
> 7. Queremos dar una fiesta. (*a mis padres*) _____
>
> 8. Pensamos dar *la fiesta* en casa. _____

25. Expressing Direct and Indirect Objects Together • Double Object Pronouns

❖**A. ¿Con qué frecuencia... ?** Indique la frecuencia con que Ud. y otras personas hacen estas cosas.

	SIEMPRE	A VECES	NUNCA
1. El coche: Mi padre me lo presta.	☐	☐	☐
2. El dinero: Mis amigos me lo piden.	☐	☐	☐
3. La cena: Me la prepara mi madre.	☐	☐	☐
4. La cena: Yo se la preparo a mi familia.	☐	☐	☐
5. Los viajes: Me los pago yo.	☐	☐	☐
6. La tarea (*homework*): Nos la dan los profesores.	☐	☐	☐

B. ¡Promesas, promesas! (*Promises, promises!*) Estas personas prometen hacer las siguientes cosas. Vuelva a escribir lo que prometen, pero omita la repetición innecesaria del complemento directo.

MODELO: ¿Los discos? José nos trae *los discos* mañana. → José nos los trae mañana.

1. ¿El dinero? Te devuelvo (*I'll return*) *el dinero* mañana.

_____

2. ¿Las fotos? Te traigo *las fotos* el jueves.

_____

3. ¿La sorpresa? Nos van a revelar *la sorpresa* después.

_____

4. ¿Los pasteles? Me prometieron *los pasteles* para esta tarde.

_____

¡RECUERDE!			
le **les**	$\begin{cases} \text{lo} \\ \text{la} \\ \text{los} \\ \text{las} \end{cases}$	→ **se**	$\begin{cases} \text{lo} \\ \text{la} \\ \text{los} \\ \text{las} \end{cases}$

5. ¿Las fotos? Les mando *las fotos* a Uds. con la carta.

_____

6. ¿La bicicleta? Le devuelvo *la bicicleta* a Pablo mañana.

_____

7. ¿El dinero? Le doy *el dinero* a Ud. el viernes.

_____

8. ¿Los regalos? Le muestro *los regalos* a Isabel esta noche.

_____

C. **La herencia** (*inheritance*). Imagínese que un pariente muy rico murió y les dejó (*he left*) varias cosas a Ud. y a diferentes personas e instituciones. ¿Qué le dejó a quién?

Ernesto y Ana

Memo

Cristina

la Cruz Roja

la biblioteca

yo

MODELO: ¿A quién le dejó su ropa? → Se la dejó a la Cruz Roja.

1. ¿A quién le dejó su Porsche? _____

2. ¿A quién le dejó su nueva cámara? _____

3. ¿A quién le dejó sus libros? _____

4. ¿A quién le dejó sus muebles? _____

5. ¿A quién le dejó su camioneta? _____

6. ¿A quién le dejó $20.000 dólares? _____

❖D. **Los regalos.** Haga una lista de cinco cosas que Ud. les regaló a su familia y amigos la Navidad pasada (*last*). Luego escriba a quiénes se las regaló.

MODELO: Un suéter: Se lo regalé a mi hermana.

1. _____

2. _____

3. _____

4. _____

5. _____

E. **Dictado: Una fiesta de sorpresa para Lupita.** You will hear a passage narrated by Olivia about a surprise party she gave recently. As you listen, write the missing words.

El viernes pasado, mis amigos y yo dimos una fiesta de sorpresa para una de nuestras amigas,

Lupita. Yo escribí las invitaciones y _____ _____¹ mandé a todos. Carmen hizo un pastel

y _____ _____² dio antes de la fiesta. Anita preparó una comida elegante y _____ _____³

sirvió en el comedor. Arturo y Patricio sacaron muchas fotos y _____ _____⁴ regalaron a

Lupita. Todos llevamos regalos y _____ _____⁵ presentamos a Lupita al final de la fiesta.

¡Lupita nos dijo que fue una fiesta maravillosa!

F. **En casa, durante la cena.** During dinner, your brother asks about the different foods that might be left. He will say each question twice. Listen carefully and circle the items to which he is referring.

MODELO: (*you hear*) ¿Hay más? ¿Me la pasas, por favor?
(*you see*) la sopa   el pan   el pescado → (*you circle*) la sopa

1. las galletas   la fruta   el helado
2. la carne   el postre   los camarones
3. la leche   el vino   las arvejas
4. las papas fritas   la cerveza   el pastel

G. **¿Dónde está?** Carolina would like to borrow some things from you. Tell her to whom you gave each item, basing your answer on the written cues and selecting the correct pronouns. You will hear each of Carolina's questions twice.

MODELO: (*you hear*) Oye, ¿dónde está tu diccionario?
(*you see*) Se (lo/la) presté a Nicolás. Él (lo/la) necesita para un examen. →
(*you say*) Se lo presté a Nicolás. Él lo necesita para un examen.

1. Se (lo/la) presté a Nicolás. Él (lo/la) necesita para un viaje.
2. Se (los/las) presté a Teresa. Ella (los/las) necesita para su fiesta.
3. Se (la/las) presté a Juan. Él (la/las) necesita para escribir un trabajo.
4. Se (lo/la) presté a Nina. Ella (lo/la) necesita para ir al parque.

UN POCO DE TODO (Para entregar)

A. Una carta a un amigo

Paso 1. Complete Ud. la carta que Gerardo le escribe a un amigo que vive en Acapulco. Use Ud. el pretérito de los verbos entre paréntesis.

Querido Pepe:

La semana pasada _____¹ (*yo:* hacer) un corto viaje a Acapulco porque

_____² (tener) una reunión con mi agente de viajes. Aunqueᵃ _____³

(estar) ocupadísimo, _____⁴ (querer) visitarte, pero _____⁵ (saber)

por nuestro amigo Luis Dávila que estabasᵇ fuera de la ciudad. Yo le _____⁶ (dar)

a Luis unas fotos de la última vez que nosotros _____⁷ (estar) juntosᶜ, y le

_____⁸ (*yo:* pedir) que te las dieraᵈ a tu vuelta a Acapulco.

Espero verte durante mi próximo viaje. Recibe un abrazoᵉ de tu amigo,

Gerardo

ᵃ*Although*   ᵇ*you were*   ᶜ*together*   ᵈ*he give*   ᵉ*hug*

Paso 2. Conteste las preguntas con oraciones completas.

1. ¿Por qué fue Gerardo a Acapulco? _____

2. ¿Tuvo mucho tiempo libre o estuvo ocupado? _____

3. ¿Cómo supo Gerardo que Pepe estaba fuera de Acapulco? _____

4. ¿A quién le dio las fotos? _____

B. Preguntas personales.
Conteste las preguntas con oraciones completas. Use los pronombres del complemento directo e indirecto.

MODELO: ¿A quién le prestó Ud. su bicicleta? → Se la presté a mi hermano.
(No se la presté a nadie.)

1. ¿A quién le mandó Ud. una tarjeta de San Valentín? _____

2. ¿A quién le dio Ud. regalos de Navidad? _____

3. ¿Quién le trajo flores a Ud. este año? _____

4. ¿Quién le pidió dinero a Ud. este mes? _____

5. ¿Quién le hizo una fiesta para su cumpleaños? _____

C. Un día típico.
You will hear a description of a day in Ángela's life, narrated in the past. Then you will hear a series of statements. Circle **C** if the statement is true or **F** if it is false. If the information is not given, circle **ND (no lo dice).**

1. **C F ND**   Ángela se acostó tarde ayer.

2. **C F ND**   Ángela se levantó a las seis y media.

3. **C F ND** Ángela se puso furiosa cuando llegó a la oficina.

4. **C F ND** El jefe (*boss*) le dio mucho trabajo.

5. **C F ND** Los padres de Ángela viven lejos de ella.

6. **C F ND** Cuando Ángela se acostó, se durmió inmediatamente.

❖¡Repasemos!

A. ¡Saludos de España!

Paso 1. Lea la siguiente tarjeta postal.

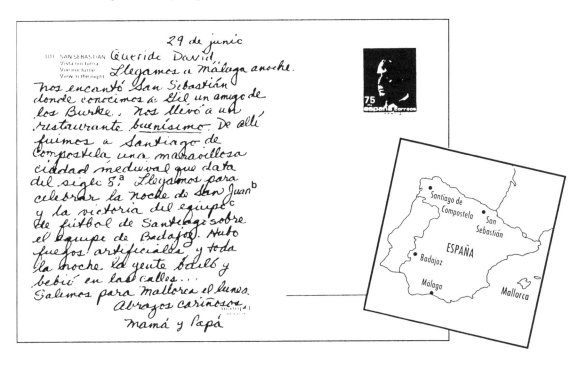

ª data… *dates from the eighth century*   ᵇNoche… fiesta tradicional que se celebra el 24 de junio   ᶜ*team*

Paso 2. Ahora, en otro papel, escriba Ud. una tarjeta postal a un amigo o pariente, contándole de sus vacaciones. Mencione por lo menos un lugar que visitó y lo que vio o lo que pasó allí. Mencione también adónde piensa ir luego. Siga el modelo de la tarjeta.

 B. Entrevista. You will hear a series of questions. Each will be said twice. Answer, based on your own experience. Pause and write the answers (on a separate sheet of paper).

❖Mi diario

¿Cuál es el día festivo más importante para su familia (sus amigos)? ¿Cuándo se celebra? ¿Hay una cena especial o una fiesta? ¿Dónde es? ¿Quiénes asisten? ¿Cuáles son las costumbres (*customs*) y tradiciones más importantes para Uds.? ¿Qué comidas y bebidas se sirven? La preparación de la comida, ¿es una actividad cooperativa? ¿Lo prepara todo una sola persona?

> **Palabras útiles:** dar las doce (*to strike 12*), decorar el árbol (*tree*), los fuegos artificiales
> (*fireworks*), el globo (*balloon*), normalmente (*normally*)

Conteste las preguntas con una palabra o frase corta.

1. ¿Cuándo obtuvo (*obtained*) Cuba su independencia de España? _____

2. ¿Adónde se fueron (*went*) muchos cubanos después de la revolución de 1959?

   _____

3. Después de unos cuarenta años, ¿por qué no regresa la mayor parte de cubanos a Cuba?

   _____

4. ¿Cuál es la situación económica actual (*current*) en Cuba? _____

5. ¿Qué influencia refleja la poesía del poeta cubano Nicolás Guillén? _____

   _____

6. ¿Cuáles son dos de los temas importantes de su poesía? _____

7. ¿Qué mitos y leyendas aparecen en las obras de Guillén? _____

   _____

PÓNGASE A PRUEBA

■■■A ver si sabe...

A. **Irregular Preterites.** Escriba las formas apropiadas de los verbos en el pretérito.

1. (estar) yo _____
2. (poder) tú _____
3. (poner) Ud. _____
4. (querer) nosotros _____
5. (saber) ellos _____

6. (tener) yo _____
7. (venir) tú _____
8. (traer) Ud. _____
9. (decir) ellos _____

B. **Preterite of Stem-Changing Verbs.** Complete la siguiente tabla.

INFINITIVO	DORMIR	PEDIR	PREFERIR	RECORDAR	SENTIRSE
él/ella/Ud.					
ellos/Uds.					

C. Double Object Pronouns. Sustituya (*Substitute*) los complementos directos e (*and*) indirectos por sus respectivos pronombres.

> MODELO: Alberto le sirvió *café* a *Jimena*. → Alberto __se__ __lo__ sirvió.

1. Ricardo le pidió *dinero* a *su padre*.   Ricardo ____ ____ pidió.

2. Clara le sugirió *una idea* a *Enrique*.   Clara ____ ____ sugirió.

3. Carmen les puso *el suéter* a *sus hijos*.   Carmen ____ ____ puso.

■■■Prueba corta

A. Complete las oraciones con la forma correcta del pretérito de un verbo de la lista.

> conseguir, despedirse, divertirse, dormir, hacer, ponerse, reírse, traer, vestirse

1. Cuando vimos esa película cómica, todos (*nosotros*) _____ mucho.

2. Después de comer ese pescado, Marcial _____ enfermo y se acostó, pero no _____ en toda la noche.

3. Yo _____ un boleto extra para el concierto de mañana. ¿Quieres ir?

4. Marcos _____ de sus amigos y volvió a su casa.

5. Para celebrar el Año Nuevo, Mirasol _____ con ropa elegante: pantalones negros y blusa de seda. Ella _____ muchísimo bailando con sus amigos.

6. Para celebrar el Año Nuevo, nosotros _____ una fiesta y unos amigos nos _____ champán.

B. Conteste las preguntas con la respuesta más apropiada.

1. ¿Cuándo nos traes el café?
   a. Se lo traigo en seguida (*right away*).
   b. Te los traigo en seguida.
   c. Te lo traigo en seguida.
2. ¿Cuándo me van a lavar (*wash*) el coche?
   a. Se lo vamos a lavar esta tarde.
   b. Me lo voy a lavar esta tarde.
   c. Te lo voy a lavar esta tarde.
3. ¿Quién te sacó estas fotos?
   a. Julio me los sacó.
   b. Julio te las sacó.
   c. Julio me las sacó.
4. ¿Quién les mandó estas flores a Uds.?
   a. Ceci nos los mandó.
   b. Ceci nos las mandó.
   c. Ceci se las mandó.
5. ¿A quién le vas a regalar esa camisa?
   a. Te la voy a regalar a ti.
   b. Se lo voy a regalar a Uds.
   c. Me las vas a regalar a mí.
6. ¿A quién le sirves ese vino?
   a. Se los sirvo a Uds.
   b. Se lo sirvo a Uds.
   c. Mario nos lo sirve.

C. Preparativos para la fiesta de Gilberto. The speaker will ask you several questions about Gilberto's birthday party. You will hear each question twice. Circle the letter of the best answer for each. Pay close attention to the object nouns and pronouns you hear in the question.

1. a. Sí, voy a mandártela.   b. Sí, voy a mandártelos.
2. a. Sí, se lo tengo que hacer.   b. Sí, te lo tengo que hacer.
3. a. Sí, nos los van a traer.   b. Sí, se los voy a traer.
4. a. No, no van a traértelas.   b. No, no van a traérmelas.
5. a. Sí, te las sirvo.   b. Sí, se los sirvo.

D. Cosas de todos los días: El cumpleaños de Gilberto. Practice talking about the surprise birthday party that you gave a friend, using the written cues. When you hear the corresponding number, form sentences using the words provided in the order given, making any necessary changes or additions.

MODELO: (*you see*) 1. (yo) hacerle / una fiesta de sorpresa a Gilberto   (*you hear*) uno →
(*you say*) Le hice una fiesta de sorpresa a Gilberto.

2. venir / muchos de sus amigos
3. Tere / querer venir / pero / no poder
4. todos / traer / o / mandar / regalos
5. Felicia y yo / tener que preparar todo
6. Fernando y Raúl / servir los refrescos
7. Fernando / contar chistes / como siempre
8. todos / divertirse / y / reírse
9. nadie / quejarse
10. Gilberto / tener que bailar / con todas las muchachas
11. ¡(él) / ponerse / muy nervioso!

CAPÍTULO **9**

VOCABULARIO Preparación

■■■Pasatiempos, diversiones y aficiones

❖**A.** **¿Qué hace Ud.?** ¿Con qué frecuencia hace Ud. estas actividades durante un fin de semana típico?

	CASI NUNCA	A VECES	CON FRECUENCIA
1. Doy paseos (por un centro comercial, por la playa).	☐	☐	☐
2. Hago una fiesta con algunos amigos.	☐	☐	☐
3. Voy al cine.	☐	☐	☐
4. Visito un museo.	☐	☐	☐
5. Juego a las cartas.	☐	☐	☐
6. Paseo en bicicleta.	☐	☐	☐
7. Hago *camping* con amigos.	☐	☐	☐
8. Asisto a un concierto.	☐	☐	☐

❖**B.** **Gustos y preferencias.** ¿A cuál de sus amigos le gustan estos pasatiempos?

MODELO: (hacer *picnics*) → A Maritere le gusta hacer *picnics*.
(A ninguno de mis amigos le gusta hacer *picnics*.)

1. (montar a caballo) _____

2. (patinar) _____

3. (hacer *camping*) _____

4. (esquiar) _____

5. (nadar) _____

6. (pasear en bicicleta) _____

C. Diversiones. Complete las oraciones según los dibujos.

1.

2.

3.
```
CINE BRETÓN
5:00 8:00 10:30
200 ptas
300 ptas
EL VIERNES TRECE
```

1. a. A las personas en esta escena (*scene*) les gusta _____.

   b. Los dos hombres _____.

   c. Los tres amigos _____.

2. a. Los hombres en el parque _____.

   b. Tres personas hacen cola delante del _____ Colón.

   c. Dos personas van a visitar el _____ de Arte Moderno.

3. **Palabras útiles:** el cine, divertido, pasarlo bien, la película

   ELSA: Estoy cansada de estudiar. Quiero hacer algo _____.

   LISA: ¿Qué te parece si vamos al _____ Bretón? Ponen _____ *El viernes trece*.

   ELSA: Buena idea. Necesito salir de esta casa. ¡Quiero _____!

D. Gustos y preferencias. You will hear a series of descriptions of what people like to do. Each will be said twice. Listen carefully, and circle the letter of the activity or activities that are best suited to each person.

1. a. nadar   b. jugar al ajedrez   c. tomar el sol
2. a. dar fiestas   b. ir al teatro   c. ir a un bar
3. a. ir a un museo   b. hacer *camping*   c. hacer un *picnic*
4. a. pasear en bicicleta   b. esquiar   c. correr
5. a. jugar al fútbol b. ir a un museo   c. ir al cine

E. Las actividades y el tiempo. You will hear a series of descriptions of weather and activities. Write the number of the description next to the corresponding picture. ¡OJO! Listen carefully. There is an extra description.

a. _____

b. _____

c. _____    d. _____

■■■Los quehaceres domésticos

A. Los aparatos domésticos. Conteste con oraciones completas.

1. ¿Para qué se usa la estufa?

   _____

2. ¿En qué se prepara el café?

   _____

3. ¿Qué hacemos con la lavadora y con la secadora de ropa?

   _____

4. ¿Qué máquina usamos para lavar los platos?

   _____

5. ¿Qué hacemos para limpiar las alfombras?

   _____

6. ¿En qué tostamos el pan?

   _____

7. ¿Qué aparato usamos para preparar comidas rápidamente?

   _____

❖**B. Preguntas personales.** Haga un inventario de los aparatos eléctricos que tiene y de los que le gustaría tener en su cocina.

Tengo _____

_____ .

Me gustaría tener _____

_____ .

C. Mandatos para el nuevo robot. Imagine that your family has been chosen to test a model robot in your home. Tell the robot what to do in each of the following situations, using the oral cues. **¡OJO!** You will be using **Ud.** command forms.

MODELO: (*you hear*) 1.   (*you see*) →
(*you say*) Lave los platos.

1.

2.    3.    4.    5.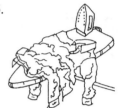

PRONUNCIACIÓN Y ORTOGRAFÍA   *p* and *t*

A. Repeticiones. Like the [k] sound, Spanish **p** and **t** are not aspirated as they are in English. Compare the following pairs of aspirated and nonaspirated English sounds.

pin / spin   pan / span   tan / Stan   top / stop

Repeat the following words, imitating the speaker.

1. pasar   patinar   programa   puerta   esperar
2. tienda   todos   traje   estar   usted

Now, read the following phrases and sentences after you hear the corresponding number. Repeat the correct pronunciation after the speaker.

3. una tía trabajadora
4. unos pantalones pardos
5. Tomás, toma tu té.
6. Pablo paga el periódico.

B. Repaso: [p], [t], [k]. You will hear a series of words. Each will be said twice. Circle the letter of the word you hear.

1. a. pata   b. bata
2. a. van   b. pan
3. a. coma   b. goma
4. a. dos   b. tos
5. a. de   b. té
6. a. callo   b. gallo

C. Dictado. You will hear four sentences. Each will be said twice. Listen carefully and write what you hear.

1. _____

2. _____

3. _____

4. _____

GRAMÁTICA

26. Descriptions and Habitual Actions in the Past • Imperfect of Regular and Irregular Verbs

A. El cumpleaños de Clara. Lea la siguiente descripción de cómo pasaba los cumpleaños Clara López Rubio cuando era niña. Escriba abajo las formas del imperfecto que encuentra en su descripción.

Los cumpleaños que más recuerdo son los que celebraba de pequeña. La casa siempre se llenaba de[a] gente: parientes, amiguitos míos[b] con sus padres… Mis amigos y yo debíamos hacer muchísimo ruido. Corríamos por la casa, comíamos patatas fritas y luego, al final, cortábamos la torta[c]. Yo siempre era la última en recibir un pedazo[d] y eso me molestaba mucho, sobre todo[e] porque en los cumpleaños de mi amigo Pablo, él siempre era el primero porque era «el anfitrión»[f].

[a]se… *would fill up with*   [b]*of mine*   [c]*pastel*   [d]*piece*   [e]sobre… especialmente   [f]*host*

1. _____   5. _____   9. _____

2. _____   6. _____   10. _____

3. _____   7. _____

4. _____   8. _____

B. Recuerdos juveniles (*Youthful memories*). Complete la narración con la forma apropiada del imperfecto de los verbos entre paréntesis.

Cuando _____[1] (*yo:* tener) catorce años, _____[2] (*nosotros:* vivir) en el campo[a].

_____[3] (*Yo:* Ir) al colegio[b] en una ciudad cerca de casa y a veces _____[4]

(*yo:* volver) tarde porque _____[5] (preferir) quedarme a jugar con mis amigos. Ellos

a veces _____[6] (venir) a visitarnos, especialmente cuando _____[7] (ser) el

cumpleaños de mi madre. Siempre lo _____[8] (*nosotros:* celebrar) con una gran fiesta

y ese día mi padre _____[9] (hacer) todos los preparativos y _____[10] (cocinar)

él mismo[c]. Nos _____[11] (visitar) parientes de todas partes y siempre _____[12]

(quedarse) algunos con nosotros por dos o tres días. Durante esos días _____[13]

[a]*country(side)*   [b]*high school*   [c]él… *himself*

(*nosotros:* dormir) poco porque mis primos y yo _____ [14] (acostarse) en la sala de recreo y allí siempre _____ [15] (haber) gente hasta muy tarde. Todos nosotros lo _____ [16] (pasar) muy bien. Pero ésos _____ [17] (ser) otros tiempos, claro.

C. La mujer de ayer y hoy

Paso 1. Compare la vida de la mujer de la década de los años 50 con la vida que lleva hoy día. Use los infinitivos indicados. Siga el modelo.

> MODELO: tener muchos hijos / / tener familias pequeñas →
> Antes tenía muchos hijos. Ahora tiene familias pequeñas.

1. tener menos independencia / / sentirse más libre

   _____

2. depender de su esposo / / tener más independencia económica

   _____

3. quedarse en casa / / preferir salir a trabajar

   _____

4. sólo pensar en casarse (*getting married*) / / pensar en seguir su propia carrera (*own career*)

   _____

❖**Paso 2.** Ahora escriba dos contrastes que Ud. ha observado (*have observed*) en la vida de su propia familia o de sus amigos.

_____

_____

_____

❖**D. Su pasado.** Conteste las preguntas sobre su vida cuando Ud. tenía 15 años.

1. ¿Dónde y con quién vivía Ud.? _____

   _____

2. ¿Cómo era su casa? _____

   _____

3. ¿A qué escuela asistía? _____

4. ¿Cómo se llamaba su maestro preferido / maestra preferida en la escuela secundaria? ¿Cómo era él/ella? _____

   _____

5. ¿Qué materia le gustaba más? _____

6. ¿Qué tipo de estudiante era? ¿Siempre recibía buenas notas (*grades*)? _____

   _____

7. ¿Qué deportes practicaba? _____

❖**E.** **Encuesta: ¿Qué hacías y cómo eras cuando eras joven?** You will hear a series of statements about what you used to do or what you were like when you were younger. For each statement, check the appropriate answer. No answers will be given. The answers you choose should be correct for you!

1. ☐ Sí ☐ No   5. ☐ Sí ☐ No

2. ☐ Sí ☐ No   6. ☐ Sí ☐ No

3. ☐ Sí ☐ No   7. ☐ Sí ☐ No

4. ☐ Sí ☐ No

F. **Describiendo el pasado: En la primaria.** Practice telling what you and others used to do in grade school, using the oral and written cues.

MODELO: (*you see*) (yo) (*you hear*) jugar mucho → (*you say*) Jugaba mucho.

1. Rodolfo   2. (tú)   3. todos   4. (nosotros)

27. Expressing Extremes • Superlatives

A. **En mi opinión.** Create complete sentences, using the cues given and making any necessary changes.

For each ¿ ?, supply the name of the person or thing that you believe best fits that description.

1. ¿ ? / ser / actriz / guapo (feo) / mundo

   _____

2. ¿ ? / ser / deporte / interesante (aburrido) / todos

   _____

3. ¿ ? / ser / persona / perezoso (trabajador) / familia

   _____

4. ¿ ? / ser / programa / popular (tonto) / este año

   _____

5. ¿ ? / ser / mejor (peor) / jugadores / béisbol

   _____

B. **Las opiniones de Margarita**

Paso 1. Apuntes. You will hear a brief paragraph in which Margarita gives her opinions about a variety of topics. Listen carefully and write down her opinions. First, listen to the list of topics.

la fiesta más divertida del año: _____

el peor mes del año: _____

la mejor película del mundo: _____

el quehacer doméstico más aburrido: _____

❖**Paso 2.** Now pause and express your own opinion about the same topics. No answers will be given. The answers you choose should be correct for you!

En mi opinión...

1. La fiesta más divertida del año es _____.

2. El peor mes del año es _____.

3. La mejor película del mundo es _____.

4. El quehacer doméstico más aburrido es _____.

Now resume listening.

🎧 **C. Sólo lo mejor** (*the best*)... Imagine that your friend's **quinceañera** has the best of everything. Answer some questions about it, using the written cues.

> MODELO: (*you see and hear*) Los vestidos son elegantes, ¿no? (*you see*) fiesta →
> (*you say*) Sí, son los vestidos más elegantes de la fiesta.

1. Antonio es un chico guapo, ¿verdad? / fiesta 　　3. Y la comida, qué rica, ¿no? / mundo
2. La música es buena, ¿no? / mundo 　　4. La fiesta es divertida, ¿verdad? / año

28. Getting Information • Summary of Interrogative Words

A. Situaciones. Imagine that you have just met Rafael Pérez, an up-and-coming baseball player. Rafael's answers are given here. Write your questions using the appropriate interrogative from each group. Use the **Ud.** form of verbs.

¿Qué? 　　¿Dónde? 　　¿Adónde? 　　¿De dónde? 　　¿Cómo? 　　¿Cuál(es)?

1. —¿_____? —Me llamo Rafael Pérez.

2. —¿_____? —(Soy) de Bayamón, Puerto Rico.

3. —¿_____? —(Vivo) En el sur de California.

4. —¿_____? —Ahora voy al estadio.

5. —¿_____? —Voy a entrenarme con el equipo.

6. —¿_____? —(Mis pasatiempos favoritos) Son jugar al tenis y nadar.

¿Cuándo? 　　¿Quién(es)? 　　¿Por qué? 　　¿Cuánto/a? 　　¿Cuántos/as?

Palabras útiles: ganar (*to earn*), lo suficiente (*enough*)

7. —¿_____? —Empecé a jugar en 1985.

8. —¿_____? —(Mis jugadores preferidos) Son Barry Bonds y José Canseco.

9. —¿_____? —Porque son los mejores jugadores del béisbol de todos los tiempos.

10. —¿_____? —Gano lo suficiente para vivir bien.

B. Una amiga entrometida (*nosy*). Una amiga llama a Cristina por teléfono. Complete el diálogo con las palabras interrogativas apropiadas.

AMIGA: Hola, Cristina, ¿_____[1] estás?

CRISTINA: Muy bien, gracias, ¿y tú?

AMIGA: ¡Bien, gracias! ¿_____[2] haces ahora?

CRISTINA: Estoy estudiando con Gilberto Montero.

AMIGA: ¿_____[3] es Gilberto Montero?

CRISTINA: Es un amigo de la universidad.

AMIGA: ¿Ah, sí? ¿_____[4] es?

CRISTINA: De Bogotá.

AMIGA: ¡Ah! ¡Colombiano! Y, ¿_____[5] años tiene?

CRISTINA: Veintitrés.

AMIGA: ¿_____[6] es él?

CRISTINA: Es moreno, bajo, guapo y muy simpático.

AMIGA: ¡Ajá! ¿_____[7] regresa tu amigo a su país?

CRISTINA: En julio, pero antes vamos juntos a San Francisco.

AMIGA: ¡A San Francisco! ¿_____[8] van a San Francisco?

CRISTINA: Porque él quiere visitar la ciudad y yo tengo parientes allí…

AMIGA: ¿Y _____[9] van a ir? ¿En avión?

CRISTINA: No, vamos en coche.

AMIGA: ¿_____[10] coche van a usar?

CRISTINA: El coche de Gilberto. ¿Qué te parece[a]?

AMIGA: ¡Fantástico! Adiós, Cristina. Ahora tengo que llamar a Luisa.

[a]¿Qué… *What do you think?*

C. Preguntas y respuestas. You will hear a series of questions. Each will be said twice. Circle the letter of the best answer to each.

1. a. Es de Juan.   b. Es negro.
2. a. Están en México. b. Son de México.
3. a. Soy alto y delgado. b. Bien, gracias. ¿Y Ud.?
4. a. Mañana.   b. Tengo cinco.
5. a. Es gris.   b. Tengo frío.
6. a. Con Elvira.   b. Elvira va a la tienda.
7. a. A las nueve.   b. Son las nueve.

D. **¿Qué dijiste?** Your friend Eva has just made several statements, but you haven't understood everything she said. You will hear each statement only once. Choose either **¿Qué?** or **¿Cuál?** and form a question to elicit the information you need.

> MODELO: (*you hear*) La capital del Perú es Lima.
> (*you see*) a. ¿qué?   b. ¿cuál? →
> (*you say*) b. ¿Cuál es la capital del Perú?

1. a. ¿qué?   b. ¿cuál?
2. a. ¿qué?   b. ¿cuál?
3. a. ¿qué?   b. ¿cuál?

4. a. ¿qué?   b. ¿cuál?
5. a. ¿qué?   b. ¿cuál?

E. **Entrevista con la Srta. Moreno.** Interview Ms. Moreno, an exchange student, for your campus newspaper, using the written cues. Add any necessary words. You will hear the correct question as well as her answer. Use her name only in the first question.

> MODELO: (*you hear*) 1. → (*you see*) ¿dónde? / ser
> (*you say*) Srta. Moreno, ¿de dónde es Ud.?   (*you hear*) Soy de Chile.

2. ¿dónde? / vivir
3. ¿dónde? / trabajar

4. ¿qué? / idiomas / hablar
5. ¿cuál? / ser / deporte favorito

UN POCO DE TODO (Para entregar)

A. **¿Un día desastroso** (*disastrous*) **o un día de suerte** (*lucky*)**?** Complete la siguiente narración haciendo estos cambios.

1. Complete la narración en el pretérito (P) o el imperfecto (I), según las indicaciones.
2. Cambie los verbos marcados con * por la forma del gerundio solamente: esquiar* → esquiando.

Hace cinco o seis semanas[a], Fernando Sack-Soria, un joven anglohispano del sur de España,

_____[1] (pasar: I) unas vacaciones _____[2] (esquiar*) en Aspen, Colorado.

Allí _____[3] (conocer: P) por casualidad[b] a María Soledad Villardel, también española,

pero de Barcelona. Ella _____[4] (visitar: I) a unos amigos que _____[5]

(vivir: I) en Aspen.

El primer encuentro[c] entre Fernando y Marisol (así llaman a María Soledad) fue casi desastroso.

Fernando _____[6] (esquiar: I) montaña abajo[d] a la vez[e] que Marisol _____[7]

(estar: I) cruzando distraída la pista de esquí[f]. Cuando Fernando la _____[8] (ver: P),

trató de evitar un choque[g]. _____[9] (Doblar[h]: P) bruscamente[i] a la izquierda y perdió el

equilibrio. El joven se cayó[j] y _____[10] (perder: P) uno de sus esquís. Marisol paró[k],

_____[11] (ponerse: P) muy avergonzada y, casi sin pensarlo, le habló… en español.

[a]Hace… *Five or six weeks ago*   [b]por… *by chance*   [c]*meeting*   [d]montaña… *down the mountain*   [e]a… *at the same time*   [f]cruzando… *crossing the ski slope absentmindedly*   [g]trató… *he tried to avoid a collision*   [h]*To turn*   [i]*sharply*   [j]se… *fell down*   [k]*stopped*

—¡Hombre, cuánto lo siento[l]! ¡No sé dónde llevaba la cabeza[m]! ¿(Tú) _____[12] (Hacerse: P) daño[n]?

—¡No, de ninguna manera! La culpa fue mía[o]. Venía muy rápido —le dijo Fernando.

—¡Por Dios! ¡Hablas español! —contestó ella muy sorprendida.

—¡Claro! Soy español, de Jerez de la Frontera.

—Y yo, de Barcelona. ¿Qué haces por aquí?

—Ya ves, _____[13] (esperar*) a una chica guapa con quien chocar[p] en Colorado —dijo Fernando, _____[14] (sacudirse*[q]) la nieve y _____[15] (sonreír*)—. ¿Y tú?

—¿Yo? Estaba en las nubes[r], como siempre, y casi te causé un accidente serio.

Para hacer corta la historia, desde ese día _____[16] (hacerse[s]: P) muy amigos y ahora se escriben y se visitan cuando pueden.

[l]cuánto... *I'm so sorry*   [m]*head*   [n]Hacerse... *To hurt oneself.*   [p]*to bump into*   [q]*to shake off*   [r]*clouds*   [s]*to become*

❖**B.** **Una tarjeta postal de Buenos Aires.** Here is a postcard that Sara has sent to Alfonso in the United States. Read the postcard. Then, using interrogative words, form as many questions as you can about its content to ask your classmates. You can ask questions about what it actually says as well as about what it implies. Write on a separate sheet of paper.

Alfonso:
Hola, ¿qué tal? Hace dos días[a] que Katia y yo estamos en la Argentina. Hace mucho frío porque es agosto —en el hemisferio sur los meses de invierno son junio, julio y agosto. Los argentinos piensan que somos turistas porque llevamos camisetas y sandalias. Tienen razón... ¡y nosotras tenemos frío! ¡Qué mal escogimos[b] la ropa para este viaje! Ahora tomamos café en el hotel. Mañana pensamos comprar ropa abrigada[c]. Bueno, eso es todo por ahora.
Un abrazo de
Sara

Alfonso Solís
145 Elm Street
Hudson, Ohio 44236
USA

[a]Hace... *It's been two days*   [b]¡Qué... *How badly we chose*   [c]*warm*

C. ¡Nunca cambian! Mire los dibujos y describa las acciones de las personas. Use el presente del progresivo (ahora), el pretérito (ayer) y el imperfecto (de niño/a).

Vocabulario útil: bailar, hacer ejercicio, jugar, nadar, pasear en bicicleta

| Amada | Joaquín | Rosalía | Rogelio | David |

| AHORA | AYER | DE NIÑO/A |

1. Amada: _____   _____   _____

   _____   _____   _____

2. Joaquín: _____   _____   _____

   _____   _____   _____

3. Rosalía: _____   _____   _____

   _____   _____   _____

4. Rogelio: _____   _____   _____

   _____   _____   _____

5. David: _____   _____   _____

   _____   _____   _____

❖ ¡Repasemos!

A. On a separate sheet of paper use the following verbs or phrases in the order given to write a composition, in the imperfect tense, describing a typical day when you were a high school student. Use phrases such as **casi siempre, nunca, muchas veces, generalmente.**

1. despertarse
2. bañarse/ducharse
3. cepillarse los dientes
4. vestirse
5. desayunar
6. despedirse
7. ir a la escuela
8. asistir a clases
9. almorzar
10. conversar y reírse con los amigos
11. volver a casa
12. estudiar
13. sentarse a cenar a las seis
14. si no tener que estudiar
15. mirar la televisión
16. leer
17. decirle «buenas noches» a _____
18. quitarse la ropa
19. acostarse

B. Entrevista. You will hear a series of questions. Each will be said twice. Answer, based on your own experience. Pause and write the answers (on a separate sheet of paper).

❖Mi diario

¿Qué quehaceres domésticos le tocaba hacer a Ud. cuando estaba en la escuela secundaria? ¿Con qué frecuencia debía hacerlos? Escriba algo en su diario sobre estos quehaceres.

MODELO: Yo debía hacer mi cama todos los días, ¡y lo hacía! También me tocaba...

CONOZCA... Colombia

A. Complete las oraciones con la información apropiada.

1. La República de Colombia obtuvo su independencia de _____ en

   _____ (año). Su primer presidente fue _____.

2. Colombia produce mucho _____, platino y esmeraldas, y exporta mucho

   petróleo y _____.

3. Un 14 por ciento de la población colombiana es de origen _____, pero el idioma

   oficial es el _____.

4. Se cree que las misteriosas estatuas de _____ son del siglo

   _____ antes de Cristo.

B. Complete el siguiente párrafo.

Juanes nació en _____.[1] Fundó el grupo Ekhymosis cuando tenía

_____.[2] Su canción _____[3] ganó un premio por la canción más

romántica del siglo. En 2002 ganó _____.[4] En 2003 dedicó su concierto en

Bogotá a _____.[5]

PÓNGASE A PRUEBA

■■■A ver si sabe...

A. **Imperfect of Regular and Irregular Verbs**

Paso 1. Complete la siguiente tabla.

INFINITIVO	CANTAR	IR	LEER	SER	VER
yo	cantaba				
nosotros					

Paso 2. Match the following uses of the imperfect with the examples.

1. _____ To express *time* in the past

2. _____ To describe a repeated or habitual action in the past

3. _____ To describe an action in progress

4. _____ To express *age* in the past

5. _____ To describe ongoing physical, mental, or emotional states in the past

6. _____ To form the past progressive

a. ¿Estabas estudiando?

b. Tenía ocho años.

c. Cenaba con mis padres cuando llamaste.

d. Eran las doce.

e. Siempre comíamos a las seis.

f. No me gustaba practicar.

B. **Superlatives.** Complete las oraciones.

1. (*happiest*)   Soy _____ persona _____ feliz _____ mundo.

2. (*best*)   Son los _____ jugadores _____ equipo.

3. (*worst*)   Es el _____ estudiante _____ _____ clase.

C. **Summary of Interrogative Words. ¿Qué o cuál(es)?** Complete la pregunta con la palabra interrogativa apropiada.

1. ¿_____ significa (*means*) **ciclismo**?

2. ¿_____ es tu teléfono?

3. ¿_____ son tus libros?

4. ¿_____ restaurante me recomiendas?

5. ¿_____ es el mejor restaurante de la ciudad?

■■■Prueba corta

A. Complete el párrafo con el imperfecto de los verbos entre paréntesis.

Cuando Mafalda _____[1] (ser) una niña más pequeña, ella no _____[2] (asistir) a la escuela. Siempre _____[3] (estar) en casa con su madre, y a veces la _____[4] (ayudar) con los quehaceres. Muchas veces, durante el día, otras niñas que _____[5] (vivir) cerca _____[6] (ir) a visitarla y todas _____[7] (jugar) en el patio de su casa. Su mamá les _____[8] (servir) galletas y leche y cuando todas sus amiguitas _____[9] (cansarse[a]) de jugar, ellas _____[10] (volver) a casa.

[a]*to become tired*

B. Complete las preguntas con la palabra o frase interrogativa apropiada.

1. ¿_____ van Uds. ahora? ¿A casa o al centro?

2. ¿_____ es la chica de pelo rubio?

3. ¿_____ se llama la profesora de francés?

4. ¿_____ están los otros estudiantes? No los veo.

5. ¿_____ es tu clase favorita este semestre?

6. ¿_____ pagaste por tu nuevo coche?

C. Recuerdos. You will hear a passage about a person's childhood memories. Then you will hear a series of questions. Circle the letter of the best answer for each.

1. a. Trabajaba en Panamá.   b. Vivía en Panamá.
2. a. Hacía calor.   b. No hacía calor.
3. a. Jugaba béisbol.   b. Patinaba con sus amigos.
4. a. Iba al cine.   b. Iba al centro.
5. a. Patinaba con sus padres.   b. Patinaba con sus amigos.
6. a. Daba paseos en el parque.   b. Daba paseos en el cine.
7. a. Su quehacer favorito era lavar los platos.   b. No le gustaba lavar los platos.

D. Cosas de todos los días: Una niñez feliz. Practice talking about your imaginary childhood, using the written cues. When you hear the corresponding number, form sentences using the words provided in the order given, making any necessary changes or additions.

MODELO: (you see) 1. (yo) / ser / niño muy feliz   (you hear) uno →
(you say) Era un niño muy feliz.

2. cuando / (yo) / ser / niño, / vivir / Colombia
3. mi familia / tener / una casa / bonito / Medellín
4. mi hermana y yo / asistir / escuelas públicas
5. todos los sábados, / mi mamá / ir de compras
6. me / gustar / jugar / con mis amigos
7. los domingos / (nosotros) / reunirse / con / nuestro / abuelos

CAPÍTULO **10**

VOCABULARIO Preparación

■■■La salud y el bienestar

A. Las partes del cuerpo. Complete las oraciones con las partes del cuerpo. **¡OJO!** ¡Cuidado con el artículo definido!

boca, cerebro, corazón, dientes, estómago, garganta, nariz, oídos, ojos, pulmones

1. Hablamos con _____ y pensamos con _____.

2. Vemos con _____ y oímos con _____.

3. Respiramos con _____ y _____.

4. La sangre (*blood*) pasa por _____.

5. Tragamos (*We swallow*) la comida por _____.

6. La comida se digiere (*is digested*) en _____.

7. Masticamos (*We chew*) con _____.

B. ¿Saludable (*Healthy*) o no? Conteste las preguntas según los dibujos.

1.

    a. ¿Qué hace Angélica?

    _____

    b. ¿Qué tipo de vida lleva?

    _____

    c. ¿Hace Ud. tanto ejercicio como ella?

    _____

2.

    a. ¿Se cuida mucho este señor?

    _____

    b. ¿Qué recomienda el médico que deje de hacer?

    _____

    c. ¿Es mejor que coma carne o verduras?

    _____

C. Asociaciones. You will hear a series of activities. Each will be said twice. Circle the body part that you associate with each. **¡OJO!** There may be more than one answer for each activity.

1. los pies	las piernas	los dientes	la garganta
2. los pulmones	las manos	la nariz	los ojos
3. los pulmones	la boca	las manos	las piernas
4. los dientes	la garganta	el corazón	la boca
5. los ojos	los pulmones	las piernas	el estómago
6. la nariz	los oídos	las orejas	la garganta

D. Algunas partes del cuerpo. Identify the following body parts when you hear the corresponding number. Use **Es...** or **Son...** and the appropriate definite article.

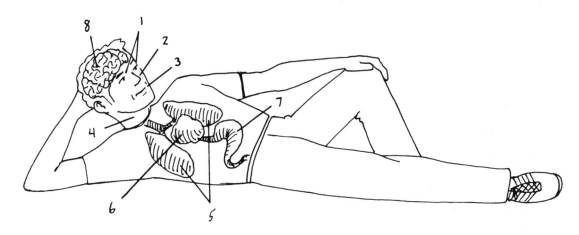

■■■En el consultorio

A. Cuestiones de salud. Conteste las preguntas con la forma apropiada de las palabras de la lista.

1. ¿Qué tiene Ud. si su temperatura pasa de 37,0 grados (centígrados)?

   _____

2. ¿Qué tenemos que hacer cuando el médico nos examina la garganta?

   (Mencione dos cosas.) _____

   _____

   _____

3. ¿Cuáles son cuatro cosas que debemos hacer para llevar una vida sana?

   _____

   _____

   _____

4. ¿Qué síntomas tenemos cuando tenemos un resfriado?

   _____

5. ¿Qué es necesario hacer si no vemos bien?

   _____

abrir la boca
antibióticos
comer equilibra-
   damente
congestionado
cuidarse
dormir lo
   suficiente
fiebre
hacer ejercicio
jarabe
llevar lentes
pastillas
sacar la lengua
tos

6. ¿Qué receta nos da el médico si tenemos una infección?

_____

7. Y Ud., ¿qué prefiere tomar para la tos, jarabe o pastillas?

_____

B. Para completar. You will hear a series of incomplete statements. Each will be said twice. Circle the letter of the word or phrase that best completes each statement.

1.	a. ponerle una inyección	b.	respirar bien
2.	a. guardamos cama	b.	nos sacan una muela
3.	a. una tos	b.	un jarabe
4.	a. frío	b.	un resfriado

C. Descripción: Hablando de problemas de salud

Paso 1. In each of the following drawings, a person is suffering from some type of ailment. Pause and write what the ailment is, based on the cues in the drawing. You should also tell where each person might be. The first one is partially done for you. (The small blanks on the left are for **Paso 2.** Check your answers to **Paso 1** in the Appendix before you begin **Paso 2.**)

1. _____

Darío tiene dolor de _____ .

(A Darío le duele el _____ .)

Él está en _____ .

2. _____

_____

_____

3. _____

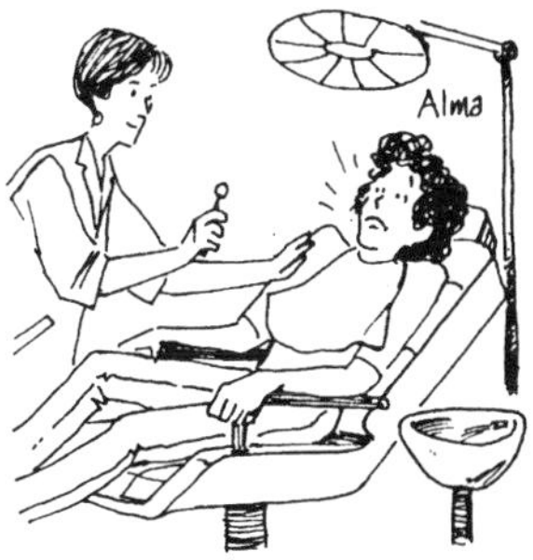

_____

_____

4. _____

Now resume listening.

Paso 2. Now you will hear a doctor's recommendations. Each will be said twice. Write the letter of the recommendation next to the number of the corresponding drawing.

PRONUNCIACIÓN Y ORTOGRAFÍA *s, z, ce,* and *ci*

A. El sonido [s]. The [s] sound in Spanish can be spelled several different ways and has several variants, depending on the country or region of origin of the speaker. Listen to the difference between these pronunciations of the [s] sound in two distinct Spanish-speaking areas of the world.*

Spain:	Vamos a llamar a Susana este lunes.
Latin America:	Vamos a llamar a Susana este lunes.

Spain:	Cecilia siempre cena con Alicia.
Latin America:	Cecilia siempre cena con Alicia.

Spain:	Zaragoza	Zurbarán	zapatería
Latin America:	Zaragoza	Zurbarán	zapatería

Notice also that in some parts of the Hispanic world, in rapid speech, the [s] sound becomes aspirated at the end of a syllable or word. Listen as the speaker pronounces these sentences.

¿Hasta cuándo vas a estar allí?   Les mandamos las cartas.

B. Repeticiones. Repeat the following words, imitating the speaker.

1.	sala	pastel	vaso	años
2.	cerebro	ciencias	piscina	ciudad
3.	corazón	azul	perezoso	zapatos
4.	estación	solución	inyección	situación

Now read the following words, phrases, and sentences after you hear the corresponding number. Repeat the correct pronunciation.

5. los ojos
6. las orejas
7. unas médicas españolas
8. unas soluciones científicas
9. No conozco a Luz Mendoza de Pérez.
10. Los zapatos de Celia son azules.

*The Latin American variant of the [s] sound is used by most speakers in this Audio Program.

C. Repaso. You will hear a series of words spelled with **c** or **qu.** Each will be said twice. Circle the letter or letters used to spell each word. **¡OJO!** Most of the words will be unfamiliar to you. Concentrate on the sounds you hear.

1. c   qu   2. c   qu   3. c   qu   4. c   qu   5. c   qu   6. c   qu

GRAMÁTICA

¡RECUERDE!

A. Escriba la forma indicada del verbo en el imperfecto (I) y en el pretérito (P).

	I	P
1. cuidarse (nosotros)	_____	_____
2. comer (nosotros)	_____	_____
3. hacer (yo)	_____	_____
4. ser (tú)	_____	_____
5. decir (ellos)	_____	_____
6. saber (yo)	_____	_____
7. jugar (yo)	_____	_____
8. ir (él)	_____	_____
9. poner (Ud.)	_____	_____
10. venir (tú)	_____	_____

B. ¿Imperfecto (I) o pretérito (P)?

1. _____ To talk about age (with **tener**) or to tell time in the past. (Gramática 26)

2. _____ To tell about a repeated habitual action in the past. (26)

3. _____ To narrate an action in progress in the past. (26)

4. _____ To describe an action that was completed or begun in the past. (22, 23, 24)

29. Narrating in the Past • Using the Preterite and the Imperfect

A. Un episodio de la niñez

Paso 1

1. Scan the first paragraph of the episode (in **Paso 2**) to decide if the verbs should be in the preterite or imperfect tense throughout. Because this is a description (it sets the scene) of the narrator's life when he or she was 12 years old, you will use the *preterite/imperfect* (select one).
2. The second paragraph, for the most part, tells what happened: The parents *traveled,* the children *stayed* with their grandmother, one sister *broke* her nose. You will use the *preterite/imperfect.*

3. The verb **ir** is used in the second paragraph as a description, not an action: Everything *was going well.* You will use the *preterite/imperfect* of **ir.**
4. In this paragraph, does **saber** mean *knew* or *found out*? Because the meaning is probably *found out,* you will use the *preterite/imperfect.*
5. Does **querer** mean *wanted to* or *tried*? Because the meaning is probably *wanted to,* you will use the *preterite/imperfect.*
6. **Asegurar** tells what the grandmother *did,* so you will use the *preterite/imperfect.* **Estar bien** describes how the narrator's sister was feeling, so you will use the *preterite/imperfect.*

Paso 2. Ahora complete las oraciones con la forma apropiada del pretérito o imperfecto de los verbos entre paréntesis.

Cuando yo _____ [1] (tener) doce años, _____ [2] (vivir) con mis dos

hermanas y mis padres en Fresno, donde yo _____ [3] (asistir) a una escuela privada.

Mi papá _____ [4] (trabajar) en el Banco de América y mi mamá _____ [5]

(quedarse) en casa.

Una vez, mis padres _____ [6] (viajar) a Europa. Mis hermanas y yo

_____ [7] (quedarse) con nuestra abuela. Todo _____ [8] (ir) bien hasta

que un sábado por la tarde mi hermana menor _____ [9] (romperse[a]) la nariz. Cuando

mis padres _____ [10] (saber) del accidente, _____ [11] (*ellos:* querer)

volver, pero mi abuela les _____ [12] (asegurar[b]) que no era necesario porque mi

hermana _____ [13] (estar) bien.

[a]*to break*   [b]*to assure*

¡RECUERDE!

Más sobre el pretérito y el imperfecto

Estudie los pares de oraciones.

No **pudo** abrir la puerta.	*He couldn't open the door. (He tried and failed.)*
No **podía** abrir la puerta porque no tenía las llaves.	*He couldn't (was unable to) open the door because he didn't have the keys.*
No **quiso** ir.	*He refused to go (and didn't go).*
No **quería** ir.	*He didn't want to go (but may have gone).*
Supe del accidente ayer.	*I learned (found out) about the accident yesterday.*
Sabía del accidente.	*I knew about the accident.*
Estuve allí a las dos.	*I was (got) there at two.*
Estaba allí a las dos.	*I was (already) there at two.*
Conocí a tu hermana ayer.	*I met (became acquainted with) your sister yesterday.*
No la **conocía** antes.	*I didn't know her before.*
Anoche **tuvimos** que salir.	*Last night we had to go out (and did).*
Anoche **teníamos** que salir.	*Last night we had to go out. (We were supposed to go out, but there is no indication of whether we did.)*
Antonio **fue** a comprar aspirinas.	*Antonio went to buy aspirin.*
Iba a comprar leche también.	*He was going to buy milk too.*

B. **¿Pretérito o imperfecto?** Lea cada oración y decida cuál de las dos formas completa mejor cada oración.

1. Nosotros *supimos/sabíamos* que Francisco *tuvo/tenía* un accidente cuando nos lo contó Mario.
2. Carmela nos llamó para decirnos que no se *sintió/sentía* bien y que *fue/iba* a quedarse en casa.
3. Raúl no *pudo/podía* estudiar anoche porque se le apagaron las luces. Por eso, *fue/iba* a estudiar en la biblioteca donde afortunadamente (*fortunately*) había luz.
4. Yo no *pude/podía* salir anoche porque *tuve/tenía* fiebre.
5. Yo *estuve/estaba* en el consultorio del médico a las nueve en punto, pero él todavía no *estuvo/estaba* allí.
6. Le prometí al doctor que *fui/iba* a dejar de fumar… ¡y pronto!

C. **¿Qué tenía el Sr. Correa?** Complete la narración con la forma apropiada del pretérito o imperfecto de los verbos entre paréntesis.

El lunes pasado, cuando _____ [1] (despertarse) Jorge Correa, _____ [2] (decir) que no _____ [3] (sentirse) bien. No _____ [4] (poder) dormir toda la noche y le _____ [5] (doler) el pecho[a]. Inmediatamente _____ [6] (*él:* hacer) una cita[b] con el médico. _____ [7] (*Él: Estar*) muy nervioso porque _____ [8] (temer[c]) algo serio, como un ataque al corazón. El doctor lo _____ [9] (examinar) y le _____ [10] (decir) que no _____ [11] (ser) nada grave, que solamente _____ [12] (*él:* estar) muy cansado, que _____ [13] (deber) dormir más y comer mejor. El doctor le _____ [14] (dar) unas vitaminas y pastillas para dormir. Y cuando el Sr. Correa _____ [15] (llegar) a casa, ya _____ [16] (sentirse) mucho mejor.

[a]*chest*   [b]*appointment*   [c]*to fear*

D. **¿Un sábado típico?** You will hear a series of sentences that describe Carlos's usual Saturday routine. Form new sentences using the oral cues to talk about what he did *last* Saturday. Begin each sentence with **El sábado pasado…**

MODELO: (*you see and hear*) Todos los sábados, Carlos se despertaba a las siete.
(*you hear*) ocho → (*you say*) El sábado pasado, se despertó a las ocho.

1. Todos los sábados, iba al centro comercial.
2. Todos los sábados, tomaba té por la mañana.
3. Todos los sábados, visitaba a su madre.
4. Todos los sábados, se acostaba temprano.

E. Descripción. Tell what the following people were doing when you hear the corresponding number. Follow the model. After you tell what the people were doing, you will hear one possible answer.

MODELO: (*you hear*) uno   (*you see*) cocinar / mientras / poner la mesa →
(*you say*) Luis cocinaba mientras Paula ponía la mesa.

1. cocinar / mientras / poner la mesa

2. leer / cuando / entrar

3. cantar / mientras / tocar el piano

4. llorar / mientras / ponerle una inyección

5. jugar / cuando / pegarle

30. Expressing *each other* • Reciprocal Actions with Reflexive Pronouns

❖**A. Entre profesor y estudiantes.** ¿Entre quiénes ocurre lo siguiente, entre el profesor y los estudiantes, o entre los estudiantes solamente?

	ENTRE EL PROFESOR Y LOS ESTUDIANTES	ENTRE LOS ESTUDIANTES
1. Se respetan mucho.	☐	☐
2. Se escuchan con atención.	☐	☐
3. Se ayudan con la tarea.	☐	☐
4. Se ven en la cafetería.	☐	☐
5. Se hablan por teléfono.	☐	☐
6. Se escriben tarjetas postales.	☐	☐
7. Se hablan en español.	☐	☐

B. ¿Qué hacen estas personas? Exprese las acciones recíprocas que se ven en los dibujos con los verbos indicados.

MODELO: 1.  querer (*to love*) → Kiki y Manuel se quieren mucho.

1. mirar _____

_____

2. _____

_____

novios: besar (*to kiss*), abrazar (*to embrace*)

3.

Ana

Pili

conocer bien, escribir
mucho, hablar con
frecuencia

3. _____

_____

4. _____

_____

4.

nosotros: dar la mano
(*to shake hands*), saludar

❖**C.** **La reciprocidad.** Describa las acciones y sentimientos recíprocos entre Ud. y su mejor amigo/a. Use por lo menos cinco de los verbos de la siguiente lista.

MODELO: Nos vemos por lo menos (*at least*) tres veces por semana.

Palabras útiles: admirar, ayudar, escribir, hablar, llamar, prestar (ropa, dinero), querer, respetar, saludar

_____

_____

_____

_____

D. **Descripción: ¿Qué hacen estas personas?** Using the written cues, tell what the following pairs of people are doing when you hear the corresponding number. You will be describing reciprocal actions.

1. quererse mucho
2. escribirse con frecuencia

3. darse la mano
4. hablarse por teléfono

UN POCO DE TODO | (Para entregar)

A. Un caso de apendicitis. Complete el diálogo entre Alicia y Lorenzo con verbos en el pretérito o el imperfecto o con otras palabras necesarias.

LORENZO: ¿Y qué _____[1] (ser) lo más divertido de tu año en el Ecuador?

ALICIA: No lo vas a creer, pero fue un ataque de apendicitis que _____[2] (tener) en la primavera, la primera semana que _____[3] (estar) allí.

LORENZO: ¿Qué te pasó?

ALICIA: Pues, cuando _____[4] (levantarme) el lunes, me _____[5] (sentir) un poco mal, pero no _____[6] (querer) perder el tiempo en el consultorio de un médico. Por la tarde, la temperatura _____[7] (ponerse) muy alta y me _____[8] (doler) el estómago. Esa noche _____[9] (dormir) muy mal y a la mañana siguiente _____[10] (empezar) a vomitar.

LORENZO: ¿Por qué no _____[11] (llamar) a tus amigos, _____[12] Sres. Durango?

ALICIA: No los _____[13] (conocer) todavía. Pero sí _____[14] (llamar) _____[15] la dependienta del hotel. Cuando me vio, _____[16] (llamar) una ambulancia y me _____[17] (*ellos:* llevar) al hospital.

LORENZO: Pues, no veo _____[18] cómico de todo eso.

ALICIA: Espera. Por fin me operaron, y cuando me _____[19] (despertar) de la operación, repetía constantemente en español, «No puedo hablar español»… Por lo visto,[a] _____[20] único que me preocupaba era _____[21] español, pues no lo _____[22] (hablar) bien en aquel entonces. Las enfermeras y _____[23] doctor Castillo se rieron mucho…

[a]Por… *Apparently*

B. Cuando me levanté... Cambie la narración del presente al pasado. Use el pretérito o el imperfecto.

Yo casi nunca me *enfermo:* me *cuido*
_____ _____

bastante, *como* bien, *hago* ejercicio,
_____ _____

duermo lo suficiente; en fin, *llevo* una vida sana.
_____ _____

Pero ese día al despertarme^a me *siento*
_____

mareado. Me *duelen* la cabeza y la garganta; me
_____

duele todo el cuerpo. No *quiero* faltar a clases, pero
_____ _____

decido quedarme en cama. *Miro* el reloj y *veo* que
_____ _____ _____

son casi las ocho. *Llamo* a mi amigo Enrique (que
_____ _____

siempre *viene* a buscarme en su coche) y le *digo*
_____ _____

que no *voy* a ir a la universidad. *Tomo* dos
_____ _____

aspirinas y me *acuesto* otra vez.
_____

^aal... *upon waking up*

C. ¿Qué estaban haciendo estas personas cuando... ? Conteste la pregunta con los verbos indicados, usando el pasado del progresivo del primer verbo y el pretérito del segundo.

MODELO: llorar / encontrarlos → Los niños *estaban llorando* cuando su madre los encontró.

1. pegarse / verlos _____

_____

_____

_____

2. Graciela   dormir / sonar (*to ring*) _____

_____

_____

_____

3. tú   yo   Raúl   despedirme / entrar _____

_____

_____

_____

❖¡Repasemos!

A. Lea Ud. esta adaptación de un artículo de una revista y conteste las preguntas. Trate de adivinar (*Try to guess*) el significado de las palabras indicadas con letras cursivas (*italics*).

La salud física y el ejercicio en familia

La reputación sobre la buena salud física de los californianos sufrió un duro golpe[a] cuando los estudiantes de las escuelas de San Francisco no pasaron la primera *prueba* nacional estandarizada de salud física. El examen medía[b] sus *habilidades* en ejercicios tan simples como hacer *flexiones*, sentadillas[c] y correr. La mitad[d] de los estudiantes examinados en este estado fallaron[e] en la carrera[f] de una milla.

Según el Departamento de Salud, más del 40 por ciento de los niños entre cinco y ocho años muestran factores de *riesgo* de ataques cardíacos. Una *encuesta* de la Universidad de California encontró que por lo menos una tercera parte de los niños sufren de sobrepeso[g].

Una forma de sacar a los niños del sofá y hacerlos *competir* es hacer de los deportes un esfuerzo[h] familiar… Los padres aprenden a trabajar con sus hijos, les ofrecen *camaradería* y al mismo tiempo queman[i] calorías…

[a]*blow* [b]*measured* [c]*sit-ups* [d]50 por ciento [e]*no pudieron terminar* [f]*race* [g]*being overweight* [h]*effort* [i]*they burn*

Comprensión

1. ¿Qué descubrieron cuando los estudiantes de San Francisco tomaron un examen de salud física?

_____

2. ¿Qué riesgo corre el 40 por ciento de los niños de cinco a ocho años?

_____

3. ¿De qué sufre una tercera parte de los niños examinados?

_____

4. ¿Qué beneficios reciben los padres cuando practican deportes con sus hijos?

_____

_____

B. Entrevista. You will hear a series of questions. Each will be said twice. Answer, based on your own experience. Pause and write the answers (on a separate sheet of paper).

❖Mi diario

Escriba sobre la última vez que Ud. se resfrió. Mencione lo siguiente:

- cuándo ocurrió
- los síntomas que tenía
- lo que hizo para mejorarse
- cuánto tiempo duró (*lasted*) el resfriado

Si Ud. no se ha resfriado nunca (*If you've never had a cold*), explique este fenómeno en su diario y además diga lo que Ud. hace para mantenerse tan sano/a.

CONOZCA... Venezuela

Complete las oraciones con la información apropiada, usando una palabra o frase corta.

1. Además del español, en Venezuela se hablan _____.

2. La capital de la República de Venezuela es _____.

3. La moneda venezolana es _____.

4. Simón Bolívar nació el _____ (día y mes).

5. Bolívar fue influenciado por las ideas del escritor francés _____.

6. También tuvieron influencia en Bolívar las luchas por la independencia de

    _____.

7. A Simón Bolívar lo llaman « _____ ».

8. En Venezuela, hay hermosas playas en _____.

PÓNGASE A PRUEBA

■■■A ver si sabe...

A. **Using the Preterite and the Imperfect.** ¿Pretérito (**P**) o imperfecto (**I**)?

1. _____ para hablar de una acción habitual o repetida (*repeated*) en el pasado

2. _____ para hablar de una acción que empieza o termina en el pasado

3. _____ para dar una descripción

4. _____ para dar la hora en el pasado o hablar de la edad con **tener** en el pasado

5. _____ para hablar de una acción en progreso en el pasado

B. **Reciprocal Actions with Reflexive Pronouns.** Combine las dos oraciones, usando el pronombre reflexivo para indicar que es una acción recíproca.

1. Mi novio/a me quiere. Yo quiero a mi novio/a.

    _____

2. Mi mejor amigo me conoce bien. Yo conozco bien a mi mejor amigo.

    _____

3. Marta llama a sus padres todos los domingos. Sus padres llaman a Marta todos los domingos.

    _____

■■■Prueba corta

A. Complete las oraciones con la forma correcta del pretérito o del imperfecto del verbo entre paréntesis, según el contexto.

Cuando yo _____ [1] (ser) niño, no _____ [2] (yo: tener) que trabajar

porque mis padres _____ [3] (pagar) todos mis gastos[a]. Una vez, el dueño de un

restaurante me _____ [4] (preguntar) si yo _____ [5] (querer) ayudarlo

los fines de semana, pero yo no _____ [6] (poder) hacerlo porque mis padres no

_____ [7] (darme) permiso[b]. Ellos _____ [8] (creer) que yo

_____ [9] (ser) muy joven para trabajar. Más tarde, cuando _____ [10]

(yo: cumplir) quince años, _____ [11] (conseguir) un empleo y finalmente

_____ [12] (yo: empezar) a ganar mi propio[c] dinero.

[a]*expenses* [b]*permission* [c]*own*

B. Complete cada oración con la forma apropiada del presente del verbo entre paréntesis, indicando que la acción es recíproca.

1. En España, cuando los amigos _____ (despedir), generalmente

   _____ (dar) la mano (*they shake hands*).

2. Muchos padres e hijos _____ (hablar) por teléfono cuando viven lejos.

3. Las relaciones siempre son mejores entre los jefes y los empleados cuando

   _____ (respetar).

4. Tradicionalmente, los novios no _____ (ver) antes de la ceremonia de
   la boda (*wedding*).

5. Los buenos amigos _____ (ayudar) frecuentemente.

C. Consejos para la buena salud. Imagine that you are a doctor and that you are giving advice to one of your patients. Use formal commands based on the oral cues.

   MODELO: (*you hear*) hacer ejercicios aeróbicos → (*you say*) Haga ejercicios aeróbicos.

   1. ...   2. ...   3. ...   4. ...   5. ...

D. Cosas de todos los días: Una enfermedad muy grave. Practice talking about an event that took place in the past, using the written cues. When you hear the corresponding number, form sentences using the words provided in the order given, making any necessary changes or additions. You will hear the correct answer. **¡OJO!** You will be using the preterite or the imperfect forms of the verbs.

   MODELO: (*you see*) 1. el mes pasado / (yo) / enfermarse / gravemente   (*you hear*) uno →
   (*you say*) El mes pasado *me enfermé* gravemente.

   2. estar / en el trabajo / cuando / de repente / (yo) / sentirse muy mal
   3. estar / mareado / y / tener / fiebre / muy alta
   4. mi jefe (*boss*) / llamar / hospital / inmediatamente
   5. ambulancia / llevarme / en seguida / sala de emergencia
   6. enfermero / tomarme / temperatura / cuando / entrar / médica
   7. tener que / pasar / cuatro días / en el hospital

CAPÍTULO **11**

VOCABULARIO Preparación

■■■Las presiones de la vida estudiantil

❖**A.** **¿Cómo reacciona Ud. en estas circunstancias?**

1. Son las seis de la mañana y suena el despertador.

   a. ☐ Me levanto en seguida (*right away*).

   b. ☐ Lo apago (*I turn it off*) y vuelvo a dormirme.

   c. ☐ Lo apago y me quedo unos minutos en la cama.

2. Le duele muchísimo la cabeza.

   a. ☐ Tomo dos aspirinas en seguida.

   b. ☐ No tomo nada y espero que el dolor pase pronto.

   c. ☐ No hago nada porque nunca me duele la cabeza.

3. Un amigo rompe su florero (*vase*) favorito. Ud. le dice:

   a. ☐ —¡Qué (*How*) torpe eres!

   b. ☐ —No te preocupes (*Don't worry*). Yo sé que fue sin querer.

   c. ☐ No le digo nada, pero la próxima vez que este amigo viene a mi casa, guardo en un armario todos mis objetos de valor.

4. Un amigo lo/la llama para preguntarle por qué no fue Ud. a la cita (*date*) que tenía con él. Ud. le dice:

   a. ☐ —Lo siento. De veras (*Really*) no me acordé.

   b. ☐ —¡Hombre! No es para tanto (*such a big deal*).

   c. ☐ —¡Qué distraído/a soy! ¿No era para hoy?

5. Cuando tiene una fecha límite para entregar un trabajo, ¿qué hace Ud.?

   a. ☐ Casi siempre lo entrego a tiempo.

   b. ☐ Muchas veces le doy excusas al profesor / a la profesora y se lo entrego tarde.

   c. ☐ Muchas veces no le hago caso (*pay attention*) al asunto (*matter*).

❖**B.** **¿Es Ud. así?** Indique si las siguientes declaraciones son ciertas o falsas para Ud.

C   F

1. Una vez no me acordé de poner el despertador y llegué tarde a un examen. ☐ ☐

2. Casi nunca me equivoco cuando marco (*I dial*) un número de teléfono. ☐ ☐

3. Una vez le pegué a alguien con un objeto, y se enojó conmigo. ☐ ☐

4. Si recojo a mis amigos en mi auto, ellos me ayudan a pagar la gasolina. ☐ ☐

5. No sufro muchas presiones este semestre porque tengo un horario fácil. ☐ ☐

6. A veces pierdo las llaves de mi coche. ☐ ☐

■■■¡La profesora Martínez se levantó con el pie izquierdo!

A. **¡Pobre Pedro!** Exprese en español las palabras o expresiones en inglés.

Pedro Peralta, un joven algo distraído, va a ver al doctor después de un accidente.

PEDRO: Doctor, ¡qué _____[1] (*clumsy*) soy! Esta mañana _____[2]

(*I fell*) en la calle y creo que _____[3] (*I injured*) el pie. Me

_____[4] (*hurts*) mucho.

DOCTOR: Vamos a ver… Parece que no es nada serio.

PEDRO: ¿Seguro que _____[5] (*you're not wrong*) Ud.? Creo que me

_____[6] (*I broke*) algo. Me duele la pierna.

DOCTOR: Nada de eso… Tome dos _____[7] (*aspirin*) cada cuatro horas; vuelva a

verme en dos días si no _____[8] (*feel*) mejor. Ah, y quédese en casa mañana.

PEDRO: ¡_____[9]! (*What bad luck!*) Ahora _____[10] (*I remember*)

que mañana es la fiesta anual de la oficina.

B. **Más partes del cuerpo.** Identifique las partes del cuerpo indicadas.

1. _____

2. _____

3. _____

4. _____

5. _____

6. _____

7. _____

C. Descripción: ¡Qué día más terrible! You will hear a series of sentences. Each will be said twice. Write the letter of each sentence next to the appropriate drawing. First, pause and look at the drawings.

1. _____

2. _____

3. _____

4. _____

5. _____

D. Presiones de los estudios. Imagine that you have been under a lot of pressure at school and it is affecting your judgment as well as other aspects of your life. Describe what has happened to you, using the oral and written cues.

> MODELO: (*you hear*) no pagar (*you see*) mis cuentas → (*you say*) No pagué mis cuentas.

1. el informe escrito
2. las escaleras
3. el escritorio

4. la pierna
5. un examen

■■■More on Adverbs

A. Adjetivos → adverbios. Convierta los adjetivos en adverbios.

1. fácil _____

2. inmediato _____

3. impaciente _____

4. lógico _____

5. total _____

6. directo _____

7. aproximado _____

8. furioso _____

B. Más adverbios. Complete las oraciones con adverbios derivados de los siguientes adjetivos.

aproximado, final, posible, sincero, solo, tranquilo

1. Después de jugar todo el día, los niños están durmiendo _____.

2. Después de esperar casi una hora, _____ vamos a subir al avión.

3. No sé cuándo llegan mis amigos. _____ mañana.

4. Creo que son _____ las dos y media.

5. Te digo _____ que no me gusta esa clase.

6. Juan tiene cien pesos, pero yo tengo _____ cincuenta.

C. **Preguntas personales.** You will hear a series of statements that request information about how you do certain things. Answer, using the written cues or your own information. You will hear one possible answer. First, listen to the cues.

hablar español	hacer cola	salir con mis amigos
jugar al béisbol	escuchar el estéreo	limpiar la estufa
faltar a clase	tocar el piano	

1. … 2. … 3. … 4. …

PRONUNCIACIÓN Y ORTOGRAFÍA   *ñ* and *ch*

A. **La letra *ñ*: Repeticiones.** The pronunciation of the letter **ñ** is similar to the sound [ny] in the English words *canyon* and *union*. However, in Spanish it is pronounced as one single sound.

Repeat the following words, imitating the speaker.

1. cana / caña   sonar / soñar   mono / moño   tino / tiño   cena / seña
2. año   señora   cañón   español   pequeña   compañero

Now read the following sentences when you hear the corresponding number. Repeat the correct pronunciation.

3. El señor Muñoz es de España.
4. Los niños pequeños no enseñan español.
5. La señorita Ordóñez tiene veinte años.
6. El cumpleaños de la señora Yáñez es mañana.

B. **Escoger.** You will hear a series of words. Each will be said twice. Circle the letter of the word you hear.

1. a. pena   b. peña
2. a. una   b. uña
3. a. lena   b. leña
4. a. suena   b. sueña
5. a. mono   b. moño

C. **El sonido *ch*: Repeticiones.** In Spanish, when the letters **c** and **h** are combined, they are pronounced like the English *ch* in *church*. Read the following words when you hear the corresponding number, then repeat the correct pronunciation.

1. mucho   3. Conchita   5. mochila
2. muchacho   4. Chile   6. hache

D. Dictado. You will hear five sentences. Each will be said twice. Write what you hear.

1. _____
2. _____
3. _____
4. _____
5. _____

GRAMÁTICA

31. Expressing Unplanned or Unexpected Events • Another Use of *se*

A. ¡Problemas, problemas! Empareje las situaciones con las explicaciones.

1. _____ Necesito comprarme otras gafas porque…

2. _____ Tengo que volver a casa porque…

3. _____ Necesito hablar con un policía porque…

4. _____ Tengo que ir a la tienda porque…

5. _____ Rompí la ventana del coche porque…

   a. se me perdió la bolsa con doscientos dólares adentro.
   b. se me rompieron las (*those*) que tenía.
   c. se me acabó el papel.
   d. se me olvidó la cartera.
   e. se me quedaron las llaves adentro.

B. En otras palabras… Modifique las siguientes oraciones usando una forma más directa. Siga el modelo.

MODELO: A Julio se le perdieron los boletos. → Julio perdió los boletos.

1. A Juan se le perdió el dinero. _____

2. A mi hermano se le rompió una ventana. _____

3. Se me olvidaron los libros. _____

4. ¿Se te olvidó traer dinero? _____

5. ¿Se te quedaron los boletos en casa? (Use **dejar.**)

_____

C. Accidentes. Describa lo que les pasó a estas personas, seleccionando los verbos apropiados.

1.

Al pasajero se le *olvidó/olvidaron* las maletas.

2.

A la camarera se le *cayó/cayeron* un vaso de vino.

3.

A la mujer se le *acabó/acabaron* la leche.

4.

Al hombre se le *rompió/rompieron* las gafas.

❖D. **Encuesta: ¿Cómo eras en la escuela primaria?** You will hear a series of questions about what you were like when you were in grade school. For each question, check the appropriate answer. No answers will be given. The answers you choose should be correct for you!

1. ☐ Sí ☐ No   3. ☐ Sí ☐ No   5. ☐ Sí ☐ No

2. ☐ Sí ☐ No   4. ☐ Sí ☐ No   6. ☐ Sí ☐ No

E. **¡Qué distraído!** You will hear a description of Luis, followed by a series of statements about what he forgot to do this morning. Place the number of each statement next to its logical result. First, listen to the results.

a. _____ Va a llegar tarde al trabajo.

b. _____ No va a poder arrancar (*start*) el coche.

c. _____ Es posible que se le queme (*burn down*) el apartamento.

d. _____ Le van a robar la computadora.

e. _____ Lo van a echar (*evict*) de su apartamento.

F. **Dictado.** You will hear the following sentences. Each will be said twice. Listen carefully and write the missing words.

1. A ellos _____ _____ _____ el número de teléfono de Beatriz.

2. A Juan _____ _____ _____ las gafas.

3. Durante nuestro último viaje _____ _____ _____ el equipaje en la estación del tren.

4. A los niños _____ _____ _____ los juguetes (*toys*).

32. *¿Por o para?* • A Summary of Their Uses

A. **Expresiones con *por*.** Complete las oraciones con **por** o con una expresión o frase con **por**.

1. ¡_____ _____! ¡No debes manejar tan rápidamente _____ esta calle!

2. ¿Dónde está Inés? No está en la clase _____ _____ vez este semestre.

3. Elena no se cuida mucho; _____ _____ se enferma frecuentemente. Debe

   comer más frutas y verduras ricas en vitamina C como, _____ _____,
   naranjas y pimientos (*peppers*).

4. Creo que tenemos bastante leche en casa, pero voy a comprar otra botella, _____

   _____ _____.

5. _____ _____ _____ las madres recogen a sus niños en la escuela.

6. Tu hija no debe caminar sola _____ ese parque; es peligroso.

7. Necesito _____ _____ _____ treinta dólares para pagar esta receta para
   antibióticos.

8. Carmen está muy contenta _____ los resultados del examen. ¡_____

   _____ recibió una «A»!

B. Un viaje a España. Exprese en español las siguientes oraciones. Use **por** o expresiones con **por.**

1. My brother and I went to Europe for the first time in the summer of 1992. _____

   _____

2. We went to Spain for (*because of*) the Olympics (**las Olimpíadas**). _____

   _____

3. We traveled from Los Angeles to Barcelona by plane. _____

   _____

4. We went through New York. _____

5. We spent (**pasar**) at least thirteen hours in the plane. _____

   _____

C. La maravillosa María Rosa. Dos hermanos hablan de la visita de una amiga de la familia.
Complete el diálogo usando **para,** según las indicaciones.

   MODELO: ¿Cuándo necesita papá el coche? (jueves) → Lo necesita para el jueves.

1. ¿Para qué lo necesita él? (ir a recoger a María Rosa) _____

   _____

2. ¿Para qué viene a Reno ahora? (esquiar) _____

3. ¿Para quién son esos esquís? ¿para mí? (no, ella) _____

4. ¿Es verdad que ella sólo tiene 17 años y ya está en la universidad? (sí, lista, edad [*age*])

   _____

5. ¿Qué carrera estudia ella en la universidad? (sicóloga) _____

   _____

D. **Viajando por Europa.** Complete las oraciones con **por** o **para.**

Los esposos García fueron a Madrid _____¹ avión y se quedaron allí _____² un mes. Antes

de llegar a Madrid pasaron _____³ Portugal y después fueron a Italia _____⁴ ver a su hija

Cecilia. La chica estudia _____⁵ actriz y _____⁶ las noches trabaja _____⁷ el Cine

Paradiso. Dicen que la muchacha va a pasar sus vacaciones en Francia. Viaja mucho _____⁸

ser tan joven.

En Italia los García manejaronᵃ un pequeño coche Fiat _____⁹ varias ciudades de la costa

_____¹⁰ no gastar mucho dinero en trenes o aviones. El papá de Cecilia le mandó dinero a ella

_____¹¹ pagar el alquiler, pero ella lo gastó en regalos _____¹² su familia. Sus padres no

estuvieron muy contentos _____¹³ lo que hizo con el dinero.

ᵃ*drove*

E. **¿Qué hacen estas personas?** Using **por,** tell what the following people are doing when you hear the corresponding number.

MODELO: (*you hear*) uno   (*you see*) 1. hablar / teléfono →
(*you say*) Marcos habla por teléfono.

1. hablar / teléfono

2. viajar / barco

3. caminar / playa

4. correr / parque

5. pagar / 15 dólares / bolígrafos

6. nadar / mañana

F. ¿Para qué están Uds. aquí? Using the oral and written cues, tell why the people mentioned are in the locations you hear. Each question will be said twice. First, listen to the list of reasons.

celebrar nuestro aniversario   hacer reservaciones para un viaje a Acapulco
descansar y divertirse   preparar la comida
hablar con el médico

MODELO: (*you see*) Armando: Está allí...   (*you hear*) ¿Para qué está Armando en la cocina? →
(*you say*) Está allí para preparar la comida.

1. Diana: Está allí...
2. el Sr. Guerra: Está allí...
3. mi esposo/a y yo: Estamos aquí...
4. la familia Aragón: Está allí...

G. La vida diaria. You will hear the following sentences followed by an oral cue. Extend each sentence, using **por** or **para,** as appropriate.

MODELO: (*you see and hear*) Tengo que mandar los cheques.   (*you hear*) el miércoles →
(*you say*) Tengo que mandar los cheques para el miércoles.

1. Salen el próximo mes.
2. Fueron al cine.
3. Estuvo en Honduras.
4. Habla muy bien el inglés.
5. A las ocho vamos a salir.
6. Vendieron su coche viejo.

UN POCO DE TODO | (Para entregar)

A. Accidentes. Complete la descripción de las siguientes situaciones. Use el imperfecto y el pretérito de los verbos.

1. mientras / (yo) pelar (*to peel*) / patatas, / cortarme / y / lastimarme / dedo

   _____

2. cuando / (yo) sacar / mi / coche / garaje, / chocar (*to bump*) / con / coche / papá

   _____

3. cuando / mesero / traer / vino, / caérsele / vasos

   _____

4. mientras / Julia / esquiar, / caerse / y / romperse / brazo

   _____

5. mientras / Carlos / caminar, / darse / contra / señora / y / pedirle / disculpas

   _____

B. En la universidad. En español, por favor.

1. You (**Ud.**) speak very well for a beginner (**principiante**).

   _____

2. We need to finish this lesson by Friday.

   _____

3. We should review (**repasar**) the commands, just in case.

   _____

4. We're going to go by (**pasar por**) the library.

   _____

5. I need to take out some books for (to give to) my brother.

   _____

❖¡Repasemos!

A. **Recuerdos de Málaga.** Complete la narración con el pretérito y el imperfecto. Use la forma apropiada de los verbos y adjetivos indicados. Cuando haya dos posibilidades, use la correcta. Llene los otros espacios con las palabras necesarias.

El verano pasado, Emilia y yo _____ [1] (hacer) un viaje

a España. Pasamos una semana en Málaga porque allí _____ [2]

(*yo:* tener) una amiga _____ [3] (alemán) que _____ [4]

(estudiar) español en el Malaca Instituto Internacional. _____ [5]

(*Nosotros:* Quedarse) en el Hotel Las Vegas, un hotel bueno y no muy caro, cerca de la playa.

_____ [6] (Llegar) el lunes _____ [7] (de/por) la noche, y

_____ [8] (a la / al) día siguiente _____ [9] (ir) a ver

_____ [10] mi amiga Heidi. Ella _____ [11] (servirnos) de guía[a] y

_____ [12] (llevarnos) a ver _____ [13] (vario) lugares donde se

_____ [14] (tocar) música española popular y donde todo el mundo[b]

_____ [15] (beber) vino y _____ [16] (bailar).

El viernes por la noche Heidi _____ [17] (invitarnos) a una fiesta en el

Instituto donde _____ [18] (*nosotros:* conocer) a Ida y Joaquín Chacón, los dueños, con

_____ [19] (quien/quienes) _____ [20] (viajar) el sábado a Granada, la

_____ [21] (antiguo) y hermosísima[c] ciudad mora[d]. _____ [22] (Nuestro)

semana en Málaga fue _____ [23] (magnífico), pero el domingo _____ [24]

(tener) que _____ [25] (despedirse) de nuestra amiga y salir para Madrid en el

Talgo, uno de los trenes más _____ [26] (rápido) y _____ [27] (moderno)

de Europa.

[a]de... *as a guide*   [b]todo... *everybody*   [c]*very beautiful*   [d]*Moorish*

B. Entrevista. You will hear a series of questions. Each will be said twice. Answer, based on your own experience. Pause and write the answers (on a separate sheet of paper).

❖Mi diario

Lea la historia que escribió Diana Lucero Hernández sobre un cumpleaños en que nada le salió bien. Después, escriba sobre un día igualmente «desastroso» en su propia vida. Si Ud. es una de esas personas a quien todo siempre le sale bien, ¡invente algo!

Use el *imperfecto* para describir

- el día que era (¿Era alguna fiesta especial?)
- el tiempo que hacía
- dónde estaba Ud.
- si había otras personas con Ud. o si estaba solo/a

Use el *pretérito* para hablar de

- las cosas inesperadas (*unexpected*) que se le ocurrieron
- cómo reaccionó Ud. y/o las otras personas que estaban allí
- lo que le pasó al final

Un cumpleaños inolvidable: ¡Todo salió mal!

Diana Lucero Hernández, Colombia, 18 años

El día en que cumplí los 15 años no lo puedo olvidar porque la mayoría de las cosas me salieron mal ese día. Mi fiesta de quinceañera era para las 8:30 P.M. Yo salí de la peluquería[a] a las 8:24… y estaba cayendo un aguacero[b] terrible. Con la lluvia se me dañó el peinado[c] y tuve que correr a casa para ponerme mi nuevo vestido de fiesta. Cuando llegué, no podía ponérmelo porque las mangas me quedaban apretadas[d] y tuve que cortarlas un poco…

En eso empezaron a llegar los invitados (la fiesta fue en casa de una vecina). Llegó el fotógrafo y empezó a tomarme fotos, pero a la media hora se dio cuenta[e] que no tenía película en la cámara. Me tomó más fotos y finalmente pude llegar a la fiesta a eso de las 11:30. ¡Estaba furiosa! Después bailé el vals con mi papá y, como es costumbre, debía cambiar de pareja[f], pero mis amigos no quisieron bailar. Luego se cortó la energía eléctrica por casi una hora, y con eso empecé a llorar… ¡y lloré toda la noche!

[a]*hairdresser's* [b]*lluvia* [c]*se… my hairdo got ruined* [d]*las… the sleeves were tight*
[e]*se… he realized* [f]*partner*

Conteste brevemente las siguientes preguntas.

1. ¿Cuál es el nombre oficial de este país? _____

2. ¿Cuáles son sus dos idiomas oficiales? _____

3. ¿Qué moneda usan los puertorriqueños? _____

4. ¿Desde qué año existe Puerto Rico como un Estado Libre Asociado? _____

5. A pesar de ser ciudadanos (*In spite of being citizens*) estadounidenses, ¿qué no pueden hacer los

   puertorriqueños que viven en la isla de Puerto Rico? _____

6. ¿Cuál es otro nombre de Puerto Rico? _____

7. ¿Qué importancia tiene la novela *Infortunios de Alonso Ramírez*? _____

   _____

PÓNGASE A PRUEBA

■■■A ver si sabe...

A. **Another Use of** *se*. Exprese las siguientes oraciones usando construcciones con el reflexivo **se.**

1. Perdí mi paraguas.   ____ ____ _____ el paraguas.

2. Perdimos la llave.   ____ ____ _____ la llave.

3. Juan rompió los lentes.   (A Juan) ____ ____ _____ los lentes.

4. Olvidaron poner el despertador.   ____ ____ _____ poner el
   despertador.

B. **¿*Por* o *para*?** Escriba el número del ejemplo apropiado para cada uso de la lista de la izquierda.

   Usos de **para**

   ____ a. destination (in time or in space)

   ____ b. "in order to" + infinitive

   ____ c. compared with others

   ____ d. in the employ of

   1. Ella lee muy bien para una niña de siete años.

   2. Todos trabajamos para Microsoft.

   3. Salimos para París el 14 de junio.

   4. Hay que estudiar para sacar buenas notas.

Usos de **por**

_____ a. by means of

_____ b. through, along

_____ c. in exchange for

_____ d. during

1. Lo vi cuando caminaba por la playa.

2. Gracias por ayudarme.

3. Preferimos viajar por tren.

4. Siempre estudia por la noche.

■■■Prueba corta

A. Select the form that best expresses the meaning of the verb in italics.

1. *Olvidé* la tarea en casa.
   a. se le olvidó
   b. se me olvidó

2. Josefina *perdió* veinte dólares.
   a. (a Josefina) se le perdió
   b. (a Josefina) se le perdieron

3. Mis libros *cayeron* de la mochila.
   a. se me cayeron
   b. se me cayó

4. ¿Cómo *rompiste* tu bicicleta?
   a. se te rompió
   b. se me rompió

5. Julio *acabó* toda la leche.
   a. (a Julio) se le acabó
   b. (a Julio) se me acabó

B. Llene los espacios en blanco con **por** o **para**.

1. Marta fue a Dallas _____ la enfermedad de su madre.

2. Picasso pintaba _____ ganarse la vida (*earn his living*).

3. En la universidad estudio _____ ser arquitecto.

4. Fueron a París en avión _____ la ruta del Polo Norte.

5. Habla muy bien el francés _____ ser americano.

6. Mi hermano trabaja _____ Teléfonos de México.

C. Cosas de todos los días: Recuerdos. Practice talking about your friend Benito, using the written cues. When you hear the corresponding number, form sentences using the words provided in the order given, making any necessary changes or additions. **¡OJO!** You will be using the preterite or the imperfect forms of the verbs.

MODELO: (*you see*) 1. de niño / Benito / ser / muy torpe (*you hear*) uno →
(*you say*) De niño, Benito *era* muy torpe.

2. (él) lastimarse / con frecuencia
3. Benito / también / ser / muy distraído
4. frecuentemente / (él) olvidarse de / poner / despertador
5. casi siempre / quedársele / en casa / tarea
6. muchas veces / perdérsele / llaves
7. una vez / (él) caerse / y / romperse / brazo
8. el médico / ponerle / yeso (*cast*)

CAPÍTULO **12**

VOCABULARIO **Preparación**

■■■Tengo... Necesito... Quiero...

❖**A. Lo que tengo y lo que quiero.** Exprese su situación o deseo, según el modelo.

MODELO: un disco compacto →
Ya tengo uno. (Me encantaría [*I would love*] tener uno. [No] Me interesa tener uno.)

1. un coche descapotable _____

2. una videocasetera _____

3. una cámara de vídeo _____

4. un contestador automático _____

5. una motocicleta _____

6. una computadora portátil _____

7. una impresora _____

8. un equipo estereofónico _____

9. un teléfono celular _____

B. Él y ella. A él le gustan los bistecs y las motos. Ella es vegetariana y le encantan las bicicletas. Piense Ud. en la personalidad de estas dos personas y diga qué cosas les gustan a los dos, y qué cosas le interesan sólo a él o a ella.

MODELO: almorzar en un parque →
Les gusta a los dos.

1. sacar fotos de pájaros y flores _____

2. manejar a toda velocidad _____

3. grabar vídeos de sus amigos _____

4. usar el correo electrónico _____

5. comer sanamente (*healthily*) _____

6. cambiar de canal frecuentemente _____

7. navegar la red _____

8. usar su monopatín en la calle _____

C. **El aparato Sony.** Lea el anuncio y complete las oraciones.

1. Las ventajas de la radiograbadora Sony con Compact Disc son:

   a. Ud. puede llevar su música

   _____.

   b. Ud. puede grabar su música en

   _____.

   c. Ud. puede escuchar las emisoras

   _____.

> # ¡Mi Sony con Compact Disc hace que toda la música sea mi música!
>
> Cada vez tengo más música porque todo lo que me gusta está en Compact Disc. Además, con mi Sony puedo llevar mi música a todas partes, pasarla a cassette y gozar con el Compact, con el cassette y con todo lo que hay en las emisoras de AM y de FM Stéreo.
>
> En realidad, con mi radiograbadora Sony con CD no me pierdo una.
>
> Entonces... ¡que se prenda la rumba!

2. ¿Qué significa la expresión, «No me pierdo una»?

   a. *I don't lose one.*
   b. *I don't miss a thing.*

3. The literal translation of **prender** is *to turn on.* What is the most likely meaning of «¡ ...**que se prenda la rumba!**»?

   a. *. . . let the rumba begin!*
   b. *. . . that the rumba is turned on!*

❖4. ¿Qué le parece la idea de tener una radiograbadora con compact disc? ¿O ya tiene una?

_____

D. **Cosas del trabajo.** Imagínese que Ud. habla con un amigo sobre algunos problemas de su trabajo. Complete las oraciones con la forma apropiada de las palabras de la lista.

1. Si la _____ no me da un _____ de sueldo,

   voy a _____. Pero no debo dejar mi trabajo antes de

   _____ otro.

2. Del sueldo que yo _____ cada mes, el gobierno me quita (*takes away*) el 15%. Creo que necesito buscar otro trabajo de tiempo

   _____.

3. ¡Qué lata! (*What a pain!*) La computadora de la oficina _____ (*pret.*) hoy y fue imposible terminar el trabajo.

4. Esta mañana tuve que _____ mi motocicleta a la oficina porque mi coche no funcionaba.

aumento
cambiar de trabajo
conseguir
fallar
ganar
jefe/a
manejar
parcial

E. Hablando de «cositas» (*"a few small things"*). You will hear a brief dialogue between two friends, Lidia and Daniel. Listen carefully and circle the items that are mentioned in their conversation. Don't be distracted by unfamiliar vocabulary. First, pause and look at the drawing.

Here is the dialogue. Go back and listen again, if necessary.

■■■La vivienda

A. Nuestra vida en el edificio de apartamentos. Complete el párrafo con la forma apropiada de las palabras de la lista.

Mi compañero/a y yo acabamos de _____¹ un apartamento en

Nueva York. Nuestra nueva _____² es 154 E. 16th St. Nos gusta

esta _____³ porque es relativamente tranquila y limpia. El

_____⁴ del apartamento no es muy caro porque está en el tercer

_____⁵ y no tiene muy buena _____⁶. Pero como el

edificio está en el _____⁷ de la ciudad, podemos ir caminando

a todas partes. En verdad, nos gusta más vivir en el centro que en las

_____⁸ porque todo es más conveniente. Los inquilinos pagamos el

gas y la _____⁹ y los _____¹⁰ pagan el agua. Una

ventaja de vivir en este edificio es que hay un _____¹¹ que vive en

la _____¹² y cuida de todo. Todavía no conocemos bien a nuestros

_____¹³, pero el portero dice que todos son muy simpáticos.

afueras
alquilar
alquiler
centro
dirección
dueño
luz
piso
planta baja
portero
vecindad
vecino
vista

B. Definiciones. You will hear a series of statements. Each will be said twice. Circle the letter of the word that is defined by each.

1. a. la videocasetera   b. el Walkman
2. a. el inquilino   b. el alquiler
3. a. la vecindad   b. la vecina
4. a. la jefa   b. el sueldo
5. a. el contestador automático   b. la motocicleta
6. a. el control remoto   b. la grabadora
7. a. el primer piso   b. la planta baja

C. Identificaciones. Identify the following items when you hear the corresponding number. Begin each sentence with **Es un...** or **Es una...**

1. ...   2. ...   3. ...   4. ...   5. ...

PRONUNCIACIÓN Y ORTOGRAFÍA *y and ll*

A. El sonido [y]. At the beginning of a word or syllable, the Spanish sound [y] is pronounced somewhat like the letter *y* in English *yo-yo* or *papaya*. However, there is no exact English equivalent for this sound. In addition, there are variants of the sound, depending on the country of origin of the speaker. Listen to these differences.

el Caribe:	Yolanda lleva una blusa amarilla. Yo no.
España:	Yolanda lleva una blusa amarilla. Yo no.
la Argentina:	Yolanda lleva una blusa amarilla. Yo no.

B. El sonido [ly]. Although **y** and **ll** are pronounced exactly the same by most Spanish speakers, in some regions of Spain **ll** is pronounced like the [ly] sound in *million*, except that it is one single sound. Listen to these differences.

España: Guillermo es de Castilla.   Sudamérica: Guillermo es de Castilla.

C. Repeticiones. Repeat the following words, imitating the speaker.

1. llamo	llueve	yogurt	yate (*yacht*)	yanqui	yoga
2. ellas	tortilla	millón	mayo	destruyo (*I destroy*)	tuyo (*yours*)

D. ¿Ll o l? You will hear a series of words. Each will be said twice. Circle the letter used to spell each.

1. ll l   2. ll l   3. ll l   4. ll l   5. ll l   6. ll l

E. Repaso: *ñ, l, ll, y*: Dictado. You will hear three sentences. Each will be said twice. Write what you hear.

1. _____

2. _____

3. _____

GRAMÁTICA

¡RECUERDE!

Los mandatos: Ud., Uds.

Escriba la forma indicada del mandato formal, poniendo atención a la posición de los pronombres del complemento directo, indirecto y reflexivo.

1. dejarlo   _Déjelo_   Ud.   No _lo deje_ Ud.

2. escribirlo   _____ Uds.   No _____ Uds.

3. jugarlo   _____ Ud.   No _____ Ud.

4. decírmelo   _____ Ud.   No _____ Ud.

5. dárselo   _____ Uds.   No _____ Uds.

---

33. Influencing Others • *Tú* Commands

❖A. **¿Los ha oído Ud.?** (*Have you heard them?*) ¿Con qué frecuencia ha oído Ud. estos mandatos?

a = con mucha frecuencia   b = a veces   c = casi nunca

1. _____ Pásame la sal, por favor.

2. _____ No tomes tanta cerveza.

3. _____ Ponte una camisa limpia.

4. _____ No comas con los dedos; usa el tenedor.

5. _____ Ten cuidado cuando manejes en la autopista (*highway*).

6. _____ Vuelve antes de la medianoche. No vuelvas tarde.

B. **¡Escúchame, Anita!** Déle mandatos afirmativos o negativos a su compañera Anita. **¡OJO!** ¡Cuidado con los acentos y la posición de los pronombres!

1. (Poner) _____ otro disco compacto; no _____ ése.

2. (usar) No _____ ese teléfono ahora; _____ el celular.

3. (Apagar: *Turn off*) _____ la videocasetera.

4. (Prestarme) _____ tu Walkman.

5. (mandarle) No _____ un telegrama; _____ un fax.

6. (Decirle) _____ a la jefa que recibí su fax, pero no _____ que estoy aquí.

C. Más mandatos. Déles mandatos apropiados, afirmativos o negativos, a sus amigos y a varios miembros de su familia.

> MODELO: Rosa nunca me escucha. → Rosa, escúchame.

1. Susana juega en la sala. Susana, _____.

2. Carmela se viste muy mal. Carmela, _____.

3. Tito no se lava las manos antes de comer. Tito, _____.

4. Jorge es pesado (*a pain*). Jorge, _____.

5. Miguel pone los pies sobre mi cama. Miguel, _____.

D. A la hora de cenar. Leonor le hace unas preguntas a su mamá, quien le contesta con un mandato informal. Use pronombres del complemento directo e indirecto para evitar la repetición innecesaria.

> MODELO: ¿Quieres que prepare la cena? → Sí, prepárala. (No, no la prepares.)

1. ¿Quieres que ponga la mesa?

   Sí, _____.   No, _____.

2. ¿Le sirvo leche a Claudia?

   Sí, _____.   No, _____.

3. ¿Te traigo la otra silla?

   Sí, _____.   No, _____.

4. ¿Te lavo los platos?

   Sí, _____.   No, _____.

E. La vida doméstica de la Cenicienta (*Cinderella*). Play the role of the stepmother and tell Cinderella what she has to do before she can go to the ball. Use affirmative informal commands for the infinitives you will hear.

1. … 2. … 3. … 4. … 5. …

F. ¡No lo hagas! Imagine that you are a parent of the child depicted in the drawings. When you hear the corresponding number, tell her *not* to do the things she is doing in each drawing. Use negative informal commands. You will hear a possible answer.

> MODELO: (*you hear*) uno (*you see*) 1. pegar / Isabel →
> (*you say*) No le pegues a Isabel.

1. pegar / Isabel

2. saltar (*to jump*) / cama

3. poner / mesa

4. pasear / calle   5. jugar / tantos videojuegos   6. escribir / pared

34. Expressing Subjective Actions or States • Present Subjunctive: An Introduction

A. **¡Recuerde!** The subjunctive, like the command form, is based on the **yo** form of the present indicative. The **nosotros** and **vosotros** forms of stem-changing verbs revert to the original stem of the infinitive, except for some **-ir** verbs: **o → u** and **e → i** (**dormir → durmamos; sentir → sintamos**). Complete the following chart with the missing forms.

YO (INDICATIVO)	YO/UD. (SUBJUNTIVO)	NOSOTROS (SUBJUNTIVO)
llego	que llegue	que _____
empiezo	que _____	que empecemos
conozco	que conozca	que _____
juego	que _____	que juguemos
consigo	que consiga	que _____
divierto	que divierta	que _____
duermo	que _____	que durmamos

B. **Formando oraciones.** Haga oraciones, cambiando el infinitivo por la forma apropiada del subjuntivo.

1. Espero que Ud....   _____ (poder) acabar hoy.

         no se _____ (olvidar) de guardar la información.

         _____ (saber) usar esta computadora.

2. Dudo que ellos...   _____ (empezar) hoy.

         nos _____ (mandar) el fax hoy.

         nos _____ (decir) todos los problemas que tienen.

3. Insisten en que tú...   _____ (llegar) a tiempo.

         _____ (ser) más responsable.

         _____ (buscar) otro modelo más económico.

C. Minidiálogo: Una decisión importante. You will hear a dialogue in which José Miguel asks Gustavo for advice on purchasing a computer. Then you will hear a series of statements about the dialogue. Circle **C, F,** or **ND (no lo dice).**

Here is the dialogue. It will be read only once. Go back and listen again, if necessary. José Miguel speaks first.

1. **C   F   ND**   3. **C   F   ND**   5. **C   F   ND**

2. **C   F   ND**   4. **C   F   ND**

D. ¿Qué quiere Arturo?

Paso 1. You will hear Arturo talk about what he wants his siblings to do. Listen to what he says and complete the following chart by checking the thing he wants each sibling to do or not to do.

Here is the passage. It will be read only once. Go back and listen again, if necessary.

PERSONA	NO JUGAR «NINTENDO»	NO USAR SU COCHE	PRESTARLE SU CÁMARA	BAJAR EL VOLUMEN DEL ESTÉREO
su hermana				
su hermano menor				
sus hermanitos				

Paso 2. Now answer the questions you hear based on the completed chart. Each question will be said twice. Check the answers to **Paso 1** in the Appendix before you begin **Paso 2.**

1. …   2. …   3. …   4. …

35. Expressing Desires and Requests • Use of the Subjunctive: Influence

❖**A. De vacaciones.** Cuando Ud. va de vacaciones, ¿qué le recomiendan sus amigos?

	SÍ	NO
1. Recomiendan que (yo) no viaje solo/a.	☐	☐
2. Sugieren que no olvide mi pasaporte.	☐	☐
3. Recomiendan que no lleve mucho dinero en efectivo.	☐	☐
4. Recomiendan que haga reservaciones si viajo en verano.	☐	☐
5. Insisten en que no vaya a lugares de mucho terrorismo.	☐	☐
6. Recomiendan que viaje en tren, en clase turística.	☐	☐
7. Piden que les mande tarjetas postales.	☐	☐
8. Quieren que les traiga regalos.	☐	☐

❖Ahora escriba tres cosas que Ud. quiere que hagan sus amigos cuando ellos viajan.

1. _____

2. _____

3. _____

B. **Jefes y empleados.** What qualities are the boss and the employee looking for in each other? Complete each sentence by giving the appropriate present subjunctive form of the infinitive.

1. La jefa: Insisto en que mis empleados…

   (decir la verdad) _____.

   (llegar a tiempo) _____.

   (aceptar responsabilidades) _____.

   (saber usar una computadora) _____.

2. El empleado: Es importante que mi trabajo…

   (resultar interesante) _____.

   (gustarme) _____.

   (no estar lejos de casa) _____.

   (darme oportunidades para avanzar [*to advance*]) _____

   _____.

C. **En Compulandia.** ¿Qué quiere el vendedor (*salesman*) de computadoras que hagamos? **¡OJO!** Use la forma **nosotros** de los verbos indicados.

Quiere que _____[1] (ver) el último modelo de Macintosh y nos recomienda que

también _____[2] (comprar) una pantalla a colores. Prefiere que _____[3]

(pagar) al contado[a]. Nos pide que _____[4] (volver) mañana para recogerla[b]. Nos dice

que la _____[5] (traer) a la tienda si tenemos algún problema.

[a]al… *cash*   [b]*pick it up*

D. **¿Qué quieres que haga yo?** Imagínese que Ud. quiere ayudar a un amigo que va a dar una fiesta. Hágale las siguientes preguntas en español. Siga el modelo del título.

1. What do you want me to buy? _____

2. What do you want me to bring? _____

3. What do you want me to prepare? _____

4. What do you want me to look for? _____

5. What do you want me to cook? _____

E. Presiones de la vida moderna

Paso 1. You will hear a brief paragraph in which Margarita describes her job and what she doesn't like about it. Listen carefully and take notes.

Here is the passage. It will be read only once. Go back and listen again, if necessary.

Apuntes

_____

_____

_____

_____

_____

_____

_____

_____

Paso 2. ¿Qué recuerdas? Now pause and complete the following sentences based on the passage and your notes. Use phrases from the list. Be sure to use the correct present subjunctive form of the verbs. (Check your answers in the Appendix.)

equivocarse	tener teléfono celular
ser más flexible	trabajar los fines de semana
solucionar sus problemas	

1. Los clientes quieren que Margarita _____ técnicos.

2. Su jefa no quiere que ella _____.

3. Margarita quiere que su horario _____.

4. A veces, es necesario que Margarita _____.

5. Margarita prefiere que su coche no _____.

Now resume listening.

F. ¿Qué recomienda el nuevo jefe?
Imagine that you have a new boss in your office and he is determined to make some changes. When you hear the corresponding numbers, tell what he recommends, using the written cues.

MODELO: (*you hear*) uno (*you see*) 1. El jefe recomienda... Ud. / buscar otro trabajo →
(*you say*) El jefe recomienda que Ud. busque otro trabajo.

2. El jefe recomienda... yo / copiar el contrato
3. El jefe insiste en... todos / trabajar hasta muy tarde
4. El jefe prohíbe... Federico / dormir en la oficina
5. El jefe sugiere... tú / aprender a manejar tu computadora

G. Antes del viaje: ¿Qué quiere Ud. que hagan estas personas? Imagine that you are a tour leader traveling with a large group of students. Using the oral and written cues, tell each person what you want him or her to do. Begin each sentence with **Quiero que...** , as in the model.

MODELO: (*you hear*) hacer las maletas   (*you see*) Uds. →
(*you say*) Quiero que Uds. hagan las maletas.

1. Toño   2. (tú)   3. Ana y Teresa   4. todos   5. todos

UN POCO DE TODO | (Para entregar)

A. Un anuncio comercial. Imagínese que Ud. trabaja en una compañía de propaganda comercial. Su jefe le da el siguiente anuncio de una compañía nacional de ferrocarriles (*railroad*) para que Ud. lo cambie de la forma formal (Ud.) a la informal (tú). Lea el anuncio y haga todos los cambios necesarios.

Oiga, mire.

Abra los ojos y vea todos los detalles del paisaje[a]. Viaje a su

destino sin preocuparse por el tráfico. Haga su viaje sentado

cómodamente y llegue descansado. Goce de[b] la comida exquisita

en el elegante coche-comedor.

Juegue a las cartas o converse con otros viajeros como Ud. Y

recuerde: ¡Esto pasa solamente viajando en tren!

[a]*landscape*   [b]Goce (Gozar)... *Enjoy*

B. La familia Rosales. The Rosales family just moved to a new house. What does the mother say to her family? Form complete sentences using the words provided in the order given. Make any necessary changes, and add other words when necessary. *Note:* / / indicates a new sentence.

1. chicos, / venir / aquí / / (yo) necesitar / enseñarles / manejar / nuevo / lavadora

_____

_____

2. María, / ayudar / tu hermano / barrer / patio

_____

_____

3. Pepe, / (yo) recomendar / que / hacer / tarea / antes de / salir / jugar

_____

_____

4. María, / no / olvidarse / llamar / Gabriela / para / darle / nuestro / nuevo / dirección

_____

_____

5. Pepe, / ir / tu cuarto / y / ponerse / uno / camisa / limpio

_____

_____

❖C. **Descripción: Una familia de la era de la tecnología**

Paso 1. You will hear five brief descriptions. Write the letter of each description next to the drawing that it describes. **¡OJO!** Not all the drawings will be described. First, pause and look at the drawings.

1. _____

2. _____

3. _____

4. _____

5. _____

6. _____

Paso 2. Now pause and write a description of the drawing for which there was no match.

_____

_____

_____

❖¡Repasemos!

A. Una amistad internacional

Complete la narración con la forma apropiada del pretérito o imperfecto de los verbos entre paréntesis.

El mes pasado, durante una excursión para esquiar en las sierras centrales de California, los

Burke _____[1] (conocer) al Sr. Dupont, un turista del sur de Francia que

_____[2] (visitar) los Estados Unidos por esas fechas[a]. Los Burke le

_____[3] (decir) que _____[4] (*ellos:* ir) a hacer un viaje a Francia

en mayo. El Sr. Dupont _____[5] (ponerse) muy contento al oír[b] eso y los

_____[6] (invitar) a visitarlo en su casa. Los Burke _____[7] (aceptar)

con mucho gusto y _____[8] (quedar) en[c] llamarlo desde París. El Sr. Dupont les

_____[9] (prometer) que los _____[10] (ir) a llevar a los mejores

restaurantes de la región.

Después de esquiar una semana, todos _____[11] (volver) juntos a Los Ángeles y

los Burke _____[12] (llevar) a su nuevo amigo al aeropuerto. _____[13]

(*Ellos:* Despedirse) y _____[14] (prometer) verse pronto en Europa.

[a]por... *at that time* [b]al... *upon hearing* [c]quedar... *to agree to*

B. Entrevista. You will hear a series of questions. Each will be said twice. Answer, based on your own experience. Pause and write the answers (on a separate sheet of paper).

❖Mi diario

Antes de escribir en su diario, lea la siguiente nota curiosa sobre un invento muy popular.

La invención del teléfono por Alexander Graham Bell en 1876 ciertamente ha cambiado[a] la rapidez de las comunicaciones en todo el mundo, pero se dice que el inventor mismo[b], hasta el día de su muerte en 1922, no permitió tener un teléfono dentro de su oficina porque lo consideraba una distracción. «Cuando estoy pensando, no quiero que me molesten por ninguna razón. Los mensajes pueden esperar; las ideas no.»

[a]ha... *has changed* [b]*himself*

¿Qué cree Ud.? ¿El teléfono interrumpe o facilita (*interrupts or facilitates*) el proceso creativo? ¿Y los demás aparatos «modernos»? Piense en todos los aparatos que usa Ud. y haga una lista de ellos.

Palabras útiles: la computadora (portátil), el fax, la lavadora, el lavaplatos, el secador de pelo (*hair dryer*), la secadora

Ahora escriba en su diario cuáles son los aparatos más importantes para Ud. y diga por qué. Explique cómo le afectan la vida.

CONOZCA... el Perú y Chile

A. Conteste las preguntas brevemente.

1. ¿Cuál es la población del Perú? _____

2. ¿Qué idiomas hablan en el Perú? _____

3. ¿Qué importancia tiene el lago Titicaca? _____
   _____

4. ¿Qué comida importante originó en el Perú? _____

5. ¿Por dónde se extendía el imperio de los incas cuando los españoles llegaron en 1532? _____
   _____

6. ¿Cuál era la capital del imperio inca? _____
   _____

7. ¿Qué artes y técnicas eran importantes en el imperio inca? _____
   _____

B. Conteste brevemente las siguientes preguntas.

1. ¿Cuántos habitantes hay en Chile? _____

2. Además del español, ¿qué lenguas se hablan en Chile? _____

3. ¿De dónde viene el nombre de este país? _____

4. ¿Qué forma particular tiene el territorio chileno? _____

5. ¿Qué industrias son importantes en la economía de Chile? _____

PÓNGASE A PRUEBA

■■■A ver si sabe...

A. *Tú* **Commands.** Complete la siguiente tabla.

INFINITIVO	AFIRMATIVO	NEGATIVO	INFINITIVO	AFIRMATIVO	NEGATIVO
decir		no digas	**salir**		no
escribir	escribe		**ser**		no
hacer		no	**tener**	ten	no
ir		no	**trabajar**		no trabajes

B. Present Subjunctive: An Introduction

1. Escriba el modo subjuntivo para la tercera persona singular (él/ella) de los siguientes verbos.

a. buscar: que _____   e. estudiar: que _____   i. saber: que _____

b. dar: que _____   f. ir: que _____   j. ser: que _____

c. escribir: que _____   g. oír: que _____   k. traer: que _____

d. estar: que _____   h. poder: que _____   l. vivir: que _____

2. Complete la siguiente tabla.

comenzar	que yo	que nosotros
dormir	que yo duerma	que nosotros
perder	que yo	que nosotros perdamos
sentirse	que yo me	que nosotros nos

C. Use of the Subjunctive: Influence. Subraye la forma apropiada del verbo.

1. Juan (prefiere / prefiera) que ellos (vienen / vengan) a casa.

2. (Es / Sea) urgente que Ricardo (comience / comienza) a trabajar.

3. El profesor (prohíba / prohíbe) que (entramos / entremos) tarde.

4. Mis padres (insisten / insistan) en que sus amigos (se quedan / se queden) a comer.

5. (Sea / Es) mejor que tú (traes / traigas) el vino.

■■■ Prueba corta

A. Pídale a su compañero/a de cuarto que haga las cosas indicadas usando el verbo entre paréntesis. Use mandatos informales.

1. _____ (Venir) a mirar este programa.

2. No _____ (apagar: *to turn off*) la computadora; necesito trabajar más tarde.

3. _____ (Llamar) al portero y _____ (decirle) que la luz se nos apagó.

4. No _____ (poner) el televisor ahora; _____ (ponerlo) después.

5. No _____ (preocuparse) por el trabajo; _____ (descansar) un poco.

B. Complete las siguientes oraciones con el infinitivo o con la forma apropiada del subjuntivo del verbo entre paréntesis.

1. Sugiero que _____ (*tú:* buscar) otro modelo con más memoria.

2. Todos queremos _____ (comprar) una computadora nueva.

3. Un amigo recomienda que _____ (*nosotros:* ir) a Compulandia.

4. Insistimos en _____ (hablar) con el director. Es necesario que

   _____ (hablar) primero con él.

5. ¿Es tan importante que tú _____ (saber) navegar la red? Francamente, prefiero

   que no _____ (perder) tu tiempo en eso.

C. Una oficina con problemas. You are the boss of a large office with an unruly staff that is on the verge of a strike. You will hear what they do not want to do. Tell them what you would like them to do, using the written and oral cues.

> MODELO: (*you hear*) No queremos mandar los documentos.   (*you see*) querer →
> (*you say*) Pues, yo quiero que Uds. los manden.

1. recomendar
2. sugerir
3. querer
4. querer
5. mandar

D. Los mandatos de la niñera (*babysitter*)**.** Imagine that you are Tito's babysitter. Tell him what to do or what not to do, using the oral cues. **¡OJO!** You will be using **tú** commands in your sentences.

> MODELO: (*you hear*) sentarse en el sofá →   (*you say*) Tito, siéntate en el sofá.

1. ...   2. ...   3. ...   4. ...   5. ...   6. ...

CAPÍTULO **13**

VOCABULARIO Preparación

■■■Las artes; En el teatro; La expresión artística; La tradición cultural

❖**A. ¿A quién conoce Ud.?** ¿Reconoce Ud. a estos escritores y artistas hispánicos?

		SÍ	NO
1.	Miguel de Cervantes, novelista español	☐	☐
2.	Pablo Neruda, poeta chileno	☐	☐
3.	Antonio Banderas, actor español	☐	☐
4.	Alicia Alonso, bailarina de ballet cubana	☐	☐
5.	Jorge Luis Borges, escritor argentino	☐	☐
6.	José Carreras, tenor español	☐	☐
7.	Pablo Picasso, pintor español	☐	☐
8.	Sandra Cisneros, escritora estadounidense	☐	☐
9.	Celia Cruz, cantante cubana	☐	☐
10.	Pedro Almodóvar, director de cine español	☐	☐

B. ¿Qué hicieron? Empareje el nombre del / de la artista con lo que hizo. Use el pretérito del verbo apropiado.

1. Gabriel García Márquez	escribir	de Dorothy, en *El Mago de Oz*
2. Diego Rivera	hacer el papel (*to play the role*)	óperas italianas
3. Plácido Domingo	pintar	*Cien años de soledad*
4. Robert Rodríguez	cantar	*Desperado*
5. Judy Garland	dirigir	murales

1. _____

2. _____

3. _____

4. _____

5. _____

❖C. **Preguntas personales.** Conteste con oraciones completas.

1. ¿Cuál de las artes mencionadas en este capítulo le interesa más? ¿O le aburren todas las artes?

   _____

2. ¿Le gustan los dramas o prefiere las comedias?

   _____

3. Cuando visita un museo, ¿qué tipo de pintura o escultura le gusta más? ¿La pintura impresionista?

   ¿clásica? ¿contemporánea? ¿surrealista? _____

❖D. **Encuesta.** You will hear a series of questions. Check the appropriate boxes. No answers will be given. The answers you choose should be correct for you!

1. ☐ Sí ☐ No   4. ☐ Sí ☐ No   7. ☐ Sí ☐ No

2. ☐ Sí ☐ No   5. ☐ Sí ☐ No   8. ☐ Sí ☐ No

3. ☐ Sí ☐ No   6. ☐ Sí ☐ No

E. **Identificaciones.** You will hear a series of words. Write the number of each word next to the item the word describes. First, pause and look at the drawings.

F. Definiciones. You will hear a series of definitions. Each will be said twice. Circle the letter of the word that is defined by each.

1. a. el bailarín   b. el cantante
2. a. la arquitecta   b. la aficionada
3. a. el músico   b. la ópera
4. a. la escultora   b. el dramaturgo
5. a. la compositora   b. el guía
6. a. el poeta   b. la escultura

■■■ Ranking Things: Ordinals

A. ¿Sabía Ud. eso? Use el número ordinal indicado para completar las siguientes oraciones.

1. Miguel de Cervantes escribió *Don Quijote de la Mancha*, considerada como la

   _____ (1ª) novela moderna.

2. El estudio de Pablo Picasso estaba en el _____ (4º) piso del edificio.

3. La catedral «La Sagrada Familia» de Antonio Gaudí, en Barcelona, está en su

   _____ (2º) siglo (*century*) de construcción.

4. El rey Carlos _____ (1º) de España fue al mismo tiempo Carlos

   _____ (5º) de Alemania.

5. Francisco de Goya pintó retratos (*portraits*) muy realistas de los reyes Carlos

   _____ (3º) y Carlos _____ (4º) de España.

6. Enrique _____ (8º) de Inglaterra hizo decapitar a sus esposas

   _____ (2ª) y _____ (5ª), Ana Bolena y Catalina Howard,
   respectivamente.

B. Poniendo las cosas en orden

Paso 1. You will hear a series of questions. Each will be said twice. Circle the correct answer.

1. febrero	enero	junio	abril
2. julio	agosto	octubre	diciembre
3. lunes	jueves	sábado	martes
4. Michael Jordan	Rosie O'Donnell	Neil Armstrong	Antonio Banderas

Paso 2. Now pause and write a sentence, using ordinal numbers, about each of the answers you circled. Number four is done for you.

1. _____

2. _____

3. _____

4. <u>La primera persona que caminó en la luna fue Neil Armstrong.</u>

Now resume listening.

A. La letra *x*. The letter **x** is usually pronounced [ks], as in English. Before a consonant, however, it is often pronounced [s]. Repeat the following words, imitating the speaker.

1. [ks]   léxico   sexo   axial   existen   examen
2. [s]   explican   extraordinario   extremo   sexto   extraterrestre

Read the following sentences when you hear the corresponding numbers. Repeat the correct pronunciation.

3. ¿Piensas que existen los extraterrestres?
4. ¡Nos explican que es algo extraordinario!
5. No me gustan las temperaturas extremas.
6. La medicina no es una ciencia exacta.

B. La letra *n*. Before the letters **p, b, v,** and **m**, the letter **n** is pronounced [m]. Before the sounds [k], [g], and [x], **n** is pronounced like the [ng] sound in the English word *sing*. In all other positions, **n** is pronounced as it is in English. Repeat the following words and phrases, imitating the speaker.

1. [m]   convence   un beso   un peso   con Manuel   con Pablo
           en Venezuela
2. [ng]   encontrar   conjugar   son generosos   en Quito   en Granada
           con Juan

Read the following phrases and sentences when you hear the corresponding numbers. Repeat the correct pronunciation.

3. en Perú
4. son jóvenes
5. con Gloria
6. en México
7. En general, sus poemas son buenos.
8. Los museos están en Caracas.

GRAMÁTICA

36. Expressing Feelings • Use of the Subjunctive: Emotion

A. **Comentarios de Miguel Ángel.** Escriba oraciones completas, según el modelo. (Todas tienen que ver con [*have to do with*] la famosa Capilla Sixtina.)

MODELO: es una lástima / no me pagan más → Es una lástima que no me paguen más.

1. me alegro mucho / el papa (*Pope*) me manda más dinero

   _____

2. a los artesanos no les gusta / yo siempre estoy aquí

   _____

3. temo mucho / no podemos terminar esta semana

   _____

4. es mejor / nadie nos visita durante las horas de trabajo

   _____

5. espero / esta es mi obra suprema

   _____

B. **Reacciones personales.** Express your personal reaction to the following statements. Begin your reactions with an appropriate form of one of the verbs or phrases given.

   es una lástima, es increíble, esperar, me sorprende, sentir

MODELO: Vamos a México este verano. → Espero que vayamos a México este verano.

1. Mis amigos no pueden salir conmigo esta noche.

   _____

2. Los boletos para el «show» se han agotado (*have sold out*).

   _____

3. No vas nunca al teatro.

   _____

4. Sabes dónde está el cine.

   _____

5. ¡Las entradas (*tickets*) son tan caras!

   _____

C. **Sentimientos.** React to the following circumstances by completing the sentences according to the cues. Make any necessary changes. Remember that an infinitive phrase is generally used when there is no change of subject.

> MODELOS: Siento: Uds. / no / poder / venir → Siento que Uds. no puedan venir. (*two clauses*)
> Siento: (yo) no / poder / ir → Siento no poder ir. (*infinitive phrase*)

1. Es una lástima: Christina Aguilera / no / cantar / esta noche

   _____

2. Es absurdo: las entradas / costar / tanto dinero

   _____

3. Es increíble: (tú) no / conocer /novelas / Gabriel García Márquez

   _____

4. Sentimos: (nosotros) no / poder / ayudarlos a Uds.

   _____

5. Me molesta: haber / tanto /personas / que / hablar / durante / función (*performance*)

   _____

6. No me sorprende: Julia Roberts / ser / tan / popular

   _____

D. **Una excursión a Ecuador.** Imagínese que sus padres van a regalarle un viaje a Ecuador por su graduación en la universidad. ¿Qué desea ver y hacer en Ecuador? Use **ojalá** y haga todos los cambios necesarios.

> MODELO: (yo) poder / ver / ruinas / inca → Ojalá que pueda ver las ruinas incas.

1. (yo) ver / mi / amigos / en / Quito

   _____

2. (nosotros) ir / juntos / Cuenca

   _____

3. (nosotros) ir / Otavalo / para / ir de compras / en / mercado / artesanías

   _____

4. (yo) encontrar / uno / objeto / bonito / artesanía / para / mi / padres

   _____

5. (yo) tener / suficiente / tiempo / para visitar / ciudad / Riobamba

   _____

E. Minidiálogo: Diego y Lupe escuchan un grupo de mariachis.
You will hear a dialogue followed by a series of statements. Circle the letter of the person who might have made each statement.

Here is the dialogue. It will be read only once. Go back and listen again, if necessary.

Here are the statements. Each will be said twice.

1. a. Lupe   b. Diego
2. a. Lupe   b. Diego
3. a. Lupe   b. Diego
4. a. Lupe   b. Diego

F. El día de la función. Tell how the following people feel using the oral and written cues.

MODELO: (*you hear*) el director   (*you see*) temer que / los actores / olvidar sus líneas →
(*you say*) El director teme que los actores olviden sus líneas.

1. esperar que / los actores / no enfermarse
2. temer que / la actriz / estar muy nerviosa
3. temer que / los otros actores / no llegar a tiempo
4. esperar que / la obra / ser buena
5. tener miedo de que / la obra / ser muy larga

G. Descripción: Esperanzas (*Hopes*) **y temores** (*fears*). You will hear two questions about each drawing. Answer, based on the drawings and the written cues.

1. sacar (*to get*) malas notas (*grades*) / sacar una «A»

2. funcionar su computadora / no funcionar su computadora

3. haber regalos para él / no haber nada para él

37. Expressing Uncertainty • Use of the Subjunctive: Doubt and Denial

A. ¿Lo cree o lo duda Ud.? Vuelva a escribir las oraciones de la derecha, combinándolas con las frases de la izquierda. **¡OJO!** No todas las oraciones requieren el subjuntivo.

1. Dudo que...   A mis amigos les encanta el jazz.

   _____

2. Creo que...   El museo está abierto los domingos.

   _____

3. No estoy seguro/a de que...   Todos los niños tienen talento artístico.

   _____

4. No es cierto que...   Mi profesora va a los museos todas las semanas.

   _____

5. No creo que...   Mi profesor siempre expresa su opinión personal.

   _____

B. En una librería. Imagínese que Ud. y un amigo están buscando libros en una librería en México. Escriba sus comentarios, según el modelo. Empiece sus comentarios con una de las siguientes expresiones.

MODELO: Esta librería tiene las obras completas de Shakespeare. →
         Dudo que esta librería *tenga* las obras completas de Shakespeare.

(No) Es verdad que...	Es imposible que...	Es probable que...
(No) Creo que...	Dudo que...	(No) Estoy seguro/a de que...

1. A mi profesor le gusta este autor.

   _____

2. Este libro tiene magníficas fotos de las ruinas incaicas.

   _____

3. Las novelas de García Márquez se venden aquí.

   _____

4. Esta es la primera edición de esta novela.

   _____

5. No aceptan tarjetas de crédito en esta librería.

   _____

6. Hay mejores precios en otra librería.

   _____

C. En el Museo del Prado. Haga oraciones completas, según las indicaciones. Añada (*Add*) palabras cuando sea necesario.

1. creo que / hoy / (nosotros) ir / visitar / Museo del Prado

   _____

2. es probable que / (nosotros) llegar / temprano

   _____

3. estoy seguro/a de que / hay / precios especiales para estudiantes

   _____

4. es probable que / (nosotros) tener que / dejar / nuestro / mochilas / en / entrada del museo

   _____

5. dudo que / (nosotros) poder / ver / todo / obras / de Velázquez

   _____

6. creo que / los vigilantes (*guards*) / ir / prohibir / que / (nosotros) sacar / fotos

   _____

7. ¿es posible que / (nosotros) volver / visitar / museo / mañana?

   _____

D. ¿Cierto o falso?

❖**Paso 1. Encuesta.** You will hear a series of statements about your likes and dislikes. Tell whether each statement is true or false. Answer, based on your own experience. No answers will be given. The answers you give should be correct for you!

1. ☐ No es cierto que me encante.   ☐ Es cierto que me encanta.
2. ☐ No es cierto que lo tenga.   ☐ Es cierto que lo tengo.
3. ☐ No es cierto que lo prefiera.   ☐ Es cierto que lo prefiero.
4. ☐ No es cierto que conozca a uno.   ☐ Es cierto que conozco a uno.
5. ☐ No es cierto que sea aficionado/a.   ☐ Es cierto que soy aficionado/a.

❖**Paso 2. Para completar.** Now pause and complete the following sentences based on your own preferences.

1. Es cierto que me encanta(n) _____.
2. No es cierto que me encante(n) _____.
3. Es cierto que tengo _____.
4. No es cierto que tenga _____.
5. Es cierto que soy aficionado/a al / a la _____.
6. No es cierto que sea aficionado/a al / a la _____.

Now resume listening.

E. **¿Qué piensa Ud.?** Imagine that your friend Josefina has made a series of statements. Respond to each, using the written cues. You will hear each one twice. **¡OJO!** You will have to use the indicative in some cases.

> MODELO: (*you hear*) Anita va al teatro esta noche.   (*you see*) No creo que… →
> (*you say*) No creo que Anita vaya al teatro esta noche.

1. No creo que…
2. Dudo que…
3. Es imposible que…
4. Es verdad que…
5. Estoy seguro/a de que…

F. **Observaciones.** You will hear a series of statements about the following drawings. Each will be said twice. React to each statement, according to the model. Begin each answer with **Es verdad que…** or **No es verdad que…**

> MODELO: (*you hear*) Amalia tiene un auto nuevo. →
> (*you say*) No es verdad que Amalia tenga un auto nuevo.

1.

2.

3.

4.

5.

UN POCO DE TODO | (Para entregar)

A. ¡Problemas y más problemas! Los Sres. Castillo son muy conservadores y a veces no están de acuerdo con lo que hacen sus hijos Carlitos, Jaime y Luisa. Exprese esto, según el modelo.

MODELO: Jaime fuma delante de ellos. → No les gusta que *fume* delante de ellos.

1. Luisa desea estudiar para ser doctora.

   Les sorprende que _____.

2. Jaime y Luisa vuelven tarde de las fiestas.

   No les gusta que _____.

3. Carlitos juega en la calle con sus amigos.

   Le prohíben a Carlitos que _____.

4. Jaime va de viaje con su novia y otros amigos.

   No les agrada que _____.

5. Luisa busca un apartamento con otra amiga.

   Les molesta que _____.

6. Carlitos quiere ser músico.

   Temen que _____.

7. Los amigos de sus hijos son una influencia positiva.

   Dudan que _____.

❖**B. En un museo.** You will hear a dialogue in which a museum guide explains Pablo Picasso's famous painting, *Guernica*, to some visitors. You will also hear two of the visitors' reactions to the painting. Then you will hear a series of statements. Circle **C, F,** or **ND (no lo dice).**

Here is the dialogue. The guide speaks first.

1. **C F ND** 2. **C F ND** 3. **C F ND** 4. **C F ND**

❖¡Repasemos!

A. Hablando de aprender francés. Form complete sentences, using the words provided in the order given. Make any necessary changes, and add other words when necessary. *Note:* //signifies to start a new sentence.

1. si / (tú) querer / aprender / hablar / francés, / (tú) deber / practicar más

   _____

   _____

2. profesor / dudar / que / (nosotros) poder / hablar bien / antes / terminar / tercero / año

   _____

   _____

3. profesor Larousse / insistir (*pres.*) / que / (nosotros) empezar / estudiar más / / (yo) tener / ir / laboratorio / todo / días

   _____

   _____

4. ¿es cierto / que / (tú) pensar / tomar / quinto / semestre / francés?

   _____

5. ¡ahora / (yo) querer / olvidarse / de / estudios y / de / universidad!

   _____

B. La antropología y la cultura

Lea la inscripción que se encuentra en la entrada del Museo de Antropología de la Ciudad de México. Luego complete las oraciones que siguen.

> El hombre creador[a] de la cultura ha dejado[b] sus huellas[c] en todos los lugares por donde ha pasado[d]. La antropología, ciencia del hombre que investiga e interpreta esas huellas... nos enseña la evolución biológica del hombre, sus características y su lucha por el dominio de la naturaleza[e]. Las cuatro ramas[f] de esa ciencia única —antropología física, lingüística, arqueología y etnología— nos dicen que... todos los hombres tienen la misma capacidad para enfrentarse a[g] la naturaleza, que todas las razas son iguales, que todas las culturas son respetables y que todos los pueblos[h] pueden vivir en paz.
>
> [a]*creator* [b]*ha... has left* [c]*traces* [d]*ha... he has passed* [e]*nature* [f]*branches* [g]*enfrentarse... confront* [h]*peoples*

Según esta inscripción...

1. el antropólogo investiga e _____ la cultura del hombre.

2. todos los hombres tienen _____ para enfrentarse a la naturaleza.

3. todas las razas son _____.

4. todas las culturas son _____.

5. todos los pueblos pueden _____.

C. Entrevista. You will hear a series of questions. Each will be said twice. Answer, based on your own experience. Pause and write the answers (on a separate sheet of paper).

❖Mi diario

Describa una experiencia cultural que Ud. tuvo. Por ejemplo, una visita a un museo, una galería de arte, un teatro o incluso (*even*) un recital de poesía o un concierto de música. Mencione dónde y cuándo fue, qué vio u oyó y cómo le afectó. Al final, mencione si le gustaría (o no) repetir esa experiencia, y por qué.

CONOZCA... Bolivia y el Ecuador

A. Llene los espacios en blanco con la información apropiada.

	EL ECUADOR	BOLIVIA
1. capital	＿＿＿＿＿＿＿＿＿＿＿	＿＿＿＿＿＿＿＿＿＿＿
2. población	＿＿＿＿＿＿＿＿＿＿＿	＿＿＿＿＿＿＿＿＿＿＿
3. moneda	＿＿＿＿＿＿＿＿＿＿＿	＿＿＿＿＿＿＿＿＿＿＿
4. idiomas	＿＿＿＿＿＿＿＿＿＿＿	＿＿＿＿＿＿＿＿＿＿＿

B. Conteste brevemente las siguientes preguntas.

1. ¿De qué imperio formó parte Bolivia? ＿＿＿＿＿＿＿＿＿＿＿＿＿＿＿＿＿＿＿＿＿＿

2. ¿Qué porcentaje de los bolivianos es de origen indio? ＿＿＿＿＿＿＿＿＿＿＿＿＿＿

3. ¿De qué héroe de la independencia proviene (*comes*) el nombre de la república boliviana?

＿＿＿＿＿＿＿＿＿＿＿＿＿＿＿＿＿＿＿＿＿＿＿＿＿＿＿＿＿＿＿＿＿＿＿＿＿＿＿

4. ¿A qué país pertenecen las Islas Galápagos? ＿＿＿＿＿＿＿＿＿＿＿＿＿＿＿＿＿＿

5. ¿En qué año fueron descubiertas esas islas? ＿＿＿＿＿＿＿＿＿＿＿＿＿＿＿＿＿＿

6. ¿Qué pintor nos da un testimonio de la vida de los indios y los pobres de su país? ＿＿＿＿＿

＿＿＿＿＿＿＿＿＿＿＿＿＿＿＿＿＿＿＿＿＿＿＿＿＿＿＿＿＿＿＿＿＿＿＿＿＿＿＿

PÓNGASE A PRUEBA

■■■A ver si sabe...

A. Use of the Subjunctive: Emotion. Cambie los infinitivos a la forma apropiada del subjuntivo.

1. Espero que _____ (*tú:* llegar) temprano.

2. Me alegro de que Uds. _____ (estar) aquí.

3. Es extraño que nosotros no _____ (ver) a nadie.

4. Esperamos que Uds. _____ (poder) descansar luego.

5. Ojalá que nosotros _____ (salir) a tiempo.

6. Ojalá que los chicos no _____ (aburrirse) en el concierto.

B. Use of the Subjunctive: Doubt and Denial. Escriba la forma apropiada del verbo: presente de indicativo o de subjuntivo.

1. Dudo que la obra _____ (ser) de Rivera.

2. Creo que _____ (ser) de Siqueiros.

3. No creo que _____ (*tú:* saber) apreciar el arte moderno.

4. ¿Cómo es posible que a la gente le _____ (gustar) este tipo de arte?

5. Es verdad que muchos _____ (decir) que el arte moderno es incomprensible, pero a mí me gusta.

■■■Prueba corta

A. Escriba oraciones completas según las indicaciones. Haga todos los cambios necesarios. *Note:* //signifies to begin a new sentence.

1. Me alegro: Uds. / ir / con nosotros / al concierto

   _____

2. Es una lástima: Juan /no poder / acompañarnos

   _____

3. Es probable: Julia / no / llegar / a tiempo / / acabar / llamar / para decir / que / tener / trabajar

   _____

   _____

4. Ojalá: (tú) conseguir / butacas (*seats*) / cerca / orquesta

   _____

5. Es cierto: Ceci y Joaquín / no / ir / sentarse / con nosotros

_____

6. Me sorprende: otro / músicos / no estar / aquí / todavía

_____

7. Es extraño: nadie / saber / quién / ser / nuevo / director (*conductor*)

_____

B. Los números ordinales. Escriba la forma apropiada del número ordinal indicado.

1. el _____ (*third*) hombre   4. el _____ (*seventh*) día

2. la _____ (*first*) vez   5. el _____ (*fifth*) grado

3. su _____ (*second*) novela

C. Apuntes. You will hear a brief paragraph that tells about a new museum that is opening soon. Listen carefully and, while listening, write the information requested. Write all numbers as numerals. First, listen to the requested information. (Check your answers in the Appendix.)

El nombre del museo: _____

El tipo de arte que se va a exhibir: _____

La fecha en que se va a abrir el museo: _____

El nombre del director del museo: _____

La hora de la recepción: _____

¿Es necesario hacer reservaciones? _____

¿Va a ser posible hablar con algunos de los artistas? _____

Here is the passage. It will be read only once. Go back and listen again, if necessary. As you listen, try not to be distracted by unfamiliar vocabulary. Concentrate instead on what you *do* know and understand.

D. Cosas de todos los días: Se buscan bailarines (*dancers*). Practice talking about dance director Joaquín Cortés's search for new dancers for his dance troupe, using the written cues. When you hear the corresponding number, form sentences using the words provided in the order given, making any necessary changes or additions. **¡OJO!** You will need to make changes to adjectives and add articles, if appropriate.

MODELO: (*you see*) 1. Joaquín / insistir en / que / bailarines / tener / mucho / experiencia
(*you hear*) uno →
(*you say*) Joaquín *insiste* en que *los* bailarines *tengan mucha* experiencia.

2. él / querer / que / bailarines / ser / atlético
3. también / ser/ necesario / que / (ellos) saber / cantar / música / flamenco
4. es cierto / que / Joaquín / ser / muy / exigente
5. Joaquín / temer / que / no / poder / encontrarlos / pronto
6. ¡ojalá / que / bailarines / desempeñar (*perform*) / bien / papeles (*roles*)!

CAPÍTULO **14**

VOCABULARIO Preparación

■■■La naturaleza y el medio ambiente

A. El reciclaje. Lea el siguiente anuncio público y conteste las preguntas.

Palabras útiles: aparecer (*to appear*), el aporte (la contribución), impresas (*printed*), perdurar (*to last a long time*)

1. ¿Cuánto papel de periódicos fue reciclado en los Estados Unidos el año pasado?

_____

_____

2. Según este anuncio, ¿cómo podemos contribuir a la preservación del medio ambiente?

ESTAMOS INTERESADOS EN LAS NOTICIAS DE AYER.

Las noticias aparecen un día y desaparecen al siguiente. Pero el papel en que están impresas puede y debe perdurar.

El año pasado más de la tercera parte del papel de periódicos de los E.U. fue reciclado. Y esa proporción aumenta cada día.

Reciclar es la única forma de hacer nuestro aporte a la conservación del medio ambiente.

Lea y recicle.

_____

_____

❖¿Y Ud.? ¿Recicla sus periódicos, botellas y latas de aluminio?

_____

B. ¿La ciudad o el campo? A Guillermo le parece que la vida en la ciudad causa muchos problemas. Por eso se ha mudado (*he has moved*) al campo. Para él es un lugar casi ideal. Complete las opiniones de Guillermo con la forma apropiada de las palabras de la lista.

1. A mí me gusta el campo. Aquí en mi finca el aire es más

_____ y la naturaleza más _____.

2. El gran número de personas, de coches y de _____

en los centros urbanos contamina el _____.

3. Prefiero el _____ de vida más tranquilo del campo a la vida agitada de la ciudad.

bello
desarrollar
destruir
escasez
fábrica
medio ambiente
población
proteger
puro
ritmo
transporte

4. La _____ de viviendas adecuadas para los pobres es un problema serio en las

   ciudades. Casi siempre hay más delitos en los barrios de _____ densa.

5. Los _____ públicos en la ciudad no son muy buenos; los trenes llegan atrasados
   y se necesitan más autobuses.

6. Cada año en la ciudad se _____ edificios históricos para construir más
   rascacielos.

7. Es importante que cada generación _____ los recursos naturales para que no se

   acaben. Al mismo tiempo es necesario buscar y _____ nuevos métodos de
   energía.

C. Identificaciones. You will hear a series of words or phrases. Each will be said twice. Write the
number of each phrase next to the appropriate drawing. **¡OJO!** There is an extra drawing.

a. _____   b. _____   c. _____

d. _____   e. _____   f. _____

D. Gustos y preferencias. You will hear descriptions of two people, Nicolás and Susana. Then you will
hear a series of statements. Write the number of each statement next to the name of the person who
might have made it.

Nicolás: _____   Susana: _____

■■■Los coches

A. Necesito un servicio completo. Tell the attendant to perform the necessary service on the indicated parts of your car. Refer to the two lists if necessary.

arreglar	aceite
cambiar	batería
lavar	coche
limpiar	frenos
llenar	llanta
revisar	parabrisas
	tanque

MODELO: 1. Lave el coche, por favor.

2. _____

3. _____

4. _____

5. _____

6. _____

7. _____

B. Consejos. Déle consejos a un amigo que acaba de recibir su licencia de manejar. Llene los espacios con la forma apropiada de las palabras de la lista.

1. Es muy peligroso _____ si los frenos no _____

    bien porque es difícil _____ el coche.

2. Si necesitas un buen taller, tienes que _____ a la izquierda y

    luego _____ todo derecho hasta llegar a la gasolinera Yáñez. Allí
    los mecánicos son honrados y atentos.

3. Es mejor comprar un coche pequeño; es más económico porque

    _____ poca gasolina.

4. Se prohíbe _____ el coche en esta calle durante las horas de
    trabajo.

5. No manejes sin _____ porque es ilegal.

6. Si la batería no está cargada (*charged*), tu coche no va a _____.

7. ¡Cuidado! Si _____ en el lado izquierdo de la

    _____, vas a _____ con alguien.

arrancar
autopista
carretera
chocar
circulación
conducir
doblar
estacionar
funcionar
gastar
licencia
manejar
parar
seguir
semáforo

8. Debes ir por la Segunda Avenida; allí la _____ es más rápida y no

   hay tantos _____ para controlar el tráfico.

9. En muchas _____ la velocidad máxima es ahora de 70 millas por
   hora. No debes manejar más rápido.

C. **Definiciones: Hablando de coches.** You will hear a series of statements. Each will be said twice. Circle the letter of the word that is best defined by each.

1. a. la batería   b. la gasolina   c. la licencia
2. a. la licencia   b. el camino   c. el taller
3. a. el parabrisas   b. los frenos   c. el semáforo
4. a. la esquina   b. la carretera   c. la llanta
5. a. el accidente   b. el aceite   c. el taller

PRONUNCIACIÓN Y ORTOGRAFÍA   More Cognate Practice

A. **Repeticiones.** You were introduced to cognates in the **Ante todo** sections of *Puntos en breve*. As you know, English and Spanish cognates do not always share the same pronunciation or spelling. Listen to the following pairs of cognates, paying close attention to the differences in spelling and pronunciation.

   chemical / químico   affirm / afirmar   national / nacional

Read the following cognates when you hear the corresponding number. Remember to repeat the correct pronunciation.

1. correcto   5. físico
2. anual   6. teléfono
3. teoría   7. patético
4. alianza   8. intención

B. **Dictado.** You will hear the following words. Each will be said twice. Listen carefully and write the missing letters.

1. ____os____ato   5. o____osición

2. a____ención   6. ____otogra____ía

3. a____oníaco   7. co____e_____ión

4. ____eología   8. ar_____itecta

GRAMÁTICA

38. Más descripciones • Past Participle Used as an Adjective

A. Problemas del medio ambiente. ¿Cuánto sabe Ud. de los problemas del medio ambiente?

	C	F
1. El agua de muchos ríos está contaminada.	☐	☐
2. La capa de ozono está completamente destruida.	☐	☐
3. Hay algunas especies de pájaros que no están protegidas.	☐	☐
4. El agujero (*hole*) de ozono sobre el Polo Sur está creciendo (*growing*).	☐	☐
5. Los problemas para proteger los recursos naturales ya están resueltos.	☐	☐

B. Los participios pasados. Escriba el participio pasado.

1. preparar _____
2. salir _____
3. correr _____
4. abrir _____
5. romper _____
6. decir _____
7. poner _____
8. morir _____
9. ver _____
10. volver _____

C. Preparativos para una fiesta. Imagínese que Ud. va a dar una fiesta esta noche.

MODELO: planes / hacer → Los planes están hechos.

1. invitaciones / escribir _____
2. comida / preparar _____
3. muebles / sacudir _____
4. mesa / poner _____
5. limpieza (*cleaning*) / hacer _____
6. puerta / abrir _____
7. ¡yo / morir de cansancio (*dead tired*)! _____

D. Descripción. Which picture is best described by the sentences you hear? You will hear each sentence twice.

Vocabulario útil: colgar   *to hang up*
                       enchufar   *to plug in*

1. a.

   b.

2. a.

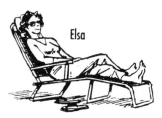

   b.

3. a.

   b.

4. a.

   b.

5. a.

   b.

6. a.    b.

 E. Definiciones. You will hear a series of definitions. Each will be said twice. Circle the answer that best matches each definition. **¡OJO!** There may be more than one answer for some items.

1. a. el agua   b. el aire   c. la batería
2. a. Stephen King b. Descartes   c. Tom Clancy
3. a. la mano   b. los ojos   c. la ventana
4. a. el papel   b. el pie   c. la computadora

F. Consecuencias lógicas. You will hear a series of sentences that describe actions. Respond to each sentence, telling the probable outcome of the action.

MODELO: (*you hear*) Escribí la composición. → (*you say*) Ahora la composición está escrita.

1. ...   2. ...   3. ...   4. ...   5. ...

39. ¿Qué has hecho? • Perfect Forms: Present Perfect Indicative and Present Perfect Subjunctive

A. ¿Qué han hecho? ¿Qué han hecho estas personas para ser famosas? Siga el modelo.

MODELO: David Letterman (ser) → *ha sido* comediante por muchos años.

1. Stephen King _____ (escribir) muchos libros de horror.

2. Katie Couric _____ (dar) las noticias desde 1991.

3. Óscar de la Hoya _____ (ganar) varias peleas (*fights*).

4. Ellen Degeneres _____ (decir) muchas cosas divertidas.

5. Bill Gates _____ (hacerse: [*to become*]) rico vendiendo programas para computadoras.

B. ¿Qué has hecho últimamente? Write the questions you would use to ask a friend if he or she has done any of the following things lately (**últimamente**).

MODELO: ir al cine → *¿Has ido al cine últimamente?*

1. tener un accidente

_____

2. acostarte tarde

_____

3. hacer un viaje a México

_____

4. ver una buena película

_____

C. **Las sugerencias de Raúl.** Imagine que Tina lo/la llama a Ud. por teléfono para decirle lo que su amigo Raúl quiere que Ud. haga. Use complementos pronominales cuando sea posible. Siga el modelo.

MODELO: (arreglar el coche) → TINA: Raúl quiere que arregles el coche.
UD.: Ya lo he arreglado.

1. (ir al centro) TINA: _____

UD.: _____

2. (hacer las compras) TINA: _____

UD.: _____

3. (abrir las ventanas) TINA: _____

UD.: _____

4. (darle la dirección de Bernardo) TINA: _____

UD.: _____

D. **Las noticias.** When your friend tells you the latest news, respond with an appropriate comment, using the cues provided. Use the present perfect subjunctive of the verbs in italics. Use object pronouns to avoid unnecessary repetition.

1. Por fin *arreglaron* la autopista 91. (Dudo que) _____

_____

2. *Construyeron* otro rascacielos en el centro. (Es increíble) _____

_____

3. *Plantaron* veinte árboles en el parque. (Es bueno) _____

_____

4. Nuestros mejores amigos *se fueron* a vivir al campo. (Es una lástima) _____

_____

5. Su esposa *consiguió* un buen trabajo. (Me alegro) _____

_____

❖E. **¿Y Ud.?** Ahora escriba las tres cosas más interesantes que Ud. ha hecho en su vida. Use el presente perfecto de indicativo.

1. _____

2. _____

3. _____

F. Antes de 2005. ¿Qué cosas había hecho —o *no* había hecho— Ud. antes de 2005? Dé oraciones nuevas según las indicaciones.

> MODELO: (nunca) pensar en… →
> Antes de 2005 (nunca) había pensado seriamente en el futuro.

1. (nunca) tener _____

_____

2. (nunca) aprender a _____

_____

3. (nunca) escribir _____

_____

4. (nunca) hacer un viaje a _____

_____

5. (nunca) estar en _____

_____

G. ¿Qué ha pasado ya? You will hear a series of sentences. Each will be said twice. Circle the letter of the subject of the verb in each sentence.

1. a. yo   b. ella
2. a. él   b. nosotros
3. a. nosotros   b. tú

4. a. nosotros   b. yo
5. a. ellos   b. él

H. ¿Qué hemos hecho hoy? Form new sentences, using the oral and written cues. Use the present perfect indicative of the verbs.

1. despertarse
2. hacer las camas
3. vestirse

4. desayunar
5. salir para la oficina
6. llevar el auto a la gasolinera

I. ¿Te puedo ayudar? Imagine that you have a lot to do before a dinner party, and your friend Ernesto wants to know if he can help. You appreciate his offer, but you have already done the things he asks about. You will hear each of his questions twice. Answer them according to the model.

> MODELO: (*you hear*) ¿Quieres que llame a los Sres. Moreno? →
> (*you say*) No, gracias, ya los he llamado.

1. …   2. …   3. …   4. …   5. …

J. Un caso de contaminación ambiental. Imagine that a case of environmental pollution was discovered earlier this year in your community. Using the oral and written cues, form sentences that express what the residents have said about the incident. Follow the model.

> MODELO: (*you see*) ya estudiar el problema   (*you hear*) es probable →
> (*you say*) Es probable que ya hayan estudiado el problema.

1. todavía no avisar (*to notify*) a todos los habitantes de la ciudad
2. ya consultar con los expertos
3. encontrar la solución todavía
4. proteger los animales de la zona

UN POCO DE TODO (Para entregar)

A. **Una artista preocupada por el medio ambiente.** Complete la siguiente selección con la forma apropiada de las palabras entre paréntesis.

No sólo los científicos sino[a] también los artistas están _____[1] (preocupar) por los

_____[2] (diverso) aspectos del medio ambiente en Latinoamérica.

   La pintora _____[3] (puertorriqueño) Betsy Padín muestra _____[4]

(este) preocupación en sus cuadros. En una entrevista _____[5] (hacer) en San Juan,

Puerto Rico, nos ha _____[6] (decir) que ella ha _____[7] (pintar) una

serie[b] de cuadros sobre las urbanizaciones puertorriqueñas actuales.

   En estos cuadros, Padín ha _____[8] (incluir) imágenes de edificios

_____[9] (construir) con bloques de cemento, edificios que ella llama «ruinas del

futuro». Ella se ha _____[10] (inspirar) en sus visitas a las ruinas mayas e incaicas.

   También, motivada por su preocupación por el medio ambiente, ha _____[11]

(tratar) de preservar en sus pinturas los campos _____[12] (verde), los árboles

retorcidos[c] y las costas solitarias _____[13] (cubrir) de enormes rocas.

[a]*but*   [b]*series*   [c]*twisted*

B. **¿Qué han hecho estas personas?** Use los verbos indicados para describir la situación que se presenta en cada dibujo. En la oración **a** use el presente perfecto de indicativo, y en la oración **b** comente Ud. la situación, usando el presente perfecto de indicativo o de subjuntivo, según el significado.

> MODELO: a. comer
> b. probable / tener hambre →
> a. El niño ha comido mucho.
> b. Es probable que haya tenido mucha hambre.

1.
2.
3.

a. escribirle / novio
b. posible / no verlo / mucho tiempo

a. volver / de un viaje
b. pensar / perder / llave

a. romperse / pierna
b. posible / caerse por / escalera

1. a. _____

   b. _____

2. a. _____

   b. _____

3. a. _____

   b. _____

❖¡Repasemos!

A. Cambie los verbos en cursivas (*italics*) al pasado, usando el pretérito, el imperfecto o el pluscuam-perfecto (*past perfect*). Lea toda la narración antes de empezar a escribir. La primera oración ya se ha hecho.

Durante la Segunda Guerra Mundial, Marcelo *es*[1] estudiante interno[a] en Bélgica[b]. Cuando *se anuncia*[2] que los alemanes *han cruzado*[3] la frontera, él y dieciséis otros jóvenes *se escapan*[4] en bicicleta en dirección a Francia. *Viajan*[5] principalmente de noche y por fin *llegan*[6] a París, donde él *tiene*[7] que abandonar su bicicleta. En París *toma*[8] un tren para el sur del país, con muchísima otra gente que *ha venido*[9] del norte. Marcelo *pasa*[10] casi tres años en un pueblo pequeño de la costa mediterránea hasta que *puede*[11] regresar a Bélgica, donde *empieza*[12] a buscar a sus padres, que *están*[13] entre los muchos que *han desaparecido*[14] durante la ocupación alemana. Aunque mucha gente *muere*[15] sin dejar rastro[c], él *tiene*[16] la suerte de encontrar vivos a sus padres, quienes *piensan*[17] que Marcelo *ha desaparecido*[18] para siempre.

[a]*boarding*   [b]*Belgium*   [c]*a trace*

1. era _____
2. _____
3. _____
4. _____
5. _____
6. _____

7. _____
8. _____
9. _____
10. _____
11. _____
12. _____

13. _____
14. _____
15. _____
16. _____
17. _____
18. _____

Entrevista. You will hear a series of questions. Each will be said twice. Answer, based on your own experience. Pause and write the answers (on a separate sheet of paper).

❖Mi diario

En este capítulo Ud. ya ha escrito las tres cosas más interesantes que ha hecho en su vida. Ahora describa con detalles una de estas cosas. O, si prefiere, puede describir cualquier (*any*) incidente, bueno o malo, que haya tenido importancia en su vida. Mencione:

- cuándo ocurrió
- dónde estaba Ud.
- con quién(es) estaba
- por qué estaba Ud. allí
- lo que pasó

Incluya todos los detalles interesantes que pueda. Al final, describa las consecuencias que esta experiencia ha tenido en su vida.

CONOZCA... la Argentina

Conteste brevemente las siguientes preguntas.

1. ¿Cuántos habitantes tiene la Argentina? _____

2. ¿Qué idioma se habla en la Argentina? _____

3. ¿Durante qué siglos tuvo lugar la inmigración de muchos europeos a la Argentina? _____
_____

4. ¿Qué porcentaje de la población actual vive en la capital? _____

5. ¿Por qué es muy importante la ciudad de Buenos Aires en la vida de la Argentina? _____
_____

6. ¿A quiénes se les llama «porteños»? _____

7. ¿Qué instrumentos musicales se usan para tocar el tango? _____

8. ¿Qué dos temas contrarios se expresan en el tango? _____

9. ¿Quién ha sido el cantante de tango más famoso de la historia? _____

PÓNGASE A PRUEBA

■■■A ver si sabe...

A. Past Participle Used as an Adjective

1. Escriba el participio pasado de los siguientes verbos.

   a. decir _____   d. poner _____

   b. ir _____   e. volver _____

   c. leer _____   f. ver _____

2. Cambie el infinitivo a la forma apropiada del participio pasado.

   a. las puertas _____ (cerrar)   c. la tarea _____ (hacer)

   b. el libro _____ (abrir)   d. los problemas _____ (resolver)

B. Present Perfect Indicative and Present Perfect Subjunctive. Complete la tabla.

INFINITIVO	PRESENTE PERFECTO (INDICATIVO)	PRESENTE PERFECTO (SUBJUNTIVO)
cantar: yo	he cantado	que
conducir: tú		que hayas conducido
decir: nosotros		que
tener: vosotros		que

C. Past Perfect. Change the verbs from the present perfect indicative to the past perfect indicative.

MODELO: Nos *hemos divertido.* → Nos habíamos divertido.

1. Me *he roto* la pierna.   Me _____ la pierna.

2. *Han contaminado* el agua.   _____ el agua.

3. Luis *ha hecho* investigaciones.   Luis _____ investigaciones.

4. *Hemos descubierto* la verdad.   _____ la verdad.

■■■Prueba corta

A. Escriba la forma adjetival del participio pasado para cada sustantivo.

MODELO: pájaros / proteger → los pájaros protegidos

1. capa de ozono / destruir _____

2. luces / romper _____

3. energía / conservar _____

4. montañas / cubrir de nieve _____

5. flores / morir _____

B. Seleccione la forma verbal apropiada para completar cada oración lógicamente.

1. Dudo que Juan _____ en el campo toda su vida.
   a. vive   b. haya vivido   c. ha vivido

2. Estoy seguro de que _____ este libro con papel reciclado.
   a. hayan hecho   b. han hecho   c. hagan

3. Dicen que ya _____ gran parte de los bosques amazónicos.
   a. han destruido   b. destruían   c. hayan destruido

4. Tú ya _____ tres viajes a Europa este año, ¿verdad?
   a. haces   b. hayas hecho   c. has hecho

5. No. Yo _____ a Europa sólo una vez.
   a. haya ido   b. voy   c. he ido

C. **¿Por qué no... ?** The speaker will ask you why you don't do certain things. Answer her questions, following the model.

> MODELO: (*you hear*) ¿Por qué no resuelves ese problema? →
> (*you say*) Porque ya está resuelto.

1. ...   2. ...   3. ...   4. ...   5. ...

D. **Cosas de todos los días: El medio ambiente.** Practice talking about what has happened recently, using the written cues. When you hear the corresponding number, form sentences using the words provided in the order given, making any necessary changes or additions. **¡OJO!** You will need to make changes to adjectives and add articles, if appropriate.

> MODELO: (*you see*) 1. gobierno / construir / mucho / carreteras / nuevo   (*you hear*) uno →
> (*you say*) El gobierno *ha construido* much*as* carreteras nuev*as*.

2. gobierno / tratar de / proteger / naturaleza
3. gobierno / no / resolver / problema / de / tránsito
4. alguno / compañías / desarrollar / energía / hidráulico
5. otro / compañías / descubrir / petróleo
6. público / no / conservar / energía

CAPÍTULO 15

VOCABULARIO Preparación

■■■■Las relaciones sentimentales

❖**A. El amor y el matrimonio.** ¿Está Ud. de acuerdo con las siguientes ideas sobre el amor, el noviazgo y el matrimonio?

	SÍ	NO
1. Uno puede enamorarse apasionadamente sólo una vez en la vida.	☐	☐
2. Las personas que se casan pierden su libertad.	☐	☐
3. La familia de la novia debe pagar todos los gastos de la boda.	☐	☐
4. Las bodas grandes son una tontería porque cuestan demasiado dinero.	☐	☐
5. La luna de miel es una costumbre anticuada.	☐	☐
6. La suegra siempre es un problema para los nuevos esposos.	☐	☐
7. Cuando una mujer se casa, debe tomar el apellido de su esposo.	☐	☐
8. El hombre debe ser el responsable de los asuntos económicos de la pareja.	☐	☐
9. Si una mujer rompe con su novio, ella debe devolverle (*give him back*) el anillo de compromiso (*engagement ring*).	☐	☐

B. La vida social. Complete las oraciones con las palabras apropiadas del vocabulario.

1. María tiene una _____ con Carlos para ir al cine mañana.

2. La _____ es una ceremonia religiosa o civil en que se casan dos personas.

3. Blanco es el color tradicional para el vestido de la _____.

4. Muchas personas creen que los _____ deben ser largos para evitar problemas

   después del _____.

5. Después de la boda los novios son _____.

6. Una persona que no demuestra cariño (*affection*) no es _____.

7. Un hombre _____ es un hombre que no se ha casado.

8. Cuando una pareja no se _____ bien, debe tratar de solucionar sus problemas

   antes de _____.

9. Entre los novios hay amor; entre los amigos hay _____.

10. En los Estados Unidos, Hawai y las Cataratas del Niágara son dos lugares favoritos para pasar

    la _____.

C. **Una carta confidencial.** Lea la siguiente carta de «Indignada» y la respuesta de la sicóloga María Auxilio. Luego conteste las preguntas.

Querida María Auxilio:

Hace poco, mi novio decidió acabar con nuestro noviazgo y yo tuve que cancelar los planes para la boda, a la cual ya habíamos invitado a muchas personas. Por supuesto, mis padres perdieron una buena cantidad de dinero en contratos con el Country Club, la florista, etcétera. Pero lo peor para mí es que mi ex novio demanda que le devuelva el anillo de compromiso[a] que me dio hace dos años.

Yo se lo devolvería[b] sin protestar, pero mis padres insisten en que el anillo es mío[c], y que me debo quedar con él. En verdad, es un anillo precioso, con un brillante de casi un quilate[d]. ¿Qué me aconseja Ud. que haga?

Indignada

Querida «Indignada»:

Sus padres tienen razón. Legalmente, el anillo es de Ud. Yo también le recomiendo que no se lo devuelva, y si él insiste, le puede decir que Ud. consideraría[e] hacerlo si él le reembolsara[f] a sus padres todos los gastos que ellos hicieron en los preparativos para la boda.

María Auxilio

[a]anillo… *engagement ring*   [b]*would give it back*   [c]*mine*   [d]brillante… *diamond of almost one carat*
[e]*would consider*   [f]*he repaid*

Comprensión

1. ¿Cuándo rompió el novio con «Indignada»?

   _____

2. ¿Qué preparativos habían hecho ya la novia y sus padres?

   _____

   _____

3. ¿Qué pide el novio que haga ahora «Indignada»?

   _____

4. Según doña Auxilio, ¿debe «Indignada» guardar o devolver el anillo?

   _____

5. Según la sicóloga,

   a. legalmente, el anillo es de _____.

   b. el ex novio debe reembolsar a _____ los _____.

❖¿Está Ud. de acuerdo con la recomendación de María Auxilio? Conteste brevemente.

_____

_____

_____

D. Definiciones. You will hear a series of definitions. Each will be said twice. Circle the letter of the word defined. ¡OJO! There is more than one answer for some items.

1. a. la amistad   b. el corazón   c. el amor
2. a. el noviazgo   b. el divorcio   c. una visita al consejero matrimonial
3. a. la luna de miel   b. la cita   c. la pareja
4. a. el noviazgo   b. la boda   c. la cita
5. a. la dueña   b. la consejera   c. la novia

■■■Etapas de la vida

A. Familias de palabras. Complete las oraciones con el sustantivo sugerido por la palabra indicada.

1. Los *jóvenes* sufren de problemas sentimentales durante su _____.

2. Los *adolescentes* pueden causarles muchos dolores de cabeza a sus padres durante la

   _____.

3. El _____ (acto de *nacer*) y la _____ (acto de *morir*) forman el
   círculo de la vida.

4. Durante su _____, el *infante* depende de sus padres para todo.

5. Se cree que una persona *madura* tiene mejor juicio (*judgment*) en la _____ que en
   la juventud.

6. Muchos *viejos* se quejan de dolores y problemas de salud cuando llegan a la

   _____.

7. Es importante que los *niños* tengan una _____ segura.

B. Asociaciones. You will hear a series of phrases. Each will be said twice. Circle the letter of the word that you associate with each.

1. a. la infancia   b. la niñez   c. la adolescencia
2. a. la vejez   b. la juventud   c. el nacimiento
3. a. la madurez   b. la adolescencia   c. la infancia
4. a. la infancia   b. la vejez   c. la juventud

PRONUNCIACIÓN Y ORTOGRAFÍA   More Cognate Practice

A. Amigos falsos. Unlike true cognates, false cognates do not have the same meaning in English as they do in Spanish. Repeat the following words, some of which you have already seen and used actively, paying close attention to their pronunciation and true meaning in Spanish.

la carta (*letter*)
dime (*tell me*)
emocionante (*thrilling*)
asistir (*to attend*)
el pan (*bread*)
el éxito (*success*)
sin (*without*)

el pie (*foot*)
actual (*current, present-day*)
actualmente (*nowadays*)
embarazada (*pregnant*)
el pariente (*relative*)
dice (*he/she says*)
la red (*net*)

B. Un satélite español. You will hear the following paragraphs from an article in a Spanish newspaper. Pay close attention to the pronunciation of the indicated cognates. Then you will practice reading the paragraphs.

El *ministro* de *Transportes* y *Comunicaciones*, Abel Caballero, ha *declarado* que el Gobierno está dando los primeros pasos para la *construcción* de un *satélite* español de *telecomunicaciones* que, de tomarse la *decisión final*, *comenzará* a ser *operativo* el año que viene.

Muchos de los *componentes* del *satélite* tendrían que ser *importados*, pero al menos el treinta y seis por ciento los podría construir la *industria* española.

Now, pause and read the paragraphs. You may also wish to go back and read along with the speaker.

Now resume listening.

GRAMÁTICA

40. *¿Hay alguien que... ? ¿Hay un lugar donde... ?* • Subjunctive after Nonexistent and Indefinite Antecedents

A. En la playa. Mire Ud. la siguiente escena e indique si las declaraciones son ciertas (**C**) o falsas (**F**).

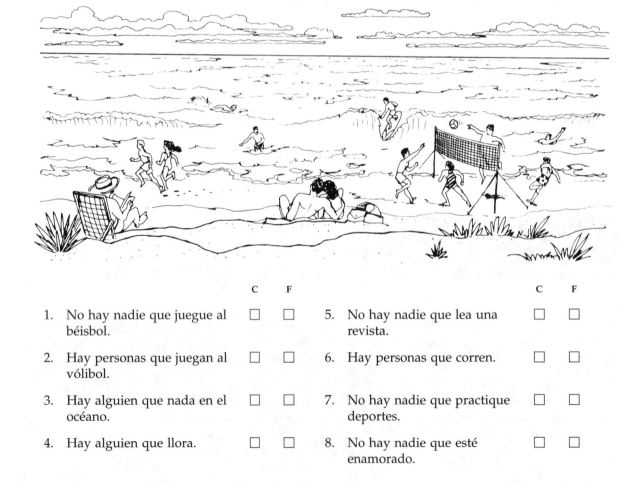

		C	F			C	F
1.	No hay nadie que juegue al béisbol.	☐	☐	5.	No hay nadie que lea una revista.	☐	☐
2.	Hay personas que juegan al vólibol.	☐	☐	6.	Hay personas que corren.	☐	☐
3.	Hay alguien que nada en el océano.	☐	☐	7.	No hay nadie que practique deportes.	☐	☐
4.	Hay alguien que llora.	☐	☐	8.	No hay nadie que esté enamorado.	☐	☐

B. Todos buscan lo que no tienen. Complete las oraciones con la forma apropiada del subjuntivo de los verbos entre paréntesis.

    a. Los Vásquez viven en un apartamento en el centro. Quieren una casa que

        _____[1] (ser) más grande, que _____[2] (estar) en la costa, que

        _____[3] (tener) vista a la playa y que no _____[4] (costar) un

        millón de dólares. Francamente, dudo que la _____[5] (encontrar).

    b. En nuestra oficina necesitamos un secretario que _____[1] (saber) lenguas

        extranjeras, que _____[2] (poder) escribir a máquina más de cincuenta

        palabras por minuto, que no _____[3] (fumar), que no _____[4]

        (pasar) todo el día hablando por teléfono, que _____[5] (llegar) a tiempo, que

        no _____[6] (ponerse) irritado con los clientes y que no _____[7]

        (enfermarse) cada lunes.

    c. No conozco a nadie en esta universidad. Busco amigos que _____[1]

        (practicar) deportes, que _____[2] (jugar) al ajedrez, que

        _____[3] (escuchar) jazz, que _____[4] (hacer) *camping* y a

        quienes les _____[5] (gustar) ir al cine.

C. Situaciones. Complete las oraciones según las indicaciones. Use el subjuntivo o el indicativo, según sea necesario. **¡OJO!** ¡Cuidado con la concordancia (*agreement*) de los adjetivos y con las preposiciones!

    1. Tenemos unos amigos que _____ (vivir / playa), pero no

        conocemos a nadie que _____ (vivir / montañas).

    2. Luisa quiere conocer a alguien que _____ (enseñarle /

        hablar) francés porque tiene un primo francés que _____

        (venir / visitar) a su familia durante el verano.

    3. Elena tiene unos zapatos que _____ (ser / bonito) pero que

        _____ (hacerle) daño a los pies. Por eso está buscando unos que

        _____ (ser / cómodo), que _____ (estar /

        moda) y que _____ (ir bien / falda / rosado). Aquí no ve

        nada que _____ (gustarle).

    4. Aquí no hay ningún apartamento más barato que _____ (*nosotros:*

        poder / alquilar) para el verano, pero en Lake Champlain siempre se encuentran uno o dos

        que _____ (ser / razonable) y que no

        _____ (estar / lejos / centro).

D. Minidiálogo: La persona ideal. You will hear a dialogue followed by a series of statements. Each will be said twice. Circle **C**, **F**, or **ND (no lo dice).**

1. **C F ND**

2. **C F ND**

3. **C F ND**

4. **C F ND**

5. **C F ND**

E. En busca de una nueva casa. Form new sentences, using the oral cues.

1. (*you see and hear*) ¿Qué tipo de casa buscan Uds.? (*you hear*) estar en el campo →
    (*you say*) Buscamos una casa que esté en el campo.

    a. …   b. …   c. …

2. (*you see and hear*) ¿Y cómo quieren Uds. que sean los vecinos? (*you hear*) jugar a las cartas →
    (*you say*) Queremos vecinos que jueguen a las cartas.

    a. …   b. …   c. …

F. Escenas de la vida. You will hear a series of statements. Each will be said twice. Respond to each statement, using the written cues.

MODELO: (*you hear*) Necesitamos un secretario que hable español.
(*you see*) Pues, yo conozco… →
(*you say*) Pues, yo conozco a un secretario que habla español.

1. Yo te puedo recomendar…
2. Lo siento, pero no hay nadie aquí…
3. Pues yo busco…
4. Pues yo también quiero…
5. Ellos van a ofrecerte un puesto…

G. ¿Qué quieren estas personas? You will hear what these people already have. Say what they want, using the written cues. If you prefer, pause and write the answers.

MODELO: (*you see*) es viejo / ser nuevo →
(*you hear*) Arturo tiene un auto que es viejo.
(*you say*) Quiere un auto que sea nuevo.

1. no tiene vista / tener vista

_____

_____

2. es perezoso / ser trabajador

_____

_____

3. es muy grande / ser pequeño

_____

_____

_____

4. hacen mucho ruido / no hacer tanto ruido

_____

_____

_____

41. *Lo hago para que tú...* • Subjunctive after Conjunctions of Contingency and Purpose

A. **De viaje.** Mario y su esposa Elsa van de vacaciones. Vuelva a escribir lo que dicen, reemplazando la frase preposicional por una cláusula con el subjuntivo del verbo indicado.

1. Llama a tus padres *antes de salir.*

   Llama a tus padres *antes de que* (nosotros)

   _____.

2. Cierra las maletas con llave *antes de irte.*

   Cierra las maletas con llave *antes de que*

   (nosotros) _____.

3. Escribe la dirección *para no equivocarte.*

   Escribe la dirección *para que* (nosotros) no

   _____.

4. Vamos al hotel *para descansar.*

   Vamos al hotel *para que* (tú)

   _____.

B. **Los planes de Berti y Carla.** Berti y Carla están haciendo planes para ir a esquiar la semana que viene. Complete lo que dicen, según las indicaciones. **¡OJO!** Fíjese en (*Note*) las conjunciones en letra cursiva que introducen los verbos que siguen.

1. Llama a Eva *en caso de que*

   a. _____ (*ella:* querer) acompañarnos.

   b. no _____ (saber) nuestra dirección.

   c. _____ (estar) en casa.

2. Eva dice que no puede ir con nosotros *a menos que*

   a. _____ (*nosotros:* volver) antes del sábado.

   b. su madre _____ (prestarle) dinero.

   c. ella _____ (conseguir) un par de esquíes.

3. Vamos a salir por la mañana *antes de que*

   a. _____ (llover).

   b. _____ (haber) mucho tráfico.

   c. _____ (empezar) a nevar.

C. **Hablando de ir a la playa.** Complete los comentarios con la preposición o conjunción apropiada de la lista.

   antes de (que), en caso de (que), para (que), sin (que)

1. Vamos a la playa _____ jugar al vólibol.

2. Vamos a salir temprano _____ no tengas que manejar cuando hay mucho tráfico.

3. Todos siempre quieren nadar _____ comer.

4. Vamos a comer _____ sea muy tarde.

5. No salgas _____ llevar bastante dinero.

6. Lleva tu suéter _____ haga frío por la noche.

D. **«¡Antes que te cases, mira lo que haces!»*** Un amigo está hablando de casarse y Ud. le recomienda que haga algunas cosas antes de tomar esa decisión.

> **Palabras útiles:** amarse y llevarse bien, casarse, conocerse, enfermarse o haber una emergencia, tener un buen trabajo

1. No te cases a menos que _____.

2. Debes tener ahorros (*savings*) suficientes en caso de que _____

_____.

3. Debes hacer que las dos familias se reúnan para que los parientes _____

_____.

4. No te preocupes si todos no se llevan bien, con tal de que tú y tu novia _____

_____.

5. Si tienes algún problema, habla con tu novia antes de (que) _____

_____.

E. **Minidiálogo: Antes del viaje.** You will hear a dialogue between Francisco and Araceli about their upcoming trip. Then you will hear a series of statements. Circle **C, F,** or **ND (no lo dice).**

1. **C F ND**   4. **C F ND**

2. **C F ND**   5. **C F ND**

3. **C F ND**

F. **Un viaje.** You will hear the following pairs of sentences. Then you will hear a conjunction. Join each pair of sentences, using the conjunction and *making any necessary changes.*

> MODELO: (*you see and hear*) Hacemos el viaje. No cuesta mucho.   (*you hear*) con tal que →
> (*you say*) Hacemos el viaje con tal que no cueste mucho.

1. Tenemos que salir. Empieza a llover.   3. Pon las maletas en el coche. Podemos salir pronto.
2. No queremos ir. Hace sol.   4. Trae el mapa. Nos perdemos.

G. **¿Quién lo dijo?** When you hear the number, read aloud each of the following statements, giving the present subjunctive form of the verb in parentheses. You will hear the correct answer. Then you will hear the names of two different people. Circle the letter of the person who might have made each statement.

1. a b No les doy los paquetes a los clientes antes de que me (*pagar*).

2. a b Voy a revisar las llantas en caso de que (*necesitar*) aire.

3. a b No compro esa computadora a menos que (*ser*) fácil de manejar.

4. a b Voy a tomarle la temperatura al paciente antes de que lo (*ver*) la doctora.

---

*Popular saying (**dicho**) that is equivalent to "look before you leap."

UN POCO DE TODO (Para entregar)

A. ¡Otra versión de Romeo y Julieta! Complete esta versión nueva de la historia. Use el presente de indicativo o subjuntivo, según sea necesario. Cuando se presenten dos posibilidades, escoja la correcta.

En Sevilla, nadie sabe por qué las familias de Romeo y Julieta no _____[1] (llevarse) bien. En verdad, _____[2] (odiarse) y (por / para) _____[3] eso viven en barrios diferentes, separados por el río Guadalquivir. No hay nadie que no _____[4] (saber) que la mala sangre _____[5] (haber) existido entre las dos familias (por / para) _____[6] mucho tiempo. Las dos familias han _____[7] (hacer) todo lo posible para que sus hijos no _____[8] (conocerse). Desafortunadamente, un día los dos jóvenes _____[9] (encontrarse) en la universidad, se hacen[a] amigos y luego _____[10] (enamorarse) locamente.

Para que sus padres no _____[11] (verlos), ellos _____[12] (encontrarse) en secreto en la biblioteca, en el parque ¡y hasta[b] en la catedral! (Por / Para) _____[13] fin, las familias lo _____[14] (descubrir) todo e insisten en que los novios _____[15] (romper) sus relaciones. El padre de Julieta, enojadísimo, le dice que en caso de que ella no _____[16] (obedecerlo), él la va a sacar de la universidad y la _____[17] (ir) a mandar a vivir con su abuela en las Islas Canarias.

Confrontados con la terrible realidad de sus vidas, los enamorados dejan la universidad antes de que _____[18] (terminarse) el curso y _____[19] (escaparse) a Cancún, (lejos / cerca) _____[20] de la tiranía de sus familias. Cuando los padres descubren lo que _____[21] (haber) hecho, les piden que _____[22] (volver) a Sevilla y les prometen que van a permitirles que se casen con tal que _____[23] (acabar) sus estudios universitarios.

[a]se... *they become* [b]*even*

❖**B. Identificaciones.** You will hear six sentences. Each will be said twice. Write the number of each sentence next to the drawing that is described. **¡OJO!** There are two extra drawings. First, pause and look at the drawings.

a. _____

b. _____

c. _____

d. _____

e. _____

f. _____

g. _____

h. _____

❖ ¡Repasemos!

A. **Otra carta confidencial.** Lea la siguiente carta de «Confundido» y la respuesta de la sicóloga María Auxilio. Luego conteste las preguntas.*

Querida Dra. Auxilio:

    Tengo un problema grave, y espero que Ud. me pueda ayudar. Soy un chico joven y tengo una novia que vive muy lejos de mí. Como[a] vive tan lejos, no nos podemos ver con frecuencia, pero todavía nos escribimos a menudo[b] y nos queremos mucho. Otra chica quiere que yo salga con ella, pero cuando le digo que tengo novia, se ríe y me dice que no le parece que dos personas puedan ser novios de verdad[c] si viven tan lejos la una de la otra. Me dice que yo le gusto y, a decir verdad, ella me gusta a mí también. Es bien[d] guapa e inteligente. Me gustaría salir con ella, pero no quiero traicionar[e] a mi novia. ¿Qué puedo hacer?

Confundido

Querido Confundido:

    Creo que tu problema es algo especial. Mi consejo es que analices tus sentimientos hacia tu enamorada[f] y, si la quieres de verdad, entonces no la traiciones. Pero eso no quiere decir[g] que no puedas salir con amigas y pasarlo bien sanamente[h]. Eres joven y a veces es bueno comparar y no atarte[i] a tus propios sentimientos. Si de verdad no te interesa ninguna otra mujer más que tu novia, entonces recuerda que cuando hay amor todo se supera[j]. Gracias por escribirme y ¡ojalá todo te salga bien!

[a]*Since* [b]*a… frecuentemente* [c]*de… realmente* [d]*muy* [e]*to betray* [f]*hacia… toward the woman you love*
[g]*no… it doesn't mean* [h]*safely* [i]*tie yourself down* [j]*se… can be resolved*

Comprensión

1. ¿Qué espera «Confundido» que haga la Dra. Auxilio?

    _____

2. ¿Cuál es el problema del joven?

    _____

3. ¿Qué dice «la otra chica» de las personas que viven lejos la una de la otra?

    _____

4. ¿Qué no desea hacer «Confundido»?

    _____

5. Complete las siguientes oraciones para dar un resumen de la respuesta de la Dra. Auxilio.

    La Dra. Auxilio le recomienda a «Confundido» que _____[a] sus sentimientos y

    que no _____[b] a su novia si _____[c] de verdad. Pero también le

    dice que _____[d] con la otra chica porque así puede comparar sus sentimientos

    hacia las dos.

---

*Dos estudiantes de cuarto semestre escribieron estas cartas: Keith Olsen y Patricia Castro. Las cartas han sido un poco modificadas.

B. Entrevista. You will hear a series of questions. Each will be said twice. Answer, based on your own experience. Pause and write the answers (on a separate sheet of paper). Write out all numbers as words.

❖Mi diario

Primero describa Ud. cómo era su vida social en la escuela secundaria. (Use el imperfecto de indicativo.) Luego, escriba sobre sus actividades sociales como estudiante universitario. (Use el presente de indicativo o subjuntivo.) Haga referencias a las amistades, noviazgos, diversiones y problemas que tenía/tiene con sus compañeros. Finalmente, haga una comparación entre las dos etapas de su vida social. Puede usar la siguiente lista de palabras útiles.

> **Palabras útiles:** a diferencia de (*unlike*), a pesar de (*in spite of*), en cambio (*on the other hand*), pero, también

CONOZCA... la República Dominicana

Conteste brevemente las siguientes preguntas.

1. ¿Cuál es la capital de la República Dominicana? _____

2. ¿Quién la fundó y en qué año? _____

3. ¿Cuántos habitantes tiene el país? _____

4. ¿Qué idiomas hablan los dominicanos? _____

5. ¿Qué moneda se usa en la República Dominicana? _____

6. ¿A qué país cedió España el tercio occidental de lo que se llamaba La Española? ¿Cómo se

llama esa parte hoy en día? _____

PÓNGASE A PRUEBA

■■■A ver si sabe...

A. Use of Subjunctive after Nonexistent and Indefinite Antecedents. Complete las oraciones con el presente de indicativo o subjuntivo, según sea necesario.

1. Tengo un amigo que _____ (ser) de Bolivia.

2. Busco a alguien que _____ (saber) hablar alemán.

3. Aquí hay alguien que _____ (conocer) al autor.

4. No veo a nadie que _____ (hacer) ejercicio.

5. ¿Hay alguien que _____ (ir) a ir a la librería?

B. Subjunctive after Conjunctions of Contingency and Purpose

Paso 1. Escriba la letra de la conjunción apropiada para completar cada oración.

1. No voy a invitar a Juan, _____ se disculpe.

2. Luis reserva una mesa _____ tú y él cenen juntos.

3. Voy adonde tú quieras, _____ me acompañes.

4. Carmen se viste y se peina _____ llegue su novio.

    a. antes (de) que
    b. con tal (de) que
    c. a menos que
    d. para que

Paso 2. Complete las oraciones con el presente de subjuntivo o el infinitivo del verbo indicado, según sea necesario.

1. Vamos a salir ahora para _____ (poder) llegar a tiempo.

2. Llama a Elena antes de que _____ (*ella:* salir).

3. Lleva dinero extra en caso de que _____ (*tú:* tener) algún problema.

4. No te vayas sin _____ (llamarme) primero.

■■■Prueba corta

A. Complete las oraciones con la forma apropiada del indicativo o del subjuntivo del verbo entre paréntesis, según el contexto.

1. Estoy buscando a alguien que _____ (querer) viajar a Europa este invierno.

2. No conozco a nadie que _____ (ir) de vacaciones en invierno, pero tengo

   varios amigos que siempre _____ (viajar) en verano.

3. Hoy día no hay muchos bebés que _____ (nacer) en casa.

4. Conozco a alguien que _____ (acabar) de tener una boda grande.

5. Algunos muchachos sólo quieren encontrar una novia que _____ (ser) rica y bonita.

B. Complete las oraciones con la forma apropiada del subjuntivo o con el infinitivo, según el contexto.

1. Uds. deben conocerse bien antes de _____ (casarse).

2. Los recién casados tienen que trabajar para que _____ (poder) comprar una casa.

3. En caso de que me _____ (*tú:* necesitar), llámame.

4. No debes salir a menos que _____ (haber) estudiado para el examen.

5. ¡Voy contigo a la ópera con tal que (tú) me _____ (conseguir) una entrada!

6. Por favor, dales dinero antes de que _____ (*ellos:* irse).

C. En busca de los amigos perfectos. Practice talking about ideal friends. When you hear the corresponding number, form sentences using the written cues. Begin each sentence with **Quiero...** Make any necessary changes or additions.

MODELO: (*you see*) 1. amigo / ser / simpático → (*you hear*) uno
(*you say*) Quiero *un* amigo *que sea simpático.*

2. amiga / ser / amable
3. amigos / ser / flexible
4. amigas / vivir / cerca de mí
5. amigo / tener / coche
6. amiga / saber / mucho de computadoras

D. Cosas de todos los días: La boda de Mireya y Alonso. Practice talking about Mireya and Alonso's upcoming wedding, using the written cues. When you hear the corresponding number, form sentences using the words provided in the order given, making any necessary changes or additions. **¡OJO!** You will need to make changes to adjectives and add articles, if appropriate.

MODELO: (*you see*) 1. padre de Mireya / pensar / que / (ellos) no deber / casarse / a menos que / (ellos) / llevarse bien (*you hear*) uno →
(*you say*) *El* padre de Mireya *piensa* que no *deben casarse* a menos que *se lleven* bien.

2. padres de Alonso / pensar / que / (ellos) deber / casarse / con tal que / (ellos) estar / enamorado
3. Mireya / pensar / confirmar / fecha / antes de que / su / padres / mandar / invitaciones
4. padres de Mireya / ir / alquilar / sala / grande / en caso de que / venir / mucho / invitados
5. (ellos) pensar / regalarles / dinero / para que / novios / empezar / ahorrar
6. Mireya y Alonso / ir / pasar / luna de miel / en Cancún / con tal que / poder / encontrar / hotel / barato

CAPÍTULO **16**

VOCABULARIO Preparación

■■■ Profesiones y oficios

A. ¿Qué oficio o profesión tienen? Use la lista, si es necesario.

abogado, bibliotecario, comerciante, enfermero, hombre/mujer de negocios, ingeniero, maestro, médico, obrero, periodista, plomero, siquiatra

1. Es dueño/a de una compañía que produce y vende ciertos productos o servicios.

   _____

2. Es un trabajador sin especialización. _____

3. Va a las casas para arreglar o instalar aparatos que usan agua. _____

4. Generalmente tiene un almacén donde se venden artículos de varias clases.

   _____

5. Ayuda al doctor en su consultorio o en el hospital. _____

6. Prepara documentos legales para sus clientes. _____

7. Es un médico que ayuda a las personas que tienen problemas mentales o sicológicos.

   _____

8. Enseña en una escuela primaria o secundaria. _____

9. Ayuda a construir casas, edificios, calles, etcétera. Debe ser un buen matemático.

   _____

10. Trabaja en un hospital o en su consultorio privado. Gana mucho dinero.

   _____

11. Escribe las noticias que se publican en el periódico. _____

12. Trabaja en una biblioteca. _____

B. Oficios y profesiones. Lea la siguiente anécdota y conteste las preguntas.

Dos hombres viajaban en autobús de Guayaquil a Quito. Iban sentados juntos y pronto empezaron a conversar sobre sus familias. Uno de ellos dijo:

—Yo solamente tengo tres hijos. Todos ya mayores... y profesionales. Los tres son intelectuales. Mi hija es profesora, un hijo es abogado y el otro, arquitecto.

—¡Qué bueno, hombre! Y Ud., ¿qué hace? —le preguntó curioso el otro viajero.

—¿Yo?... Pues... yo soy comerciante. Tengo una tienda de abarrotes[a] en Guayaquil. No es un gran negocio, pero me permite ganar lo suficiente para poder mantener[b] a mis tres hijos y a sus familias.

[a]tienda... *grocery store* [b]*to support*

1. ¿Cómo y adónde viajan los dos hombres?

   _____

2. ¿Cómo son los hijos y qué profesiones tienen?

   _____

3. ¿Cuál es el oficio del padre?

   _____

4. Siendo profesionales los hijos, ¿ganan lo suficiente para mantener a sus familias?

   _____

5. Según esta anécdota, ¿cuál es el problema de algunos profesionales en Hispanoamérica?

   _____

 C. ¿A quién necesitan en estas situaciones? You will hear a series of situations. Each will be said twice. Circle the letter of the person or professional who would best be able to help.

1. a. un arquitecto   b. un analista de sistemas
2. a. una dentista   b. una enfermera
3. a. una consejera matrimonial   b. un policía
4. a. una fotógrafa   b. un bibliotecario
5. a. un plomero   b. una electricista

■■■El mundo del trabajo

A. Consejos para encontrar empleo. Déle consejos a su hermana menor. Complete las oraciones con la forma apropiada de las palabras de la lista. Use el mandato familiar cuando sea necesario.

caerle bien
currículum
dejar
director de personal
empleo
empresa
entrevista
escribirlo a máquina
llenar
renunciar
solicitud
sucursal

1. Prepara tu _____ con cuidado, incluyendo todos los empleos y experiencia que has tenido.

2. No lo escribas a mano; _____ o con computadora y ten cuidado que no haya errores.

3. Ve a la oficina de _____ de la universidad y busca anuncios en el periódico.

4. Llama a todas las oficinas que ofrezcan posibilidades; no te limites a sólo una. Pide una _____ con el _____.

5. Ve a la biblioteca e infórmate sobre la _____: su historia, dónde tiene _____, qué tipo de trabajo hacen, etcétera.

6. Si te llaman para entrevistarte, vístete como mujer de negocios. Si quieres _____ al director de personal, lleva ropa que te dé aspecto profesional.

7. _____ la _____ con bolígrafo; no uses lápiz.

8. Si te dan el puesto, ¡magnífico! Pero, si después de algún tiempo no ves oportunidades de avanzar en la empresa, piensa en _____ al puesto, pero no lo _____ antes de conseguir otro empleo.

B. Situaciones. Conteste las preguntas según los dibujos.

1. 2. 3.

1. a. ¿Qué busca el joven a quien están entrevistando? _____

   b. ¿Duda él mucho de poder colocarse allí? ¿O parece que tiene contactos (*connections*)?

   _____

   _____

2. a. ¿El jefe está despidiendo o empleando (*hiring*) al joven?

   _____

   b. ¿Qué es necesario que haga el joven para obtener otro puesto?

   _____

3.   a.   ¿Qué está haciendo esta aspirante? _____

     b.   ¿Qué espera que suceda (*will happen*) durante la entrevista? _____

■■■ Una cuestión de dinero

A.   Roberto y Elena. Roberto y su esposa Elena están hablando de su presupuesto mensual (*monthly*). Complete el diálogo con la forma apropiada de las palabras de la lista.

ROBERTO: En los últimos dos meses hemos _____ ¹ tanto dinero que

no hemos podido _____ ² nada. Debemos economizar más.

ELENA: Es cierto, pero es difícil seguir nuestro _____ ³ mensual con el constante aumento de gastos.

ROBERTO: Hoy es el primero de abril y tenemos que pagar el

_____ ⁴ de la casa.

ELENA: Si no depositamos más dinero en nuestra cuenta _____ ⁵, no vamos a

poder pagar nuestras _____ ⁶.

| ahorrar |
| alquiler |
| corriente |
| factura |
| gastar |
| presupuesto |

B.   En busca de un puesto

Paso 1. Imagine that you are looking for a new job in a large corporation. Tell how you will go about getting the job, using phrases from the following list. First, listen to the list, then pause and put the remaining items in order, from 3 to 6.

_____ tratar de caerle bien al entrevistador   _____ ir a la entrevista

_____ aceptar el puesto y renunciar a mi puesto actual   _____ llenar la solicitud

_2_ pedirle una solicitud de empleo   _1_ llamar a la directora de personal

Now resume listening.

Paso 2. Now tell what you will do to look for a job when you hear the numbers. Follow the model.

MODELO: (*you hear*) uno   (*you see*) llamar a la directora de personal →
(*you say*) Llamo a la directora de personal.

PRONUNCIACIÓN Y ORTOGRAFÍA   More on Stress and the Written Accent

A.   El acento escrito y los verbos. You have probably noticed that the written accent is an important factor in the spelling of some verbs. You know that in the case of the preterite, for example, a missing accent can change the meaning of the verb. Listen to the following pairs of words.

| habló | (*he, she, or you spoke*) | / hablo | (*I am speaking or I speak*) |
| hablé | (*I spoke*) | / hable | (*that he, she, you, or I may speak—present subjunctive; speak [formal command]*) |

When you hear the corresponding number, read the following pairs of words. Then repeat the correct pronunciation, imitating the speaker.

1. tomo / tomó
2. ahorro / ahorró
3. limpie / limpié

B. El acento escrito. The written accent also is important in maintaining the original stress of a word to which syllables have been added. In the word **jóvenes,** for example, the written accent maintains the stress of the singular word **joven,** even though another syllable has been added. Sometimes, the reverse will be true. A word that has a written accent will lose the accent when a syllable is added. Compare **inglés** and **ingleses.** This happens because the new word receives the stress naturally; that is, it follows the rules of stress.

When you hear the corresponding number, read the following groups of words. Then repeat the correct pronunciation, imitating the speaker.

1. dígame / dígamelo
2. póngase / póngaselo
3. escriba / escríbanos
4. depositen / deposítenlos
5. almacén / almacenes
6. nación / naciones

C. Dictado. You will hear the following words. Each will be said twice. Write in an accent mark, if necessary.

1. cobro
2. cobro
3. toque
4. toque
5. describe
6. describemela
7. levantate
8. levanta
9. franceses
10. frances

D. El acento diacrítico. You have probably noticed that when a pair of words is written the same but has different meanings, one of the words is accented. This accent is called a *diacritical* accent.

Listen to and repeat the following words, paying close attention to the meaning of each.

1. mi (*my*) / mí (*me*)
2. tu (*your*) / tú (*you*)
3. el (*the*) / él (*he*)
4. si (*if*) / sí (*yes*)
5. se (*oneself*) / sé (*I know; be* [*informal command*])
6. de (*of, from*) / dé (*give* [*formal command*]; *give* [*present subjunctive*])
7. te (*you, yourself*) / té (*tea*)
8. solo (*alone, sole* [*adjective*]) / sólo (*only* [*adverb*])
9. que (*that, which*) / ¿qué? (*what?*)

E. Dictado. Listen to the following sentences. Determine by context whether or not the meaning of the italicized words requires a written accent. If so, write it in. Each sentence will be said twice.

1. Creo *que* ese regalo es para *mi.*
2. Aquí *esta tu te.* ¿*Que* más quieres?
3. *El* dijo *que te* iba a llamar a las ocho.
4. *Si, mi* amigo *se* llama Antonio.

GRAMÁTICA

42. Talking about the Future • Future Verb Forms

❖**A.** **¿Cómo será mi vida el próximo año?** Indique lo que Ud. piensa que hará o le pasará a Ud.

1. ☐ Estaré en el segundo año de español.

2. ☐ Tendré un nuevo apartamento o una nueva casa.

3. ☐ Haré un viaje a Europa.

4. ☐ Me enamoraré otra vez.

5. ☐ Volveré a vivir con mis padres / Viviré con mis hijos.

6. ☐ Conseguiré un buen puesto / un mejor puesto.

7. ☐ Seguiré estudiando en la universidad.

8. ☐ Podré ahorrar más dinero.

9. ☐ Me compraré ropa nueva.

B. **¿Qué pasará este verano?** Complete las oraciones con el futuro de los verbos.

1. Yo _____ (buscar) otro trabajo que me pague más y _____ (comprar) un coche nuevo.

2. Tú _____ (hacer) un viaje a Francia y _____ (vivir) con una familia allí.

3. Mi primo Miguel _____ (venir) a visitarnos y _____ (estar) un mes con nosotros.

4. Nosotros _____ (ir) de excursión y _____ (divertirse).

5. Patricia y Antonio _____ (tener) que mudarse (*move*) a fines de junio y por eso no _____ (poder) acompañarnos.

6. Nosotros _____ (salir) para México en julio y no _____ (volver) hasta fines de agosto.

C. **El viernes por la noche.** Imagínese que Ud. conoce bien a sus parientes y amigos y sabe lo que harán o *no* harán el viernes después de clases. Complete las oraciones con el futuro de los verbos entre paréntesis.

1. Mi hermano _____ (cobrar) su cheque y _____ (ponerlo) todo en su cuenta de ahorros.

2. Mis padres no _____ (querer) hacer nada y _____ (sentarse) a mirar la televisión.

3. Mi hermana Julia no _____ (saber) qué hacer y también _____ (quedarse) en casa.

4. Tito _____ (decirles) a todos que tiene que estudiar.

5. Andrés y yo _____ (tener) que trabajar, pero a las once _____ (ir) a una discoteca y _____ (bailar) hasta las dos.

D. ¿Qué pasará si... ? Complete las oraciones lógicamente con el futuro de los verbos entre paréntesis.

1. Si ahorro dinero, pronto (poder) _____.

2. Si vamos por la autopista a estas horas, (haber) _____.

3. Si no llamo a Anita esta noche, ella (ponerse) _____.

4. Si no me das un mapa, (yo) no (saber) _____.

E. Especulaciones. ¿Qué harán sus compañeros de la escuela secundaria? Haga especulaciones acerca de (*about*) lo que hacen ellos *ahora*, según las indicaciones. Use el futuro de probabilidad.

MODELO: A Pepe le gustaban los coches. (trabajar / taller de automóviles) →
Ahora trabajará en un taller de automóviles.

1. A Mario le gustaban las matemáticas. (estudiar / ingeniería)

   _____

2. A Bárbara le encantaban las computadoras. (ser / programadora)

   _____

3. Julia sólo pensaba en casarse. (estar / casada)

   _____

4. Tito jugaba muy bien al basquetbol. (jugar / equipo profesional)

   _____

F. Un futuro perfecto

Paso 1. You will hear a brief paragraph in which Angélica talks about her future. Then you will hear a series of statements. Circle **C, F,** or **ND (no lo dice)**.

1. C F ND
2. C F ND
3. C F ND
4. C F ND
5. C F ND

❖**Paso 2.** Now pause and complete the following statements according to your own preferences.

1. Cuando yo me gradúe, _____.

2. Trabajaré para _____.

3. Viviré en _____.

4. Mi casa será _____.

5. Tendré un auto _____.

6. Pasaré mis vacaciones en _____.

7. Mi vida será _____.

Now resume listening.

G. El viernes por la tarde. Using the oral and written cues, tell what the following people will do with their paychecks.

1. Bernardo
2. Adela y yo
3. tú... ¿verdad?
4. yo

H. El cumpleaños de Jaime. Jaime's birthday is next week. Answer the questions about his birthday, using the written cues. Each question will be said twice.

> MODELO: (*you hear*) ¿Cuántos años va a *cumplir* Jaime?   (*you see*) dieciocho →
> (*you say*) Cumplirá dieciocho años.

1. sus amigos y sus parientes
2. una videocasetera
3. un pastel de chocolate
4. discos compactos
5. ¡Feliz cumpleaños!

43. Expressing Future or Pending Actions • Subjunctive and Indicative after Conjunctions of Time

A. ¿Cuándo hace Ud. estas cosas? Indique la mejor manera de completar las siguientes oraciones. Luego indique si se refiere a una acción habitual (el indicativo) o a una acción futura (el subjuntivo).

			HABITUAL	FUTURO
1. Siempre le pido un préstamo a mi hermano cuando...				
a. me falta dinero.	b. me falte dinero.		☐	☐
2. Depositaré mi cheque en cuanto...				
a. salgo del trabajo.	b. salga del trabajo.		☐	☐
3. Firmaré los cheques después de que...				
a. llego al banco.	b. llegue al banco.		☐	☐

4. El cajero siempre me da un recibo (*receipt*) después de que...

    a. deposito mi dinero.   b. deposite mi dinero.   ☐   ☐

5. Pienso cobrar mi cheque tan pronto como...

    a. se abra el banco.   b. se abre el banco.   ☐   ☐

B. ¿Cómo se dice en español? ¡RECUERDE! The use of the subjunctive or the indicative, *after conjunctions of time*, is entirely dependent on whether you are talking about a present, habitual action (use present indicative), a past action (use preterite, imperfect, and so on), or a future action (use present subjunctive).

1. (cuando / casarse)

    a. When I got married . . . _____

    b. When I get married (*future*) . . . _____

2. (tan pronto como / volver)

    a. As soon as I return (*habitual, present*) . . . _____

    b. As soon as I returned (*last night*) . . . _____

    c. As soon as I return (*future*) . . . _____

3. (hasta que / llamarnos)

    a. . . . until they call us (*habitual, present*) _____

    b. . . . until they called us (*habitual, past*) _____

    c. . . . until they call us (*future*) _____

4. (después de que / irnos)

    a. After we leave (*habitual, present*) . . . _____

    b. After we left (*last night*) . . . _____

    c. After we leave (*future*) . . . _____

C. Cambiando dinero en México. Restate the following narrative to tell what *will* happen. Remember to use the subjunctive in the dependent clause after conjunctions of time that introduce *future* events.

    MODELO: Salí en cuanto me llamaron. → Saldré en cuanto me llamen.

1. Cuando viajé a México, llevé solamente dólares y tuve que cambiarlos a pesos. _____

    _____

2. Fui a la Casa de Cambio Génova, en el Paseo de la Reforma. _____

    _____

3. Firmé los cheques de viajero (*traveler's checks*) en cuanto entré en el banco.

_____

_____

_____

Casa de Cambio de Moneda Génova, S.V. de C.V.

SUCURSAL GENOVA   GENOVA Nº 2 Local N-bits

Paseo de la Reforma Nº 284   Col. Juárez
06600 México, D.F.   Tels. 528-5414
R. F. C. CCM-8507111A3   Ced. Emp. 1394652
                                                Autorización 299097

DE DOCUMENTOS Y TRANSFERENCIA

CANTIDAD	DIVISA	TIPO	IMPORTE
Situaciones			
A deducir (domumentos foraneos)			
Otros			
Impuesto			
Total a deducir			
		A PAGAR	

4. Hice cola hasta que fue mi turno.

_____

_____

5. Le di mi pasaporte al cajero tan pronto como me lo pidió.

_____

_____

6. Después de que le di 100 dólares, él me dio un recibo (*receipt*). _____

_____

7. Me devolvieron el pasaporte cuando me dieron el dinero. _____

_____

8. Fui al restaurante Delmónico's en la Zona Rosa en cuanto salí de la Casa de Cambio.

_____

D. ¿Qué harán? Tell what the following people will do when the conditions are ideal.

MODELO: yo / estudiar / cuando / tener tiempo → Yo estudiaré cuando tenga tiempo.

1. Elena / hacer su viaje / en cuanto / recibir / pasaporte _____

_____

2. ellos / no casarse / hasta que / encontrar casa _____

_____

3. Roberto / llamarnos / tan pronto como / saber los resultados _____

_____

4. Mario / venir a buscarnos / después de que / volver su hermano _____

_____

5. mi hermana y yo / ir a México / cuando / salir de clases _____

_____

E. Minidiálogo: Antes de la entrevista. You will hear a dialogue between Lupe and her mother, followed by a series of statements. Circle the letter of the person who might have made each statement.

1. a. Lupe   b. la Sra. Carrasco

2. a. Lupe   b. la Sra. Carrasco

3. a. Lupe   b. la Sra. Carrasco

4. a. Lupe   b. la Sra. Carrasco

5. a. Lupe   b. la Sra. Carrasco

6. a. Lupe   b. la Sra. Carrasco

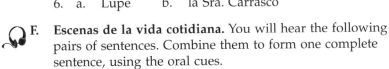

F. Escenas de la vida cotidiana. You will hear the following pairs of sentences. Combine them to form one complete sentence, using the oral cues.

MODELO: (*you see and hear*) Voy a decidirlo. Hablo con él. (*you hear*) después de que →
(*you say*) Voy a decidirlo después de que hable con él.

1. Amalia va a viajar. Consigue un poco de dinero.
2. No estaré contenta. Recibo un aumento.
3. Podrán ahorrar más. Sus hijos terminan sus estudios.
4. Tito, devuélveme el dinero. Se te olvida.

G. Asuntos económicos. You will hear a series of incomplete sentences. Circle the letter of the correct ending for each, then repeat the completed sentence. **¡OJO!** In this exercise, you will be choosing between the present subjunctive and the present indicative.

MODELO: (*you hear*) Voy a depositar mi cheque cuando... a. lo reciba   b. lo recibo →
(*you say*) a. Voy a depositar mi cheque cuando lo reciba.

1. a. las reciba   b. las recibo
2. a. tenga más dinero   b. tengo más dinero
3. a. consiga otro puesto   b. consigo otro puesto
4. a. lo firme   b. lo firmo

El Banco Hispano Americano. Lea el anuncio del Banco Hispano Americano y conteste las preguntas.

Los clientes del Hispano tienen la clave de todas las ventajas.

Rapidez

El Sr. Díaz dice que no tiene precio el tiempo que le ahorra su 4B del Hispano. Sin colas y sin esperas, realiza sus operaciones bancarias de camino a la oficina. Y cuando viaja, su 4B del Hispano le ahorra el mismo tiempo en cualquier ciudad, con sus 750 telebancos.

Facilidad

A doña Mercedes le parece maravilloso poder sacar dinero con sólo mover un dedo. Y todavía le parece más maravilloso que una tarjeta con tantas ventajas sea gratis.

Comodidad

Paco y Marta piensan que la tarjeta 4B del Hispano es el invento del siglo. Sobre todo cuando les apetece ir a cenar y al cine, y su 4B del Hispano les proporciona dinero a cualquier hora.

Tranquilidad

Y José Miguel, que es un despistado, valora especialmente la seguridad de la 4B del Hispano. Si se pierde, nadie más que él la puede usar, porque sólo él conoce su número clave.

Pida su Tarjeta 4B al Hispano. Y, si ya la tiene, disfrútela. Sus ventajas son clave.

Banco Hispano Americano

1. ¿Cuáles son las cuatro ventajas de la Tarjeta 4B? Para contestar, identifique los sustantivos derivados de estos adjetivos:

    rápido _____   fácil _____

    cómodo _____   tranquilo _____

2. ¿Qué le ahorra la tarjeta al Sr. Díaz?

    _____

3. ¿Cuántos telebancos (*automated teller machines*) tiene el Banco Hispano Americano? (Escriba el número en palabras.)

    _____

4. ¿Qué es lo más maravilloso de esta tarjeta para doña Mercedes?

    _____

5. Para Paco y Marta, ¿qué es lo mejor de tener esta tarjeta?

    _____

6. Y para el distraído José Miguel, ¿cuál es la ventaja?

    _____

❖7. ¿Tiene Ud. una tarjeta bancaria (*ATM card*)? ¿Con qué frecuencia la usa?

_____

❖8. ¿Siempre paga Ud. sus cuentas lo más rápido posible o con frecuencia acaba Ud. pagando intereses?

_____

❖¡Repasemos!

A. Padres e hijos. Escriba una composición de dos párrafos comparando sus ideas con las de sus padres. Use las preguntas como guía.

PÁRRAFO 1

1. Cuando Ud. estaba en la escuela secundaria, ¿qué tipo de hijo/a era Ud.? (¿rebelde, obediente, cariñoso/a, desagradable, quieto/a, egoísta, comprensivo/a, etcétera?)
2. ¿Se llevaban bien Ud. y sus padres o discutían mucho?
3. ¿En qué cosas no estaba Ud. de acuerdo con sus padres? ¿Protestaba mucho o los obedecía por lo general sin protestar?
4. ¿Era fácil o difícil hablar con sus padres?
5. ¿A quién le confesaba sus problemas más íntimos?

PÁRRAFO 2

1. ¿Piensa Ud. casarse y tener hijos? (¿Ya se ha casado? ¿Tiene hijos?)
2. ¿Qué aspectos son importantes en las relaciones entre padres e hijos?
3. ¿Qué querrá Ud. que hagan sus hijos? (¿Qué quiere que hagan sus hijos?)
4. ¿Qué tipo de padre/madre será (ha sido) Ud.?

B. Entrevista. You will hear a series of questions. Each will be said twice. Answer, based on your own experience. Pause and write the answers (on a separate sheet of paper). Note that in number six, you will need to write a longer answer.

❖Mi diario

Escriba en su diario unos párrafos sobre las ventajas y desventajas de la profesión u oficio que piensa seguir. Recuerde usar palabras conectivas.

Frases útiles: en cambio (*on the other hand*), por otra parte (*on the other hand*), sin embargo (*however*), de todas maneras (*anyway*)

Considere los siguientes puntos:

- la satisfacción personal
- las ventajas o desventajas económicas
- las horas de trabajo
- el costo del equipo profesional cuando empiece a trabajar
- la posible necesidad de mudarse para encontrar empleo o para establecer su propia oficina

Si Ud. no ha decidido todavía qué carrera va a seguir, escriba sobre alguien que Ud. conoce (puede entrevistar), pero haga referencia a los mismos puntos.

CONOZCA... el Uruguay y el Paraguay

A. Llene los espacios en blanco con la información apropiada.

	EL URUGUAY	EL PARAGUAY
1. capital	_____	_____
2. población	_____	_____
3. idioma oficial	_____	_____
4. moneda	_____	_____

B. Conteste brevemente las siguientes preguntas.

1. ¿Qué porcentaje de la población vive en la capital del Uruguay? _____

2. ¿Cuál es la tasa de alfabetización del Uruguay? _____

3. ¿Qué característica comparten (*share*) el Paraguay y Bolivia? _____

4. ¿Qué aspecto geográfico tiene una gran importancia para la economía del Paraguay?

   _____

5. ¿Para qué fue construida la represa de Itaipú? _____

6. ¿Qué porcentaje de paraguayos habla guaraní? _____

PÓNGASE A PRUEBA

■■■A ver si sabe...

A. Future Verb Forms. Complete la siguiente tabla.

INFINITIVO	YO	UD.	NOSOTROS	ELLOS
llevar	llevaré			
poder		podrá		
saber			sabremos	
salir				saldrán
venir				

B. Subjunctive and Indicative after Conjunctions of Time. Escoja la forma verbal correcta.

1. Me mudaré en cuanto _____ más dinero.

   a. gane   b. gano   c. ganaré

2. Su madre piensa jubilarse cuando _____ sesenta años.

   a. tendrá   b. tiene   c. tenga

3. Siempre cobro mi cheque cuando lo _____.

   a. recibo   b. recibí   c. reciba

4. Tan pronto como _____ a casa, te llamaremos.

   a. volvemos   b. volvamos   c. volveremos

5. No podré sacar mi saldo de cuenta hasta que el banco me _____ el estado de

   cuenta.

   a. manda   b. mandé   c. mande

6. ¡Antes que _____, mira lo que haces!

   a. te casas   b. te cases   c. te casaste

■■■Prueba corta

A. Complete las oraciones con el futuro del verbo entre paréntesis.

1. Mañana, si tengo tiempo, _____ (ir) a la biblioteca.

2. Elena va a comprar una casa y el lunes _____ (hacer) el primer pago.

3. No quiero ir a ese café. Allí _____ (haber) mucha gente.

4. Cuando reciba mi cheque, lo _____ (poner) en el banco.

5. No le prestes dinero a Enrique. No te lo _____ (devolver) nunca.

B. Complete las oraciones con el indicativo o el subjuntivo del verbo entre paréntesis, según el contexto.

1. Pagaremos la factura tan pronto como la _____ (*nosotros:* recibir).

2. Te daré un cheque después de que _____ (*yo:* depositar) dinero en mi cuenta
   corriente.

3. No podré comprar un coche hasta que _____ (*yo:* poder) ahorrar más dinero.

4. En el banco me pidieron la licencia de manejar cuando _____ (ir) a cobrar un
   cheque.

5. Viajaremos a Madrid en cuanto se _____ (terminar) las clases.

6. El verano pasado yo siempre iba a la playa en cuanto _____ (tener) tiempo.

7. Me graduaré cuando _____ (pasar) todos mis exámenes.

C. ¿Cuándo? You will hear a series of statements about what your friends plan to do. Ask them when they plan to do these things, using the future tense. Follow the model.

> MODELO: (*you hear*) Voy a pagar mis cuentas. → (*you say*) ¿Cuándo *las pagarás*?
> (*you hear*) Las pagaré la próxima semana.

1. ...   2. ...   3. ...   4. ...   5. ...

D. Cosas de todos los días: Empleos diversos. Practice talking about what people in various jobs do or will do, using the written cues. When you hear the corresponding number, form sentences using the words provided in the order given, making any necessary changes or additions. Use the indicative or the subjunctive, as appropriate. **¡OJO!** You will need to make changes to adjectives and add articles and prepositions, if appropriate.

> MODELO: (*you see*) 1. técnica / arreglar (*future*) / computadoras / cuando / llegar / oficina
> (*you hear*) uno →
> (*you see*) *La* técnica *arreglará las* computadoras cuando *llegue a la* oficina.

2. periodista (*m.*) / entrevistar (*future*) / empleados / antes de que / publicarse / artículo
3. vendedora / siempre / depositar (*present*) / cheques / después de que / recibirlos
4. ingeniera / viajar (*future*) / Acapulco / cuando / jubilarse
5. veterinario / mudarse (*future*) / tan pronto como / encontrar / nuevo / oficina
6. traductora / siempre / hacer (*present*) / traducción / en cuanto / leer / documentos
7. obreros / no / trabajar (*future*) / hasta que / recibir / bueno / aumento de sueldo

CAPÍTULO PRELIMINAR

Primera parte   Saludos y expresiones de cortesía.   Ejercicio A. 1. Hola. ¿Qué tal? 2. Buenas noches, señora Alarcón. 3. Buenas tardes, señor Ramírez. 4. Buenos días, señorita Cueva.   **¡RECUERDE!** 1. usted 2. tú 3. ¿Cómo te llamas? 4. ¿Cómo se llama usted?   **Ejercicio B.** 1. ¿qué tal? (¿cómo estás?) 2. ¿Y tú? 3. hasta 4. Hasta luego. (Hasta mañana.)   **Ejercicio C.** 1. Buenas 2. está usted 3. gracias 4. se llama usted 5. Me llamo _____. 6. gusto 7. Mucho gusto. (Igualmente. / Encantado/a.)
Pronunciación y ortografía: El alfabeto español   Ejercicio E. 1. Muñoz 2. Robles 3. Casimira 4. Gamorro   **Nota comunicativa: Los cognados.   Ejercicio A.   Paso 2.** 1. C 2. C 3. F 4. F 5. C
Ejercicio C. 1. pesimista 2. reservada 3. elegante 4. sincera 5. impulsivo **¿Cómo es usted?**
Ejercicio B. (*Possible answers.*) 1. extrovertida, importante, sincera 2. romántico, generoso, sincero 3. impulsiva, ambiciosa, extrovertida 4. serio, atlético, generoso 5. cómico, extrovertido, sincero
Spanish in the United States and in the World.   Ejercicio A. Northeast d; Southwest a, c; Southeast a, b
Segunda parte   Los números 0–30; hay.   Ejercicio A. 1. una 2. cuatro 3. siete 4. trece 5. once 6. un 7. veinte 8. veintitrés (veinte y tres) 9. veintiséis (veinte y seis) 10. veintiún (veinte y un) 11. veintiuna (veinte y una) 12. treinta   **Ejercicio B.** 1. 8 / ocho 2. 11 / once 3. 5 / cinco 4. 6 / seis 5. 7 / siete 6. 22 / veintidós (veinte y dos) 7. 30 / Treinta   **Gustos y preferencias.   Ejercicio A.** (*Possible answers*) 1. ¿le gusta jugar a la lotería? Sí, (No, no) me gusta. 2. ¿le gusta la música jazz? Sí (No, no) me gusta. 3. ¿te gusta esquiar? Sí, (No, no) me gusta. 4. ¿te gusta beber café? Sí (No, no) me gusta. 5. ¿te gusta el programa «Who Wants to Be a Millionaire?»? Sí, (No, no) me gusta. 6. ¿te gusta el chocolate? Sí, (No, no) me gusta.   **¿Qué hora es?   Ejercicio A.** 1. c 2. f 3. d 4. a 5. e 6. b   **Ejercicio B.** 1. Son las doce y veinte de la mañana. 2. Es la una y cinco de la tarde. 3. Son las dos de la mañana. 4. Son las siete y media de la noche. 5. Son las once menos diez de la mañana. 6. Son las diez menos cuarto (quince) de la noche. 7. Es la una y media de la mañana. **¡OJO!** a. 4:05 P.M. b. 8:15 P.M. c. 10:50 P.M.
Lectura: La geografía del mundo hispánico. 1. a 2. c 3. b 4. e 5. d   **Póngase a prueba   A ver si sabe…   Ejercicio A.** 1. soy 2. eres 3. es   **Ejercicio B.** 1. ¡Hola! 2. Buenos / Buenas / Buenas 3. te llamas 4. De nada. / No hay de qué.   **Ejercicio C.** 1. gusta 2. me gusta   **Ejercicio D.** 1. ¿Qué hora es? 2. Es / Son   **Prueba corta.** 1. ¿Cómo se llama usted? 2. ¿Cómo te llamas? 3. Gracias. 4. De nada. / No hay de qué. 5. (*Possible answer*) Eres simpático/a, sincero/a, generoso/a, cómico/a. 6. ¿Le gusta el jazz? 7. ¿Te gusta el chocolate? 8. seis / doce / quince / veintiuno / treinta 9. Son las once y quince (cuarto) de la noche.

CAPÍTULO 1

Vocabulario: Preparación   En la clase.   Ejercicio A. 1. el edificio 2. la librería 3. la oficina 4. la secretaria 5. el escritorio 6. el bolígrafo 7. el lápiz 8. el papel 9. el estudiante 10. el escritorio 11. la calculadora 12. el cuaderno 13. la mochila 14. la ventana 15. la clase 16. la profesora 17. la pizarra 18. la puerta 19. el libro (de texto) 20. la silla 21. la biblioteca 22. el bibliotecario 23. el diccionario 24. la mesa   **Ejercicio B.** 1. La calculadora, porque es una cosa. No es una persona. 2. La mochila, porque es una cosa. No es un lugar. 3. El hombre, porque es una persona. No es una cosa. 4. El edificio, porque es un lugar. No es una cosa. 5. La bibliotecaria, porque es una persona. No es un lugar.   **Ejercicio C.** *Here is the text of Luisa's list. Check your chart against it.* A ver… para este semestre necesito algunas cosas para mis clases. Necesito cinco cuadernos, siete libros de texto, tres bolígrafos y un lápiz. También debo comprar una mochila y una calculadora.   **Las materias.   Ejercicio A.** 1. Cálculo 1, Trigonometría, Computación, Contabilidad 2. Gramática alemana, La novela moderna, Francés 304 3. Antropología, Sociología urbana, Sicología del adolescente 4. Astronomía, Biología 2, Química orgánica, Física   **Nota comunicativa: Palabras interrogativas.   Ejercicio A.** 1. Cuánto 2. A qué hora (Cuándo) 3. Cómo 4. Cuál 5. Dónde 6. Quién 7. Cuándo 8. Qué
Ejercicio B. 1. Cómo 2. Quién 3. Cómo 4. Cuánto 5. Dónde 6. A qué hora 7. Qué   **Pronunciación**

y ortografía: Diphthongs and Linking   Ejercicio D. 1. *ciencia*s 2. Patricio 3. *sei*s 4. bue*no*s 5. *auto* 6. *soy*   Gramática   Gramática 1.   Ejercicio A. 1. la 2. la 3. la 4. el 5. el 6. la 7. la 8. el   Ejercicio B. 1. un 2. una 3. un 4. una 5. un 6. una 7. una 8. un   Ejercicio C. 1. (No) Me gusta la clase de español. 2. (No) Me gusta la universidad. 3. (No) Me gusta la música de Bach. 4. (No) Me gusta el Mundo de Disney. 5. (No) Me gusta la limonada. 6. (No) Me gusta la comida mexicana. 7. (No) Me gusta la física. 8. (No) Me gusta el programa «Friends».   Ejercicio D. Paso 1. PROFESOR DURÁN: el programa / el libro / un / una lista / novelas; ESTUDIANTE 1: el problema / el tiempo   Gramática 2. Ejercicio A. 1. las amigas 2. los bolígrafos 3. las clases 4. unos profesores 5. los lápices 6. unas extranjeras 7. las universidades 8. unos programas.   Ejercicio B. 1. el edificio 2. la fiesta 3. una cliente 4. un lápiz 5. el papel 6. la universidad 7. un problema 8. una mujer   Ejercicio C. 1. Hay unos libros. 2. Hay un cuaderno. 3. Hay unos lápices. 4. Necesita una mochila. 5. Necesita unos bolígrafos. 6. Necesita un diccionario. 7. Necesita una calculadora.   Ejercicio G. 1. unos estudiantes / la oficina 2. Los diccionarios / la biblioteca 3. clientes / la clase 4. una calculadora / la mochila   Gramática 3.   Ejercicio A. 1. ellas 2. él 3. yo 4. ellos 5. ellos 6. nosotros/as   Ejercicio B. 1. tú 2. vosotros/ Uds. 3. Uds. 4. tú / tú   Ejercicio C. 1. hablo / canta / bailan / toman / paga / trabaja 2. escuchamos / busca / necesita 3. enseña / estudian / practican / regresa   Ejercicio D. 1. Él no trabaja en una oficina. 2. Ella no canta en japonés. 3. No tomamos cerveza en la clase. 4. Ella no regresa a la universidad por la noche. 5. Ellos no bailan en la biblioteca.   Nota comunicativa: The Verb *estar.* 1. Raúl y Carmen están en la oficina. 2. Yo estoy en la biblioteca. 3. Tú estás en la clase de biología. 4. Uds. están en el laboratorio de lenguas.   Un poco de todo   Ejercicio A. (*Possible answers*) 1. Sí, estudiamos español. 2. El Sr. (La Sra./Srta.) _____ enseña la clase. 3. Hay _____ estudiantes en la clase. 4. Sí, me gusta. 5. No, no habla inglés en la clase. 6. No, no necesitamos practicar en el laboratorio todos los días. 7. (La clase) Es a la (las) _____.   Ejercicio B. 1. ¿Hay un programa interesante en la televisión? 2. ¿Hay unos problemas en la pizarra? 3. ¿Hay una mochila en la silla? 4. ¿Hay una residencia en la universidad? 5. (*Possible answer*) ¿Hay unos cuadernos en la mesa?   Ejercicio C. 1. (Martín) Compra libros en la librería. 2. Sí, hay libros en italiano. 3. Hay cuadernos, bolígrafos y lápices. 4. Compra dos libros. 5. No, hablan inglés. 6. No, paga veintidós dólares.   Conozca a... Los hispanos en los Estados Unidos 1. C 2. F 3. C 4. F   Póngase a prueba   A ver si sabe...   Ejercicio A. 1. el / los 2. la / las 3. un / unos 4. una / unas   Ejercicio B. 1. busco 2. buscas 3. busca 4. buscamos 5. buscáis 6. buscan   Ejercicio C. 1. Yo no deseo tomar café. 2. No hablamos alemán en la clase.   Ejercicio D. 1. ¿Dónde? 2. ¿Cómo? 3. ¿Cuándo? 4. ¿Quién? 5. ¿Qué? 6. ¿Por qué?   Ejercicio E. 1. nosotros estamos 2. estáis 3. están 4. ellos están   Prueba corta. Ejercicio A. 1. el 2. la 3. la 4. el 5. la 6. los 7. los   Ejercicio B. 1. una 2. unos 3. unos 4. un 5. una 6. unas 7. una   Ejercicio C. 1. estudian 2. practico 3. hablamos 4. Toca 5. enseña 6. Necesito 7. regresa

CAPÍTULO 2

Vocabulario: Preparación   La familia y los parientes.   Ejercicio A. 1. Joaquín es el abuelo de Julián. 2. Julio es el primo de Julián. 3. Miguel y Mercedes son los tíos de Julián. 4. Estela y Julio son los primos de Julián. 5. Josefina es la abuela de Julián. 6. Pedro y Carmen son los padres de Julián. 7. Chispa es el perro de Julián. 8. Tigre es el gato de Julián.   Ejercicio B. 1. sobrino 2. tía 3. abuelos 4. abuela 5. nieta 6. parientes 7. mascota   Ejercicio D. Gregorio - el abuelo; Julia - la abuela; Marta - la tía; Juan - el tío; Sara - la madre; Manuel - el padre; Elena - la prima; Juanito - el primo; Manolito - el hermano   Los números 31–100.   Ejercicio A. 1. cien 2. treinta y una 3. cincuenta y siete 4. noventa y un 5. setenta y seis   Ejercicio C. *45* mochilas; *99* lápices; *52* cuadernos; *74* novelas; *31* calculadoras; *100* libros de español   Nota cultural: Hispanic Last Names 1. c 2. b   Adjetivos.   Ejercicio B. 1. bajo, feo, listo, trabajador 2. soltero, viejo, simpático, moreno   Ejercicio C.   Paso 1. (*Possible answers*) 1. Billy Crystal es simpático, cómico, delgado y bajo. 2. Arnold Schwarzenegger es alto, grande, casado, serio y valiente. 3. Madonna es rica, rubia, extrovertida, independiente, rebelde y arrogante. 4. Gloria Estefan es morena, guapa, inteligente, delgada y rica.   Pronunciación y ortografía: Stress and Written Accent Marks (Part 1)   Ejercicio C. 1. con - *trol* 2. e - le - *fan* - te 3. mo - nu - men - *tal* 4. com - pa - *ñe* - ra 5. *bue* - nos 6. us - *ted*   ¡RECUERDE! 1. a 2. b   Ejercicio D. 1. doctor 2. mujer 3. mochila 4. actor 5. permiso 6. posible 7. general 8. profesores 9. universidad 10. Carmen 11. Isabel

12. biblioteca 13. usted 14. libertad 15. origen 16. animal **Gramática Gramática 4. Ejercicio A.**
1. bonita, grande, interesante 2. delgados, jóvenes, simpáticos 3. delgada, pequeña, trabajadora
4. altas, impacientes, inteligentes **Ejercicio B.** 1. alemana 2. italiano 3. norteamericano 4. inglesa
5. mexicana 6. ingleses 7. francesas **Ejercicio C.** 1. Ana busca otro coche italiano. 2. Buscamos una
motocicleta alemana. 3. Paco busca las otras novelas francesas. 4. Busco el gran drama inglés *Romeo y
Julieta.* 5. Jorge busca una esposa ideal. **Ejercicio D.** *For each person, you should have checked*: SU TÍO:
bajo, soltero; LOS ABUELOS: activos; SUS PRIMOS: jóvenes, activos; SU HERMANA: casada; SU PADRE: bajo
Gramática 5. Ejercicio A. 1. soy de Barcelona 2. son de Valencia 3. eres de Granada 4. somos de
Sevilla 5. son de Toledo 6. sois de Burgos **Ejercicio C.** 1. El programa de «Weight Watchers» es para
Rosie O'Donnell. Es gorda. 2. La casa grande es para los señores Walker. Tienen cuatro niños. 3. El
dinero es para mis padres. Necesitan comprar un televisor nuevo. 4. Los discos compactos de las sinfonías de Haydn son para mi hermano Ramón. Le gusta la música clásica. **Ejercicio D.** 1. —¿De
quién son los libros? —Son de la profesora. 2. —¿De quién es la mochila? —Es de Cecilia. 3. —¿De
quién son los bolígrafos? —Son del Sr. Alonso. 4. —¿De quién es la casa? —Es de los Sres. Olivera.
Ejercicio E. Paso 2. 1. es / hija 2. es / español 3. son / España 4. es / delgada / alto **Gramática
6. ¡RECUERDE!** 1. (Ella) Es la hermana de Isabel. 2. (Ellos) Son los parientes de Mario. 3. (Ellos) Son
los abuelos de Marta. **Ejercicio A.** 1. Mi 2. Nuestra 3. mis 4. mis 5. Mis 6. mi **Ejercicio B.** 1. Sí,
es su suegra. 2. Sí, es nuestro hermano. 3. Sí, son sus padres. 4. Sí, somos sus primos. 5. Sí, es su sobrina. 6. Sí, soy su nieto (nieta). **Gramática 7. Ejercicio A.** 1. Luis come mucho. 2. Gloria estudia
francés. 3. José y Ramón beben Coca-Cola. 4. Inés escribe una carta. 5. Roberto mira un vídeo.
6. Carlos lee un periódico. **Ejercicio C.** 1. vivimos 2. asisto 3. hablamos 4. leemos 5. escribimos
6. aprendemos 7. abren 8. comemos 9. debemos 10. prepara **Un poco de todo Ejercicio B.** 1. come
un sándwich 2. estudian 3. escribe en el cuaderno 4. lee el periódico 5. toma (bebe) café y mira (la)
-televisión 6. habla por teléfono 7. toca la guitarra 8. abro el refrigerador **Conozca... México** 1. F
2. C 3. F 4. C 5. C **Póngase a prueba A ver si sabe... Ejercicio A.** 1. a. casada b. casados
2. a. grandes b. sentimentales 3. mexicano / mexicanas / mexicanos // francesa / francés / francesas //
española / español / españoles **Ejercicio B.** 1. c 2. a 3. b 4. d **Ejercicio C.** 1. mi hermano 2. su
tío 3. nuestros abuelos 4. su casa **Ejercicio D.** *leer:* leo / leemos / leéis; *escribir:* escribes / escribe /
escriben **Prueba corta. Ejercicio A.** 1. italiano 2. francesa 3. alemán 4. inglesas **Ejercicio B.**
1. es 2. soy 3. son 4. eres 5. somos **Ejercicio C.** 1. mi 2. mi 3. Mis 4. su 5. nuestra 6. sus 7. su
(tu) **Ejercicio D.** 1. comprendemos / habla 2. Escuchas / estudias 3. lee 4. venden 5. recibe
6. bebo 7. asistimos

CAPÍTULO 3

Vocabulario: Preparación De compras: La ropa. Ejercicio A. 1. a. un traje b. una camisa c. una
corbata d. unos calcetines e. unos zapatos f. un impermeable 2. a. un abrigo b. un vestido c. unas
medias d. una bolsa e. un sombrero **Ejercicio B.** 1. centro 2. almacén 3. venden de todo 4. fijos
5. tiendas 6. rebajas 7. mercado 8. regatear 9. gangas **Ejercicio C.** 1. algodón 2. corbatas / seda
3. suéteres / faldas / lana **¿De qué color es? Ejercicio A.** 1. verdes 2. verde, blanca y roja 3. roja,
blanca y azul 4. anaranjada / amarillo 5. gris 6. morado 7. rosado 8. pardo **Ejercicio C. Paso 1.**
For each person you should have checked: ANA: zapatos de tenis, calcetines, pantalones, camiseta; JUAN:
zapatos de tenis, pantalones, camiseta; LUIS: calcetines, camisa, pantalones, cinturón, corbata **Paso 2.**
corbata: amarilla; camisa: azul; cinturón: negro; pantalones: grises, negros, azules; camiseta: morada,
blanca; zapatos de tenis: blancos; calcetines: grises, morados **Más allá del número 100. Ejercicio A.**
1. 111 2. 476 3. 15.714 4. 700.500 5. 1.965 6. 1.000.013 **Ejercicio B.** 1. ciento doce / mil cincuenta
2. cuatrocientos treinta y nueve / cuatro mil doscientos veintiún 3. veintiún mil seiscientos treinta y
nueve / doscientos diez mil setecientos **Ejercicio C.** pares de medias de nilón: 1.136; camisas blancas:
567; suéteres rojos: 9.081; pares de zapatos de tenis: 3.329; blusas azules: 111; faldas negras: 843 **Pronunciación y ortografía: Stress and Written Accent Marks (Part 2) Ejercicio D.** 1. métrica 2. distribuidor 3. anoche 4. Rosalía 5. actitud 6. sabiduría 7. jóvenes 8. mágico 9. esquema **Gramática
Gramática 8. Ejercicio A.** 1. Este 2. ese 3. aquel 4. (*Possible answer*) este es económico **Ejercicio B.**
1. Sí, esta chaqueta es de Miguel. 2. Sí, esos calcetines son de Daniel. 3. Sí, ese impermeable es de
Margarita. 4. Sí, estos guantes son de Ceci. 5. Sí, este reloj es de Pablo. 6. Sí, esos papeles son de

David. **Gramática 9. Ejercicio A. Paso 1.** 1. Quieres 2. puedo 3. tengo 4. Prefiero 5. vengo 6. quiero **Paso 2.** (*Verb forms*) Quieren / podemos / tenemos / Preferimos / venimos por Uds. / queremos **Ejercicio B.** LUIS: ¿A qué hora vienes a la universidad mañana? MARIO: Vengo a las ocho y media. ¿Por qué? LUIS: ¿Puedo venir contigo? No tengo coche. MARIO: ¡Cómo no! Paso por ti a las siete y media. ¿Tienes ganas de practicar el vocabulario ahora? LUIS: No. Ahora prefiero comer algo. ¿Quieres venir? Podemos estudiar para el examen después. MARIO: Buena idea. Creo que Raúl y Alicia quieren estudiar con nosotros. **Ejercicio C.** 1. Tengo sueño. 2. Tengo que estudiar mucho. 3. Tengo miedo. 4. Tengo prisa. 5. Tengo razón. **Gramática 10. Ejercicio A.** 1. va 2. van 3. vas 4. vamos 5. voy **Ejercicio B.** 1. Eduardo y Graciela van a buscar… 2. David y yo vamos a comprar… 3. Todos van a ir… 4. Ignacio y Pepe van a venir… 5. Por eso vamos a necesitar… 6. Desgraciadamente Julio no va a preparar… **Ejercicio C.** 1. Vamos a estudiar esta tarde. 2. Vamos a mirar en el Almacén Juárez. 3. Vamos a buscar algo más barato. 4. Vamos a descansar ahora. **Ejercicio E. Paso 2.** (*Answers may vary slightly.*) 1. Gilberto va a ir al centro comercial con sus amigos. 2. Gilberto va a jugar al basquetbol con su amigo David. 3. Gilberto va a cenar en un restaurante con su familia. 4. Gilberto va a estudiar para un examen de ciencias. **Un poco de todo Ejercicio A.** 1. Beatriz no quiere ir a clase. Prefiere ir de compras. 2. Isabel Suárez no puede asistir a clases por la tarde porque tiene que trabajar. 3. ¡Mi profesor siempre lleva chaquetas de lana y calcetines rojos! 4. Marcos no es un buen estudiante. Con frecuencia no lee las lecciones y llega tarde a clase. 5. Creo que la Sra. Fuentes es una gran profesora. **Ejercicio B.** 1. Tengo 2. ganas 3. miedo 4. razón 5. sueño **Ejercicio C.** 1. estás 2. estos 3. tus 4. esos 5. nuestro 6. vas 7. voy 8. vamos 9. nosotras 10. tu 11. esta 12. queremos 13. prisa 14. Adiós. **Conozca… Nicaragua** 1. Managua 2. córdoba 3. Cristóbal Colón 4. el Lago de Nicaragua 5. William Walker / derrotado 6. historia / conservadoras y liberales 7. Violeta Barrios de Chamorro **Póngase a prueba A ver si sabe… Ejercicio A.** 1. este 2. estos 3. esa 4. esos 5. aquella 6. aquellos **Ejercicio B.** 1. *poder:* puedo / puede / podemos; *querer:* quiero / queréis / queremos; *venir:* vengo / viene / venís / venimos 2. a. tener miedo (de) b. tener razón (no tener razón) c. tener ganas (de) d. tener que **Ejercicio C.** 1. Ellos van a comprar… 2. ¿No vas a comer? 3. Van a tener… 4. Voy a ir de… **Prueba corta. Ejercicio A.** 1. Quiero comprar ese impermeable negro. 2. ¿Buscas este traje gris? 3. Juan va a comprar esa chaqueta blanca. 4. Mis padres trabajan en aquella tienda nueva. **Ejercicio B.** 1. venimos / tenemos 2. prefieres (quieres) / prefiero (quiero) 3. tiene 4. pueden **Ejercicio C.** 1. Roberto va a llevar traje y corbata. 2. Voy a buscar sandalias baratas. 3. Vamos a tener una fiesta. 4. ¿Vas a venir a casa esta noche?

CAPÍTULO 4

Vocabulario: Preparación ¿Qué día es hoy? Ejercicio A. (*Possible answers*) 1. El lunes también va a hablar (tiene que hablar) con el consejero. 2. El martes va (tiene que ir) al dentista. 3. El miércoles va a estudiar física. 4. El jueves va (tiene que ir) al laboratorio de física. 5. El viernes tiene un examen y va a cenar con Diana. 6. El sábado va (a ir) de compras y (por la noche) va a un concierto. 7. El domingo va (a ir) a la playa. **Ejercicio B.** 1. fin / sábado y domingo 2. Lunes 3. miércoles 4. jueves 5. viernes 6. el / los 7. próxima **Ejercicio C.** *lunes: mañana:* 10:45, clase de conversación; *martes: mañana:* 8:30, dentista; 10:15, librería; *tarde:* 3:00, clase de español; *miércoles: mañana:* 9:00, profesora Díaz; *tarde:* 1:00, biblioteca; *jueves: tarde:* 3:00, clase de español; *viernes: mañana:* 10:45, clase de conversación; *tarde:* 7:30, fiesta **Los muebles, los cuartos y las otras partes de la casa. Ejercicio A.** 1. la sala 2. el comedor 3. la cocina 4. la alcoba 5. el baño 6. el garaje 7. el patio 8. la piscina 9. el jardín **¿Cuándo? Preposiciones.** (*Possible answers*) 1. Tengo sueño antes de descansar. 2. Regreso a casa después de asistir a clase. 3. Tengo ganas de comer antes de estudiar. 4. Preparo la comida después de ir al supermercado. 5. Lavo los platos después de comer. **Pronunciación y ortografía:** *b* and *v* **Ejercicio B.** 1. Alberto viene en veinte minutos. 2. ¿Trabajas el viernes o el sábado? 3. La abuela de Roberto es baja. 4. No hay un baile el jueves, ¿verdad? 5. ¿Vas a llevar esa corbata? **Gramática Gramática 11. Ejercicio A.** 1. veo 2. salimos 3. Pongo 4. traigo 5. oyen 6. hago 7. Salgo **Ejercicio B.** 1. pongo 2. hago 3. trae 4. salimos 5. Vemos 6. salimos ¡RECUERDE! *querer:* quiero / quieres / quiere / quieren; *preferir:* prefiero / prefiere / preferimos / prefieren; *poder:* puedo / puedes / podemos / pueden **Gramática 12. Ejercicio B.** 1. piensan / pensamos / piensas 2. volvemos / vuelve / vuelven 3. pide / piden / pedimos **Ejercicio C.** 1. Sale de casa a las siete y cuarto. 2. Su primera clase empieza a las ocho. 3. Si no entiende la lección, hace muchas preguntas. 4. Con frecuencia almuerza en la cafetería. 5. A veces pide una hamburguesa y un refresco. 6. Los lunes y miércoles juega al tenis con un amigo. 7. Su madre sirve la cena a las seis. 8. Hace la tarea por la noche y duerme siete horas. **Gramática 13. Ejercicio B.** 1. me / se 2. se 3. te 4. Se 5. nos / nos 6. te **Ejercicio C.** 1. Nos despertamos… 2. Nos vestimos después de ducharnos. 3. Nunca nos sentamos… 4. …asistimos… y nos divertimos. 5. …hacemos la tarea. 6. …tenemos sueño, nos cepillamos los dientes y nos acostamos. 7. Nos dormimos… **Un poco de todo Ejercicio A.** 1. me levanto 2. tengo 3. despertarme 4. quiero 5. jugar 6. empieza 7. pongo 8. salgo 9. puedo 10. almorzamos 11. pierde 12. tiene 13. pierdo 14. tengo 15. vuelvo **Conozca… Costa Rica y Panamá Ejercicio A.** 1. San José 2. el colón 3. tres millones 4. el Premio Nóbel 5. la paz y el progreso humano **Ejercicio B.** 1. C 2. F 3. F 4. F **Ejercicio C.** 1. el dólar estadounidense 2. Tierra de muchos peces 3. La Carretera Panamericana **Póngase a prueba A ver si sabe… Ejercicio A.** *hacer:* hago / haces / hacen; *traer:* traigo / traes / traemos; *oír:* oigo / oímos / oyen **Ejercicio B.** 1. a. e > ie b. o > ue c. e > i 2. nosotros / vosotros 3. a. piensas servir b. empiezo a c. volver a d. pedir **Ejercicio C.** 1. a. me b. te c. se d. nos e. os f. se 2. a. Yo me acuesto tarde. b. ¿Cuándo te sientas a comer? c. Yo me visto en cinco minutos. **Prueba corta. Ejercicio A.** 1. se duermen 2. sentarme 3. me divierto 4. levantarte 5. se pone 6. haces 7. salimos **Ejercicio B.** (*Possible answers*) 1. me despierto, me levanto y me visto 2. me baño, me afeito, me cepillo los dientes 3. el sofá, el sillón, la mesa 4. un escritorio, una lámpara y una cama

CAPÍTULO 5

Vocabulario: Preparación ¿Qué tiempo hace hoy? Ejercicio A. 1. Hace sol. 2. Hace calor. 3. Hace fresco. 4. Hace frío. 5. Hay mucha contaminación. **Ejercicio B.** 1. Llueve. 2. Hace (mucho) frío. 3. Hace calor. 4. Hace fresco. 5. Hace buen tiempo. 6. Hay mucha contaminación. **Los meses y las estaciones del año. Ejercicio A.** 1. el primero de abril 2. junio, julio y agosto 3. invierno 4. llueve 5. otoño **¿Dónde está? Las preposiciones. Ejercicio A.** 1. entre 2. al norte 3. al sur 4. al este 5. al oeste 6. lejos 7. cerca 8. en 9. al oeste **Gramática Gramática 14. Ejercicio A.** 1. c 2. a 3. d 4. f 5. b 6. e **Ejercicio B.** 1. durmiendo 2. pidiendo 3. sirviéndose 4. jugando 5. almorzando / divirtiéndose **Ejercicio C.** 1. Mis padres (hijos) están jugando al golf, pero yo estoy corriendo en un maratón. 2. Mis padres (hijos) están mirando la tele, pero yo estoy aprendiendo a esquiar. 3. Mis padres (hijos) están leyendo el periódico, pero yo estoy escuchando música. 4. Mis padres (hijos) están acostándose (se están acostando), pero yo estoy vistiéndome (me estoy vistiendo) para salir. **Gramática 15.** **¡RECUERDE!** 1. estar / están 2. ser / es 3. ser / es 4. ser / son / es 5. estar / está / estás / Están 6. ser / somos / es 7. ser / Son **Ejercicio A.** 1. eres / Soy 2. son / son 3. son / están 4. es / estar / es 5. está / Estoy / está 6. es / es **Ejercicio B.** (*Possible answers*) 1. estoy aburrido/a 2. estoy contento/a 3. estoy nervioso/a 4. estoy preocupado/a 5. estoy furioso/a 6. estoy cansado/a 7. estoy triste **Ejercicio C.** 1. estás 2. estoy 3. son 4. están 5. Son 6. Son 7. es 8. es 9. estar **Gramática 16.** **Ejercicio A.** 1. Ceci es más delgada que Laura. 2. Ceci es más atlética que Roberto. 3. Roberto es más introvertido que Laura. 4. Ceci es tan alta como Laura. 5. Roberto es tan estudioso como Laura. 6. Roberto es tan moreno como Ceci. **Ejercicio C.** 1. Sí, el cine es tan alto como la tienda. 2. El café es el más pequeño de todos. 3. El hotel es el mas alto (de todos). 4. No, el cine es más alto que el café. 5. No, el hotel es más grande que el cine. **Ejercicio D. Paso 2.** 1. tan / como 2. menos / que 3. tanto / como 4. tantos / como **Un poco de todo Ejercicio A.** 1. veintiún 2. diecinueve 3. ese 4. que 5. que 6. que 7. tanto 8. como 9. de 10. doscientos dólares 11. porque 12. estar 13. de 14. ciento cincuenta dólares 15. pagar **Conozca… Guatemala** 1. la Ciudad de Guatemala 2. veintitrés (veinte y tres) 3. millones 4. mayas 5. escritura / calendario 6. Tikal 7. 1978 / 1985 8. familia / Premio Nóbel de la Paz **Póngase a prueba A ver si sabe… Ejercicio A.** cepillándose / divirtiéndose / escribiendo / estudiando / leyendo / poniendo / sirviendo **Ejercicio B.** 1. f 2. a 3. c 4. i 5. h 6. b 7. g 8. e 9. d **Ejercicio C.** 1. más / que 2. tantos / como 3. mejor 4. tan / como 5. menos / que **Prueba corta. Ejercicio A.** 1. Estoy mirando un programa. 2. Juan está leyendo el periódico. 3. Marta está sirviendo el café ahora. 4. Los niños están durmiendo. 5. ¿Estás almorzando ahora? **Ejercicio B.** 1. Arturo tiene tantos libros como Roberto. 2. Arturo es más gordo que Roberto. 3. Roberto es más alto que Arturo. 4. Roberto es menor (tiene dos años menos) que Arturo. 5. Arturo tiene menos perros que Roberto.

Vocabulario: Preparación   La comida.   Ejercicio A. 1. jugo / huevos / pan / té / leche 2. camarones / langosta 3. patatas fritas 4. agua 5. helado 6. carne / verduras 7. queso 8. lechuga / tomate 9. zanahorias 10. arroz 11. galletas 12. sed   **¿Qué sabe Ud. y a quién conoce?   Ejercicio A.** 1. Sabes 2. Conocemos 3. conozco 4. sé 5. sabemos 6. conocer   **Ejercicio B.** 1. conocen 2. sé 3. Sabes 4. saber 5. Conocemos / conozco 6. conocer   **Ejercicio C.** 1. al 2. a 3. A 4. a 5. Ø 6. al 7. Ø 8. a   **Ejercicio D.   Paso 1.** ENRIQUE: *Sí:* bailar, a mis padres; *No:* a Juan, jugar al tenis, esta ciudad. ROBERTO: *Sí:* bailar, jugar al tenis, a mis padres; *No:* a Juan, esta ciudad. SUSANA: *Sí:* jugar al tenis, a mis padres, esta ciudad; *No:* bailar, a Juan.   **Paso 2.** 1. saben 2. no sabe 3. conoce 4. no conocen   **Pronunciación y ortografía:** *d*   **Ejercicio D.** 2. a*d*ónde 3. uste*d*es 5. Buenos *d*ías. 6. De na*d*a. 7. venden de to*d*o 8. dos ra*d*ios 9. universi*d*ad 10. a*d*iós 11. posibili*d*ad 12. Per*d*ón.   **Gramática   Gramática 17.   Ejercicio A.** 1. Yo lo preparo. 2. Yo voy a comprarlos. / Yo los voy a comprar. 3. Dolores va a hacerlas. / Dolores las va a hacer. 4. Juan los trae. 5. Yo los invito.   **Ejercicio B.** 1. Los despierta a las seis y media. 2. El padre lo levanta. 3. La madre lo baña. 4. Su hermana lo divierte. 5. Lo sienta en la silla. 6. El padre lo acuesta.   **Ejercicio C.** (*Possible answers*) 1. Acaba de cantar y bailar. 2. Acabamos de comer. 3. Acaba de traer la cuenta. 4. Acaba de enseñar.   **Gramática 18.   Ejercicio A.** 1. No, no voy a hacer nada interesante. 2. No, nunca (jamás) salgo con nadie los sábados. 3. No, no tengo ninguno (ningún amigo nuevo). 4. No, ninguna es mi amiga. 5. No, nadie cena conmigo nunca (jamás).   **Ejercicio B.** 1. Pues yo sí quiero (comer) algo. La comida aquí es buena. 2. Pero aquí viene alguien. 3. Yo creo que siempre cenamos en un restaurante bueno. 4. Aquí hay algunos platos sabrosos.   **Gramática 19.   Ejercicio A.   Paso 1.** Título: acostumbre 1. compruebe 2. encargue 3. no lo haga / déjelas 4. no comente / deje 5. no los deje   **Paso 2.** 1. your house is well locked 2. your mail 3. someone you know 4. when you will return 5. in your house   **Ejercicio B.** (*Possible answers*) 1. Entonces, coman algo. 2. Entonces, beban (tomen) algo. 3. Entonces, estudien. 4. Entonces, ciérrenlas. 5. Entonces, lleguen (salgan) (más) temprano. 6. No sean impacientes. **Ejercicio C.** 1. empiécenla ahora. 2. no la sirvan todavía. 3. llámenlo ahora. 4. no lo hagan todavía. 5. tráiganlas ahora. 6. no la pongan todavía.   **Un poco de todo   Ejercicio A.** 1. conoces 2. al 3. lo 4. conozco 5. sé 6. siempre 7. tampoco 8. El   **Ejercicio B.** (*Possible answers*) 1. Voy a prepararla (La voy a preparar) este sábado. 2. Sí, pienso invitarlos (los pienso invitar). 3. Sí, puedes llamarlas (las puedes llamar) si quieres. 4. Sí, me puedes ayudar (puedes ayudarme). 5. Sí, las necesito.   **Ejercicio C.** 1. Bodegón Torre del Oro 2. Sevilla 3. tres copas de vino, un café, una copa de jerez 4. gazpacho 5. Sí (No, no) me gustaría probarlo. 6. cuatro mil cuatrocientas cincuenta y dos pesetas   **Conozca... España** 1. Se habla catalán, gallego y vasco. 2. Entre los años 200 a.C. y 419 d.c. 3. el español, el gallego y el portugués 4. el vasco 5. la invasión de los visigodos ocurrió en el 419 d.C. 6. Satiriza actitudes tradicionales respecto a la familia, la religión, el machismo y la moralidad convencional. **Póngase a prueba.   A ver si sabe...   Ejercicio A.** 1. te / lo / la / nos / las 2. a. Yo lo traigo. b. ¡Tráigalo! c. ¡No lo traiga! d. Estamos esperándolo. / Lo estamos esperando. e. Voy a llamarlo. / Lo voy a llamar.   **Ejercicio B.** 1. nadie 2. tampoco 3. nunca / jamás 4. nada 5. ningún detalle **Ejercicio C.** 1. piense Ud. 2. vuelva Ud. 3. dé Ud. 5. vaya Ud. 7. busquen Uds. 8. estén Uds. 9. sepan Uds. 10. digan Uds.   **Prueba corta.   Ejercicio A.** 1. conozco 2. conoces 3. sé 4. sabe **Ejercicio B.** 1. Quiero comer algo. 2. Busco a alguien. 3. Hay algo para beber.   **Ejercicio C.** (*Possible answers*) 1. No, no voy a pedirla. (No, no la voy a pedir.) 2. Sí, las quiero. 3. No, no lo tomo por la noche.   **Ejercicio D.** 1. Compren 2. hagan 3. Traigan 4. lo sirvan

Vocabulario: Preparación   De viaje   Ejercicio B. 1. boleto 2. ida y vuelta 3. asiento / fumar 4. bajar / escala 5. equipaje 6. pasajeros 7. guarda 8. vuelo / demora 9. salida / cola / subir 10. asistentes   **Ejercicio C.** (*Possible answers*) 1. En la sala de espera (En la sección de no fumar) un hombre está durmiendo; en la sección de fumar dos pasajeros están fumando y una mujer está leyendo el periódico. 2. Los pasajeros están haciendo cola para facturar su equipaje. El vuelo 68 a Madrid hace una parada en Chicago. 3. Está lloviendo. Un hombre está corriendo porque está atrasado. Los otros pasajeros están subiendo al avión. 4. Los asistentes de vuelo están sirviendo algo de beber.

Los pasajeros están mirando una película. **De vacaciones Ejercicio A. Paso 1.** 1. las montañas 2. la tienda de campaña 3. la playa 4. la camioneta 5. el mar / el océano **Paso 2.** 1. El padre saca fotos (de la madre). 2. La madre toma sol en la playa. 3. Las hijas juegan en la playa. 4. El hijo nada en el mar / océano. 5. Toda la familia hace *camping*. **Nota comunicativa: Other Uses of *se*.** 1. c 2. b 3. c 4. b 5. a **Pronunciación y ortografía: *g, gu,* and *i.* Ejercicio D.** 1. Don Guillermo es viejo y generoso. 2. Por lo general, los jóvenes son inteligentes. 3. Juan estudia geografía y geología. 4. A mi amiga Gloria le gustan los gatos. **Gramática Gramática 20. Ejercicio A.** 1. damos 2. da 3. dan 4. das 5. doy 6. digo 7. dice 8. dicen 9. dices 10. decimos **Ejercicio C.** 1. Te compro regalos. 2. Te mando tarjetas postales. 3. Te invito a almorzar. 4. Te explico la tarea. **Gramática 21. Ejercicio A.** 1. te gusta 2. les gusta 3. me gustan 4. nos gusta / le gusta 5. les gusta **Ejercicio B. Paso 1.** 1. A su padre le gustan las vacaciones en las montañas. 2. A su madre le encantan los cruceros. 3. A sus hermanos les gustan los deportes acuáticos. 4. A nadie le gusta viajar en autobús. 5. A Ernesto le gusta sacar fotos. **Gramática 22. Ejercicio A.** *hablar:* hablaste / habló / hablamos / hablaron *volver:* volví / volvió / volvimos / volvieron *vivir:* viví / viviste / vivimos / vivieron *dar:* di / diste / dio / dieron *hacer:* hice / hiciste / hizo / hicimos *ser/ir:* fuiste / fue / fuimos / fueron *jugar:* jugué / jugó / jugamos / jugaron *sacar:* saqué / sacaste / sacamos / sacaron *empezar:* empecé / empezaste / empezó / empezaron **Ejercicio B.** *yo:* 1. volví 2. Me hice 3. comí 4. Recogí 5. metí 6. di *tú:* 1. asististe 2. Te acostaste 3. empezaste 4. fuiste 5. Saliste 6. volviste *Eva:* 1. se casó 2. fue 3. se matriculó 4. empezó 5. regresó 6. viajó 7. vio 8. pasó *Mi amiga y yo:* 1. pasamos 2. Vivimos 3. asistimos 4. hicimos 5. Visitamos 6. caminamos 7. comimos 8. vimos *Dos científicos:* 1. fueron 2. Salieron 3. llegaron 4. viajaron 5. vieron 6. tomaron 7. gustaron 8. volvieron **Un poco de todo Ejercicio A.** (*Possible answers*) 1. Les mandé tarjetas postales a mis abuelos. (No le mandé tarjetas postales a nadie. / Nadie me mandó tarjetas postales a mí.) 2. Le regalé flores a mi madre. (No le regalé flores a nadie. / Nadie me regaló flores a mí.) 3. Les recomendé un restaurante a mis amigos. (No le recomendé un restaurante a nadie. / Nadie me recomendó un restaurante a mí.) 4. Le ofrecí ayuda a una amiga. (No le ofrecí ayuda a nadie. / Nadie me ofreció ayuda a mí.) 5. Le presté una maleta a mi hermano. (No le presté una maleta a nadie. / Nadie me prestó una maleta a mí.) 6. Le hice un pastel a un amigo. (No le hice un pastel a nadie. / Nadie me hice un pastel a mí.) **Ejercicio B.** 1. Salí / me quedé / Almorcé / fui / Volví / Cené / miré / subí / me quejé / hice / dormí 2. fueron / hicieron / dio / fue / se hizo / escribieron / volvieron 3. Busqué / dieron / perdí / pagaron / gasté / hice / descansé 4. Pasamos / Comimos / vimos / jugamos **Conozca... Honduras y El Salvador** 1. Tegucigalpa / 5.000.000 2. San Salvador / 6.000.000 3. parque nacional 4. El Salvador 5. 1980 6. líderes / las condiciones económicas y sociales del país **Póngase a prueba A ver si sabe... Ejercicio A.** 1. a. Siempre le digo... b. Le estoy diciendo... / Estoy diciéndole... c. Le voy a decir... / Voy a decirle... d. Dígale... e. No le diga... 2. *dar:* doy / da / damos / dais / dan *decir:* digo / dices / dice / decís / dicen **Ejercicio B.** 1. ¿Les gusta viajar? 2. A mí no me gustan los tomates. 3. A Juan le gustan los aeropuertos. **Ejercicio C.** *dar:* di / dio / dimos / disteis / dieron *hablar:* hablé / hablaste / hablamos / hablasteis / hablaron *hacer:* hice / hiciste / hizo / hicisteis / hicieron *ir/ser:* fui / fuiste / fue / fuimos / fueron *salir:* salí / saliste / salió / salimos / salisteis **Prueba corta. Ejercicio A.** 1. le 2. nos 3. les 4. me 5. te **Ejercicio B.** 1. les gustan 2. le gusta 3. me gusta 4. nos gustan 5. te gusta **Ejercicio C.** 1. mandaste 2. empecé 3. hizo 4. Fueron 5. Oíste 6. volvieron 7. dio

CAPÍTULO 8

Vocabulario: Preparación La fiesta de Javier. Ejercicio B. 1. el Día de Año Nuevo 2. la Navidad 3. La Pascua 4. la Nochebuena 5. el Cinco de Mayo **Ejercicio C.** 1. Es el primero de abril. 2. Les hace bromas. 3. Significa *lion.* **Emociones y condiciones.** (*Possible answers*) **Ejercicio A.** 1. me pongo avergonzado/a 2. se enojan (se ponen irritados) 3. se enferman / se quejan 4. se portan 5. discutir **Ejercicio B.** 1. Sí, me parece larguísima. 2. Sí, son riquísimos. 3. Sí, me siento cansadísimo/a. 4. Sí, es carísima. 5. Sí, fueron dificilísimas. **Ejercicio C.** (*Possible answers*) 1. Me enojo. 2. Me río. 3. Me pongo avergonzado/a. 4. Lloro. 5. Me quejo. 6. Sonrío y me pongo contentísimo/a. 7. Me enojo. **Pronunciación y ortografía: *c* and *qu* Ejercicio C.** 1. quemar 2. quince 3. campaña 4. compras 5. coqueta 6. comedor **Gramática Gramática 23. Ejercicio A. Paso 1.** 1. C 2. F 3. C 4. F 5. F

6. C 7. F 8. F 9. F **Paso 2.** 2. La Unión Soviética puso un satélite antes que los Estados Unidos.
4. En 1492… 5. Hitler sí quiso dominar Europa. 7. Los españoles llevaron el maíz y el tomate a Europa.
8. John Kennedy dijo: «Yo soy un berlinés.» 9. Muchos inmigrantes irlandeses vinieron en el siglo XIX.
Ejercicio B. *estar:* estuve / estuvo / estuvimos / estuvieron *tener:* tuvo / tuvimos / tuvieron *poder:*
pude / pudimos / pudieron *poner:* puse / puso / pusieron *querer:* quise / quiso / quisimos *saber:* supe /
supo / supimos / supieron *venir:* vino / vinimos / vinieron *decir:* dije / dijimos / dijeron *traer:* traje /
trajo / trajeron **Ejercicio C.** *Durante la Navidad:* 1. tuvo 2. estuvieron 3. Vinieron 4. trajeron
5. dijeron 6. fueron 7. comieron 8. pudieron *Otro terremoto en california:* 1. supimos 2. hubo 3. oí
4. leí 5. se rompieron 6. hizo 7. dijo 8. fue **Ejercicio D.** 1. estuvo 2. pude 3. tuve 4. viniste
5. Quise 6. estuve 7. hizo 8. Supiste 9. tuvo 10. vino 11. dijo 12. puse 13. trajiste 14. traje
Gramática 24. **Ejercicio A.** *divertirse:* me divertí / te divertiste / se divirtió / nos divertimos / se
divirtieron *sentir:* sentí / sentiste / sintió / sentimos / sintieron *dormir:* dormí / dormiste / durmió /
dormimos / durmieron *conseguir:* conseguí / conseguiste / consiguió / conseguimos / consiguieron
reír: reí / reíste / rió / reímos / rieron *vestir:* vestí / vestiste / vistió / vestimos / vistieron
Ejercicio B. 1. me senté / me dormí 2. se sentaron / nos dormimos 3. se durmió 4. nos reímos /
se rió 5. sintieron / se sintió ¡RECUERDE! 1. Yo le traigo el café. (O.I.) 2. Yo lo traigo ahora. (O.D.)
3. Ellos nos compran los boletos. (O.I.) 4. Ellos los compran hoy. (O.D.) 5. No les hablo mucho. (O.I.)
6. No las conozco bien. (O.D.) 7. Queremos darles una fiesta. (O.I.) 8. Pensamos darla en casa. (O.D.)
Gramática 25. **Ejercicio B.** 1. ¿El dinero? Te lo devuelvo mañana. 2. ¿Las fotos? Te las traigo el
jueves. 3. ¿La sorpresa? Van a revelarnos la. (Nos la van a revelar después.) 4. ¿Los pasteles? Me los
prometieron para esta tarde. 5. ¿Las fotos? Se las mando a Uds. con la carta. 6. ¿La bicicleta? Se la
devuelvo a Pablo mañana. 7. ¿El dinero? Se lo doy a Ud. el viernes. 8. ¿Los regalos? Se los muestro a
Isabel esta noche. **Ejercicio C.** (*Possible answers*) 1. Se lo dejó a Cristina. 2. Se la dejó a Memo. 3. Se
los dejó a la biblioteca. 4. Se los dejó a la Cruz Roja. 5. Se la dejó a Ernesto y Ana. 6. ¡Me los dejó a mí!
Ejercicio E. 1. se las 2. me lo 3. nos la 4. se las 5. se los **Un poco de todo** **Ejercicio A.** **Paso 1.**
1. hice 2. tuve 3. estuve 4. quise 5. supe 6. di 7. estuvimos 8. pedí **Paso 2.** 1. Fue porque tuvo una
reunión con su agente de viajes. 2. No, no tuvo mucho tiempo libre. (No, estuvo ocupadísimo.) 3. Lo
supo porque se lo dijo su amigo Luis Dávila. 4. Se las dio a Luis. **Ejercicio B.** (*Possible answers*) 1. Se
la mandé a mi novio/a. 2. Se los di a mi familia y a mis amigos. 3. Nadie me las trajo. 4. Mi hermano
me lo pidió. 5. Mis amigos me la hicieron. **Conozca… Cuba** 1. 1898 2. Se fueron a (la) Florida.
3. Porque Fidel Castro todavía gobierna a Cuba. 4. Es difícil. 5. Refleja la influencia africana. 6. La injusticia social y una crítica al colonialismo 7. Los mitos y las leyendas afro-cubanas **Póngase a prueba**
A ver si sabe… **Ejercicio A.** 1. estuve 2. pudiste 3. puso 4. quisimos 5. supieron 6. tuve 7. viniste
8. trajo 9. dijeron **Ejercicio B.** *él/ella/Ud.:* durmió / pidió / prefirió / recordó / se sintió *ellos/Uds.:*
durmieron / pidieron / prefirieron / recordaron / se sintieron **Ejercicio C.** 1. se lo 2. se la 3. se lo
Prueba corta. **Ejercicio A.** 1. nos reímos 2. se puso / durmió 3. conseguí 4. se despidió 5. se vistió
/ se divirtió 6. hicimos / trajeron **Ejercicio B.** 1. a 2. a 3. c 4. b 5. a 6. b

CAPÍTULO 9

Vocabulario: Preparación **Pasatiempos, diversiones y aficiones.** **Ejercicio C.** 1. a. hacer *camping*
b. juegan a las cartas c. dan un paseo 2. a. juegan al ajedrez b. Teatro c. Museo 3. ELSA: divertido;
LISA: Cine / la película, ELSA: pasarlo bien **Los quehaceres domésticos.** **Ejercicio A.** 1. Se usa la
estufa para cocinar. 2. Se prepara el café en la cafetera. 3. Lavamos y secamos la ropa. 4. Usamos el
lavaplatos. 5. Pasamos la aspiradora. 6. Tostamos el pan en la tostadora. 7. Usamos el microondas.
Pronunciación y ortografía: *p and t* **Ejercicio C.** 1. Paco toca el piano para sus parientes. 2. Los tíos
de Tito son de Puerto Rico. 3. ¿Por qué pagas tanto por la ropa? 4. Tito trabaja para el padre de Pepe.
Gramática **Gramática 26.** **Ejercicio A.** 1. celebraba 2. se llenaba 3. debíamos 4. Corríamos
5. comíamos 6. cortábamos 7. era 8. me molestaba 9. era 10. era **Ejercicio B.** 1. tenía 2. vivíamos
3. Iba 4. volvía 5. prefería 6. venían 7. era 8. celebrábamos 9. hacía 10. cocinaba 11. visitaban
12. se quedaban 13. dormíamos 14. nos acostábamos 15. había 16. pasábamos 17. eran **Ejercicio C.**
Paso 1. 1. Antes tenía menos independencia. Ahora se siente más libre. 2. Antes dependía de su esposo. Ahora tiene más independencia económica. 3. Antes se quedaba en casa. Ahora prefiere salir a
trabajar. 4. Antes sólo pensaba en casarse. Ahora piensa en seguir su propia carrera. **Gramática 27.**

Ejercicio A. (*Possible answers*) 1. Sophia Loren es la actriz más guapa del mundo. 2. El golf es el deporte más aburrido de todos. 3. Mi hermano es la persona más perezosa de mi familia. 4. «Survivor» es el programa más tonto de este año. 5. Sosa es el mejor jugador de béisbol. **Ejercicio B. Paso 1.** el carnaval, mayo *Como agua para chocolate*, pasar la aspiradora **Gramática 28. Ejercicio A.** 1. ¿Cómo se llama Ud.? 2. ¿De dónde es Ud.? 3. ¿Dónde vive Ud.? 4. ¿Adónde va Ud. ahora? 5. ¿Qué va a hacer? 6. ¿Cuáles son sus pasatiempos favoritos? 7. ¿Cuándo empezó a jugar? 8. ¿Quiénes son sus jugadores preferidos? 9. ¿Por qué (son sus preferidos)? 10. ¿Cuánto gana Ud. al año? **Ejercicio B.** 1. cómo 2. Qué 3. Quién 4. De dónde 5. cuántos 6. Cómo 7. Cuándo 8. Por qué 9. cómo 10. Qué/Cuál **Un poco de todo Ejercicio A.** 1. pasaba 2. esquiando 3. conoció 4. visitaba 5. vivían 6. esquiaba 7. estaba 8. vio 9. Dobló 10. perdió 11. se puso 12. Te hiciste 13. esperando 14. sacudiéndose 15. sonriendo 16. se hicieron **Ejercicio C.** 1. Ahora Amada está jugando al basquetbol. Ayer jugó… De niña jugaba… 2. Ahora Joaquín está nadando. Ayer nadó. De niño nadaba. 3. Ahora Rosalía está bailando. Ayer bailó. De niña bailaba. 4. Ahora Rogelio está paseando en bicicleta. Ayer paseó… De niño paseaba… 5. Ahora David está haciendo ejercicio. Ayer hizo… De niño hacía… **Conozca… Colombia Ejercicio A.** 1. España / 1819 / Simón Bolívar 2. oro / café 3. africano / español 4. San Augustín / VI **Ejercicio B.** 1. Medellín 2. 14 años 3. «A Dios le pido» 4. tres Grammys 5. a las víctimas de la vioencia y a las personas que las protegen **Póngase a prueba A ver si sabe… Ejercicio A. Paso 1.** *yo:* iba / leía / era / veía; *nosotros:* cantábamos / íbamos / leíamos / éramos / veíamos **Paso 2.** 1. d 2. e 3. c (a) 4. b 5. f 6. a **Ejercicio B.** 1. la / más / del 2. mejores / del 3. peor / de la **Ejercicio C.** 1. Qué 2. Cuál 3. Cuáles 4. Qué 5. Cuál **Prueba corta. Ejercicio A.** 1. era 2. asistía 3. estaba 4. ayudaba 5. vivían 6. iban 7. jugaban 8. servía 9. se cansaban 10. volvían **Ejercicio B.** 1. Adónde 2. Quién 3. Cómo 4. Dónde 5. Cuál 6. Cuánto

CAPÍTULO 10

Vocabulario: Preparación La salud y el bienestar. Ejercicio A. 1. la boca / el cerebro 2. los ojos / los oídos 3. los pulmones y la nariz 4. el corazón 5. la garganta 6. el estómago 7. los dientes **Ejercicio B.** 1. a. Hace ejercicio. b. Lleva una vida sana. c. Sí (No, no) hago tanto ejercicio como ella. 2. a. No, no se cuida mucho. b. Debe dejar de tomar y fumar y comer carne. c. Es mejor que coma las verduras. **En el consultorio. Ejercicio A.** 1. Tengo fiebre. 2. Tenemos que abrir la boca y sacar la lengua. 3. Debemos comer equilibradamente, cuidarnos, dormir lo suficiente y hacer ejercicio. 4. Cuando tenemos un resfriado, estamos congestionados, tenemos fiebre y tenemos tos (tosemos). 5. Es necesario llevar lentes. 6. Nos da antibióticos. 7. Prefiero tomar pastillas (jarabe). **Ejercicio C. Paso 1.** (*Possible answers*) 1. Darío tiene dolor de estómago. (A Darío le duele el estómago.) Él está en un consultorio. 2. Toño tiene fiebre. Está en casa. 3. Alma tiene dolor de muela. (A Alma le duele la muela [una muela]). Está en el consultorio (la oficina) de la dentista. 4. Gabriela está muy enferma. Tiene dolor de cabeza, está mareada y congestionada. Ella está en una oficina (su oficina). **Gramática ¡RECUERDE! Ejercicio A.** 1. nos cuidábamos / nos cuidamos 2. comíamos / comimos 3. hacía / hice 4. eras / fuiste 5. decían / dijeron 6. sabía / supe 7. jugaba / jugué 8. iba / fue 9. ponía / puso 10. venías / viniste **Ejercicio B.** 1. I 2. I 3. I 4. P **Gramática 29. Ejercicio A. Paso 1.** 1. imperfect 2. preterite 3. imperfect 4. preterite 5. imperfect 6. preterite / imperfect **Paso 2.** 1. tenía 2. vivía 3. asistía 4. trabajaba 5. se quedaba 6. viajaron 7. nos quedamos 8. iba 9. se rompió 10. supieron 11. querían 12. aseguró 13. estaba **Ejercicio B.** 1. supimos / tuvo 2. sentía / iba 3. pudo / fue 4. pude / tenía 5. estuve / estaba 6. iba **Ejercicio C.** 1. se despertó 2. dijo 3. se sentía 4. pudo 5. dolía 6. hizo 7. Estaba 8. temía 9. examinó 10. dijo 11. era 12. estaba 13. debía 14. dio 15. llegó 16. se sentía **Gramática 30. Ejercicio B.** 1. Se miran mucho. 2. Los novios se besan y se abrazan mucho. 3. Ana y Pili se conocen bien, se escriben mucho y se hablan con frecuencia. 4. Nos damos la mano y nos saludamos. **Un poco de todo Ejercicio A.** 1. fue 2. tuve 3. estuve 4. me levanté 5. sentía 6. quería (quise) 7. se puso 8. dolía 9. dormí 10. empecé 11. llamaste 12. los 13. conocía 14. llamé 15. a 16. llamó 17. llevaron 18. lo 19. despertaba 20. lo 21. el 22. hablaba 23. el **Ejercicio B.** enfermaba / cuidaba / comía / hacía / dormía / llevaba; sentía / dolían / dolía / quería / decidí / Miré / vi / eran / Llamé / venía / dije / iba / Tomé / acosté **Ejercicio C.** 1. Los niños se estaban pegando cuando su madre los vio. 2. Graciela estaba durmiendo cuando sonó el teléfono. 3. Estaba despidiéndome de Raúl cuando entraste. **Conozca… Venezuela Ejercicio A.** 1. varios idiomas indígenas 2. Caracas 3. el bolívar 4. 24 de julio 5. Rousseau 6. las colonias estadounidenses 7. el Libertador 8. la isla Margarita y la costa caribeña **Póngase a prueba A ver si sabe… Ejercicio A.** 1. I 2. P 3. I 4. I 5. I **Ejercicio B.** 1. Mi novio/a y yo nos queremos. 2. Mi mejor amigo y yo nos conocemos bien. 3. Marta y sus padres se llaman todos los domingos. **Prueba corta. Ejercicio A.** 1. era 2. tenía 3. pagaban 4. preguntó 5. quería 6. pude 7. me dieron 8. creían 9. era 10. cumplí 11. conseguí 12. empecé **Ejercicio B.** 1. se despiden / se dan 2. se hablan 3. se respetan 4. se ven 5. se ayudan

CAPÍTULO 11

Vocabulario: Preparación La profesora Martínez se levantó con el pie izquierdo. Ejercicio A. 1. torpe 2. me caí 3. me lastimé 4. duele 5. no se equivoca 6. rompí 7. aspirinas 8. se siente 9. ¡Qué mala suerte! 10. me acuerdo **Ejercicio B.** 1. el cuerpo 2. la cabeza 3. el brazo 4. la mano 5. la pierna 6. el pie 7. los dedos **More on Adverbs. Ejercicio A.** 1. fácilmente 2. inmediatamente 3. impacientemente 4. lógicamente 5. totalmente 6. directamente 7. aproximadamente 8. furiosamente **Ejercicio B.** 1. tranquilamente 2. finalmente 3. Posiblemente 4. aproximadamente 5. sinceramente 6. solamente **Pronunciación y ortografía: ñ and ch Ejercicio D.** 1. El cumpleaños de Begoña es mañana. 2. La señorita (Srta.) Núñez estudia mucho. 3. Los señores (Sres.) Ibáñez son los dueños del Hotel España. 4. Esa muchacha es chilena. 5. Hay ocho mochilas en la clase. **Gramática Gramática 31. Ejercicio A.** 1. b 2. d 3. a 4. c 5. e **Ejercicio B.** 1. Juan perdió el dinero. 2. Mi hermano rompió una ventana. 3. Olvidé los libros. (Me olvidé de los libros.) 4. ¿Olvidaste traer dinero? (¿Te olvidaste de traer dinero?) 5. ¿Dejaste los boletos en casa? **Ejercicio C.** 1. olvidaron 2. cayó 3. acabó 4. rompieron **Ejercicio F.** 1. se les olvidó 2. se le perdieron 3. se nos quedó 4. se les rompieron **Gramática 32. Ejercicio A.** 1. ¡Por Dios! (Por favor) / por 2. por primera 3. por eso / por ejemplo 4. por si acaso 5. Por lo general 6. por 7. por lo menos 8. por / Por fin **Ejercicio B.** 1. Mi hermano y yo fuimos a Europa por primera vez en el verano de 1992. 2. Fuimos a España por las Olimpíadas. 3. Viajamos de Los Ángeles a Barcelona por avión. 4. Fuimos por Nueva York. 5. Pasamos por lo menos trece horas en el avión. **Ejercicio C.** 1. Lo necesita para ir a recoger a María Rosa. 2. Viene para esquiar. 3. No, son para ella. 4. Sí, es muy lista para su edad. 5. Estudia para (ser) sicóloga. **Ejercicio D.** 1. por 2. por 3. por 4. para 5. para 6. por 7. para 8. para 9. por 10. para 11. para 12. para 13. por **Un poco de todo Ejercicio A.** 1. Mientras pelaba las patatas, me corté y me lastimé el dedo. 2. Cuando sacaba mi coche del garaje, choqué con el coche de papá. 3. Cuando el mesero traía el vino, se le cayeron los vasos. 4. Mientras Julia esquiaba, se cayó y se rompió el brazo. 5. Mientras Carlos caminaba, se dio contra una señora y le pidió disculpas. **Ejercicio B.** 1. Ud. habla muy bien para principiante. 2. Necesitamos terminar esta lección para el viernes. 3. Debemos repasar los mandatos, por si acaso. 4. Vamos a pasar por la biblioteca. 5. Necesito sacar unos libros para mi hermano. **Conozca… Puerto Rico** 1. Estado Libre Asociado de Puerto Rico 2. el español y el inglés 3. el dólar estadounidense 4. desde 1952 5. No pueden votar por el presidente. 6. Borinquen 7. Es la primera novela del Nuevo Mundo. **Póngase a prueba A ver si sabe… Ejercicio A.** 1. Se me perdió… 2. Se nos perdió… 3. (A Juan) Se le rompieron… 4. Se les olvidó… **Ejercicio B.** Usos de para: a. 3 b. 4 c. 1 d. 2; Usos de por: a. 3 b. 1 c. 2 d. 4 **Prueba corta. Ejercicio A.** 1. b 2. b 3. a 4. a 5. a **Ejercicio B.** 1. por 2. para 3. para 4. por 5. para 6. para

CAPÍTULO 12

Vocabulario: Preparación Tengo… Necesito… Quiero… Ejercicio B. (*Possible answers*) 1. Le gusta (interesa) a ella. 2. Le gusta a él. 3. Les gusta a los dos. 4. Le gusta (interesa) a él. 5. Le gusta a ella. 6. Le gusta a él. 7. Le gusta a él. 8. Le gusta (interesa) a ella. **Ejercicio C.** 1. a. a todas partes b. cassette y gozar con el Compact c. de AM y de FM Stéreo 2. b 3. a **Ejercicio D.** 1. jefa / aumento / cambiar de trabajo / conseguir 2. gano / parcial 3. falló 4. manejar **La vivienda. Ejercicio A.** 1. alquilar 2. dirección 3. vecindad 4. alquiler 5. piso 6. vista 7. centro 8. afueras 9. luz 10. dueños 11. portero 12. planta baja 13. vecinos **Pronunciación y ortografía: y and ll Ejercicio E.** 1. El señor (Sr.) Muñoz es de España y habla español. 2. Yolanda Carrillo es de Castilla. 3. ¿Llueve o no llueve allá en Yucatán? **Gramática ¡RECUERDE!** 2. escríbanlo / lo escriban 3. juéguelo / lo juegue

4. dígamelo / me lo diga 5. dénselo / se lo den **Gramática 33. Ejercicio B.** 1. Pon / pongas
2. uses / usa 3. Apaga 4. Préstame 5. le mandes / mándale 6. Dile / le digas **Ejercicio C.** (*Possible answers*) 1. no juegues en la sala 2. vístete bien (mejor) 3. lávate las manos antes de comer 4. no seas pesado 5. no pongas los pies sobre mi cama **Ejercicio D.** 1. ponla / no la pongas 2. sírvesela / no se la sirvas 3. tráemela / no me la traigas 4. lávamelos / no me los laves **Gramática 34. Ejercicio A.** lleguemos / empiece / conozcamos / juegue / consigamos / divirtamos / duerma **Ejercicio B.** 1. pueda / olvide / sepa 2. empiecen / manden / digan 3. llegues / seas / busques **Ejercicio D. Paso 1.** *You should have checked the following actions for each person:* SU HERMANA: no usar su coche, prestarle su cámara; SU HERMANO MENOR: bajar el volumen del estéreo; SUS HERMANITOS: no jugar «Nintendo» **Gramática 35. Ejercicio B.** 1. digan la verdad / lleguen a tiempo / acepten responsabilidades / sepan usar una computadora 2. resulte interesante / me guste / no esté lejos de casa / me dé oportunidades para avanzar **Ejercicio C.** 1. veamos 2. compremos 3. paguemos 4. volvamos 5. traigamos **Ejercicio D.** 1. ¿Qué quieres que compre? 2. ¿Qué quieres que traiga? 3. ¿Qué quieres que prepare? 4. ¿Qué quieres que busque? 5. ¿Qué quieres que cocine? **Ejercicio E. Paso 2.** 1. solucione sus problemas 2. se equivoque 3. sea más flexible 4. trabaje los fines de semana 5. tenga teléfono celular **Un poco de todo Ejercicio A.** *Oye, mira. Abre* los ojos y *ve* todos los detalles del paisaje. *Viaja* a *tu* destino sin preocupar*te* por el tráfico. *Haz tu* viaje sentado cómodamente y *llega* descansado. *Goza* de la comida exquisita en el elegante coche-comedor. *Juega* a las cartas o *conversa* con otros viajeros como *tú*. Y *recuerda*: ¡Esto pasa solamente viajando en tren! **Ejercicio B.** 1. Chicos, vengan aquí. Necesito enseñarles a manejar la nueva lavadora. 2. María, ayuda a tu hermano a barrer el patio. 3. Pepe, recomiendo que hagas tu tarea antes de salir a jugar. 4. María, no te olvides de llamar a Gabriela para darle nuestra nueva dirección. 5. Pepe, ve a tu cuarto y ponte una camisa limpia. **Conozca… el Perú y Chile Ejercicio A.** 1. 24.000.000 de habitantes 2. español, quechua y aimara 3. Es el lago más grande de Sudamérica y es la ruta de transporte principal entre Bolivia y el Perú. 4. la papa 5. Se extendía desde Colombia hasta Chile (y desde el Pacífico hasta las selvas del este). 6. Cuzco 7. la arquitectura, la ingeniería y las técnicas de cultivo **Ejercicio B.** 1. 15.700.000 2. el mapuche y el quechua 3. de chilli, una palabra indígena 4. Es largo y estrecho. 5. la producción de cobre y la industria vinícola **Póngase a prueba A ver si sabe… Ejercicio A.** *decir:* di; *escribir:* no escribas; *hacer:* haz / no hagas; *ir:* ve / no vayas; *salir:* sal / no salgas; *ser:* sé / no seas; *tener:* no tengas; *trabajar:* trabaja **Ejercicio B.** 1. a. busque b. dé c. escriba d. esté e. estudie f. vaya g. oiga h. pueda i. sepa j. sea k. traiga l. viva 2. *comenzar:* comience / comencemos; *dormir:* durmamos; *perder:* pierda; *sentirse:* me sienta / nos sintamos **Ejercicio C.** 1. prefiere / vengan 2. Es / comience 3. prohíbe / entremos 4. insisten / se queden 5. Es / traigas **Prueba corta. Ejercicio A.** 1. Ven 2. apagues 3. Llama / dile 4. pongas / ponlo 5. te preocupes / descansa **Ejercicio B.** 1. busques 2. comprar 3. vayamos 4. hablar / hablemos 5. sepas / pierdas

CAPÍTULO 13

**Vocabulario: Preparación Las artes; En el teatro; La expresión artística; La tradición cultural.
Ejercicio B.** 1. Gabriel García Márquez escribió *Cien años de soledad*. 2. Diego Rivera pintó murales. 3. Plácido Domingo cantó óperas italianas. 4. Robert Rodríguez dirigió *Desperado*. 5. Judy Garland hizo el papel de Dorothy… **Ranking Things: Ordinals. Ejercicio A.** 1. primera 2. cuarto 3. segundo 4. Primero / Quinto 5. Tercero / Cuarto 6. Octavo / segunda / quinta **Gramática Gramática 36. Ejercicio A.** 1. Me alegro mucho que el papa me mande más dinero. 2. A los artesanos no les gusta que yo siempre esté aquí. 3. Temo mucho que no podamos terminar… 4. Es mejor que nadie nos visite durante… 5. Espero que ésta sea mi… **Ejercicio B.** (*Possible answers*) 1. Siento que mis amigos no puedan salir conmigo esta noche. 2. Es lástima que los boletos para el «show» se hayan agotado. 3. Me sorprende que no vayas nunca al teatro. 4. Espero que sepas dónde está el cine. 5. ¡Es increíble que las entradas sean tan caras! **Ejercicio C.** 1. Es una lástima que Christina Aguilera no cante esta noche. 2. Es absurdo que las entradas cuesten tanto dinero. 3. Es increíble que tú no conozcas las novelas de Gabriel García Márquez. 4. Sentimos no poder ayudarlos a Uds. 5. Me molesta que haya tantas personas que hablan durante una función. 6. No me sorprende que Julia Roberts sea tan popular. **Ejercicio D.** 1. Ojalá que vea a mis amigos en Quito. 2. Ojalá que vayamos juntos a Cuenca. 3. Ojalá que lleguemos a Otavalo para ir de compras en el mercado de artesanías. 4. Ojalá que

encuentre un objeto bonito de artesanía para mis padres. 5. Ojalá que tenga suficiente tiempo para visitar la ciudad de Riobamba. **Gramática 37.** **Ejercicio A.** 1. Dudo que a mis amigos les encante el jazz. 2. Creo que el museo está abierto los domingos. 3. No estoy seguro/a de que todos los niños tengan talento artístico. 4. No es cierto que mi profesora vaya a museos todas las semanas. 5. No creo que mi profesor siempre exprese su opinión personal. **Ejercicio B.** (*Possible answers*) 1. Creo que a mi profesor le gusta este autor. 2. Es verdad que este libro tiene magníficas fotos… 3. Es probable que las novelas de García Márquez se vendan aquí. 4. Dudo que ésta sea la primera edición de esta novela. 5. No creo que acepten tarjetas de crédito en esta librería. 6. Estoy seguro/a de que hay mejores precios en otra librería. **Ejercicio C.** 1. Creo que hoy vamos a visitar el Museo del Prado. 2. Es probable que lleguemos temprano. 3. Estoy seguro/a de que hay precios especiales para estudiantes. 4. Es probable que tengamos que dejar nuestras mochilas en la entrada del museo. 5. Dudo que podamos ver todas las obras de Velázquez. 6. Creo que los vigilantes van a prohibir que saquemos fotos. 7. ¿Es posible que volvamos a visitar el museo mañana? **Un poco de todo** **Ejercicio A.** 1. desee estudiar para ser doctora 2. vuelvan tarde de sus fiestas 3. juegue en la calle con sus amigos 4. vaya de viaje con su novia y otros amigos 5. busque un apartamento con otra amiga 6. quiera ser músico 7. los amigos de sus hijos sean una influencia positiva **Conozca… Bolivia y el Ecuador** **Ejercicio A.** 1. Quito / La Paz 2. 11 millones / 8 millones 3. el sucre (el dólar) / el peso boliviano 4. español, quechua / español, aimara y quechua **Ejercicio B.** 1. del imperio inca 2. 55 por ciento 3. de Simón Bolívar 4. El Ecuador 5. en 1535 6. Oswaldo Guayasamín **Póngase a prueba** **A ver si sabe…** **Ejercicio A.** 1. llegues 2. estén 3. veamos 4. puedan 5. salgamos 6. se aburran **Ejercicio B.** 1. sea 2. es 3. sepas 4. guste 5. dicen **Prueba corta.** **Ejercicio A.** 1. Me alegro que Uds. vayan con nosotros al concierto. 2. Es una lástima que Juan no pueda acompañarnos. 3. Es probable que Julia no llegue a tiempo. Acaba de llamar para decir que tiene que trabajar. 4. Ojalá que consigas butacas cerca de la orquesta. 5. Es cierto que Ceci y Joaquín no van a sentarse con nosotros. 6. Me sorprende que los otros músicos no estén aquí todavía. 7. Es extraño que nadie sepa quién es el nuevo director. **Ejercicio B.** 1. tercer 2. primera 3. segunda 4. séptimo 5. quinto **Ejercicio C.** *El nombre del museo:* El Museo del Pueblo; *El tipo de arte que se va a exhibir:* tejidos y objetos de cerámica auténticos; *La fecha en que se va a abrir el museo:* el lunes, 31 de julio; *El nombre del director del museo:* el Sr. Arturo Rosa; *La hora de la recepción:* a las 6 de la tarde; *¿Es necesario hacer reservaciones?:* no; *¿Va a ser posible hablar con algunos de los artistas?:* sí

CAPÍTULO 14

Vocabulario: Preparación **La naturaleza y el medio ambiente.** **Ejercicio A.** 1. Más de la tercera parte del papel fue reciclado. 2. Reciclar es la única forma. **Ejercicio B.** 1. puro / bella 2. fábricas / medio ambiente 3. ritmo 4. escasez / población 5. transportes 6. destruyen 7. proteja / desarrollar **Los coches.** **Ejercicio A.** (*Possible answers*) 2. Revise la batería. 3. Cambie el aceite. 4. Revise los frenos. 5. Arregle (Cambie) la llanta. 6. Llene el tanque. 7. Limpie el parabrisas. **Ejercicio B.** 1. manejar (conducir) / funcionan / parar 2. doblar / seguir (sigue) 3. gasta 4. estacionar 5. licencia 6. arrancar 7. conduces (manejas) / carretera / chocar 8. circulación / semáforos 9. autopistas **Pronunciación y ortografía: More Cognate Practice** **Ejercicio B.** 1. *fos*fato 2. a*ten*ción 3. a*mo*níaco 4. *teo*logía 5. o*po*sición 6. foto*gra*fía 7. co*lec*ción 8. ar*qui*tecta **Gramática** **Gramática 38.** **Ejercicio A.** 1. C 2. F 3. C 4. C 5. F **Ejercicio B.** 1. preparado 2. salido 3. corrido 4. abierto 5. roto 6. dicho 7. puesto 8. muerto 9. visto 10. vuelto **Ejercicio C.** 1. Las invitaciones están escritas. 2. La comida está preparada. 3. Los muebles están sacudidos. 4. La mesa está puesta. 5. La limpieza está hecha. 6. La puerta está abierta. 7. ¡Yo estoy muerto/a de cansancio! **Gramática 39.** **Ejercicio A.** 1. ha escrito 2. ha dado 3. ha ganado 4. ha dicho 5. se ha hecho **Ejercicio B.** 1. ¿Has tenido un accidente últimamente? 2. ¿Te has acostado tarde últimamente? 3. ¿Has hecho un viaje a México últimamente? 4. ¿Has visto una buena película últimamente? **Ejercicio C.** 1. TINA: Raúl quiere que vayas al centro. UD.: Ya he ido. 2. TINA: Raúl quiere que hagas las compras. UD.: Ya las he hecho. 3. TINA: Raúl quiere que abras las ventanas. UD.: Ya las he abierto. 4. TINA: Raúl quiere que le des la dirección de Bernardo. UD.: Ya se la he dado. **Ejercicio D.** 1. Dudo que la hayan arreglado. 2. Es increíble que lo hayan construido. 3. Es bueno que los hayan plantado. 4. Es una lástima que se hayan ido. 5. Me alegro que lo haya conseguido. **Ejercicio F.** (*Possible answers*) 1. Antes de 2002 (nunca) había tenido una computadora. 2. …(nunca) había aprendido a esquiar. 3. …(nunca) había escrito nada en español.

4. ...(nunca) había hecho un viaje a España. 5. ...(nunca) había estado en un terremoto. **Un poco de todo   Ejercicio A.** 1. preocupados 2. diversos 3. puertorriqueña 4. esta 5. hecha 6. dicho 7. pintado 8. incluido 9. construidos 10. inspirado 11. tratado 12. verdes 13. cubiertas   **Ejercicio B.** (*Possible answers*) 1. a. Ella le ha escrito a su novio. b. Es posible que no lo haya visto en mucho tiempo. 2. a. Él ha vuelto de un viaje. b. Piensa que ha perdido su llave. 3. a. Se ha roto la pierna. b. Es posible que se haya caído por la escalera. **Conozca... la Argentina** 1. 37 millones de habitantes 2. español 3. durante los siglos XIX y XX 4. el 30 por ciento 5. Es el centro cultural, comercial, industrial y financiero. 6. a los habitantes de Buenos Aires 7. la guitarra, el violín y el bandoleón 8. la agresividad machista y la nostalgia 9. Carlos Gardel   **Póngase a prueba   A ver si sabe...   Ejercicio A.** 1. a. dicho b. ido c. leído d. puesto e. vuelto f. visto 2. a. cerradas b. abierto c. hecha d. resueltos   **Ejercicio B.** *cantar:* haya cantado; *conducir:* has conducido; *decir:* hemos dicho / hayamos dicho; *tener:* habéis tenido / hayáis tenido   **Ejercicio C.** 1. había roto 2. Habían contaminado 3. había hecho 4. Habíamos descubierto   **Prueba corta.   Ejercicio A.** 1. la capa de ozono destruida 2. las luces rotas 3. la energía conservada 4. las montañas cubiertas de nieve 5. las flores muertas   **Ejercicio B.** 1. b 2. b 3. a 4. c 5. c

CAPÍTULO 15

Vocabulario: Preparación   Las relaciones sentimentales.   Ejercicio B. 1. cita 2. boda 3. novia 4. noviazgos / matrimonio 5. esposos 6. cariñosa 7. soltero 8. lleva / divorciarse 9. amistad 10. luna de miel   **Ejercicio C.** 1. Rompió con ella hace poco. 2. Ya habían invitado a muchas personas y habían hecho contratos con el Country Club y la florista. 3. Le pide que le devuelva el anillo. 4. Debe guardarlo. 5. a. ella (la novia) b. sus padres / gastos   **Etapas de la vida.   Ejercicio A.** 1. juventud 2. adolescencia 3. nacimiento / muerte 4. infancia 5. madurez 6. vejez 7. niñez **Gramática   Gramática 40.   Ejercicio A.** 1. C 2. C 3. C 4. F 5. F 6. C 7. F 8. F   **Ejercicio B.** a. 1. sea 2. esté 3. tenga 4. cueste 5. encuentren b. 1. sepa 2. pueda 3. fume 4. pase 5. llegue 6. se ponga 7. se enferme c. 1. practiquen 2. jueguen 3. escuchen 4. hagan 5. guste   **Ejercicio C.** 1. viven en la playa / viva en las montañas 2. le enseñe a hablar / viene a visitar 3. son bonitos / le hacen / sean cómodos / estén de moda / vayan bien con su falda rosada / le guste 4. podamos alquilar / son razonables / están lejos del centro   **Gramática 41.   Ejercicio A.** 1. salgamos 2. nos vayamos 3. nos equivoquemos 4. descanses   **Ejercicio B.** 1. a. quiera b. sepa c. esté 2. a. volvamos b. le preste c. consiga 3. a. llueva b. haya c. empiece   **Ejercicio C.** (*Possible answers*) 1. para 2. para que 3. antes de 4. antes de que 5. sin 6. en caso de que   **Ejercicio D.** (*Possible answers*) 1. tengas un buen trabajo 2. te enfermes o haya una emergencia 3. se conozcan 4. se amen y se lleven bien 5. *antes de* casarte (*antes de que* se casen)   **Un poco de todo   Ejercicio A.** 1. se llevan 2. se odian 3. por 4. sepa 5. ha 6. por 7. hecho 8. se conozcan 9. se encuentran 10. se enamoran 11. los vean 12. se encuentran 13. Por 14. descubren 15. rompan 16. lo obedezca 17. va 18. se termine 19. se escapan 20. lejos 21. han 22. vuelvan 23. acaben   **Conozca... la República Dominicana** 1. Santo Domingo 2. Bartolomé Colón la fundó en 1496. 3. 8 millones de habitantes 4. el español y el francés criollo 5. el peso 6. Se lo cedió a Francia. / Se llama Haití.   **Póngase a prueba   A ver si sabe...   Ejercicio A.** 1. es 2. sepa 3. conoce 4. haga 5. vaya   **Ejercicio B.   Paso 1.** 1. c 2. d 3. b 4. a   **Paso 2.** 1. poder 2. salga 3. tengas 4. llamarme   **Prueba corta.   Ejercicio A.** 1. quiera 2. vaya / viajan 3. nacen 4. acaba 5. sea   **Ejercicio B.** 1. casarse 2. puedan 3. necesites 4. hayas 5. consigas 6. se vayan

CAPÍTULO 16

Vocabulario: Preparación   Profesiones y oficios.   Ejercicio A. 1. hombre/mujer de negocios 2. obrero 3. plomero/a 4. comerciante 5. enfermero/a 6. abogado/a 7. siquiatra 8. maestro/a 9. ingeniero/a 10. médico/a 11. periodista 12. bibliotecario/a   **Ejercicio B.** 1. Viajan de Guayaquil a Quito (Ecuador) en autobús. 2. Los tres son intelectuales. Una es profesora, otro es abogado y el otro es arquitecto. 3. Él es comerciante. 4. No, parece que no ganan lo suficiente. 5. No ganan lo suficiente para mantener a su familia.   **El mundo del trabajo.   Ejercicio A.** 1. currículum 2. escríbelo a máquina 3. empleos 4. entrevista / director de personal 5. empresa / sucursales 6. caerle bien 7. Llena /

solicitud 8. renunciar / dejes **Ejercicio B.** (*Possible answers*) 1. a. Busca empleo. b. No, no duda que puede colocarse en esa empresa. Parece que tiene contactos. 2. a. Está despidiéndolo. b. Es necesario que se vista mejor. 3. a. Está llenando una solicitud. b. Espera caerle bien al director (a la directora). **Una cuestión de dinero.** **Ejercicio A.** 1. gastado 2. ahorrar 3. presupuesto 4. alquiler 5. corriente 6. facturas **Ejercicio B.** **Paso 1.** *5:* tratar de caerle bien al entrevistador; *6:* aceptar el puesto y renunciar a mi puesto actual; *4:* ir a la entrevista; *3:* llenar la solicitud **Pronunciación y ortografía: More on Stress and the Written Accent** **Ejercicio C.** 1. cobró 2. cobro 3. toque 4. toqué 5. describe 6. descríbemela 7. levántate 8. levanta 9. franceses 10. francés **Ejercicio E.** 1. Creo *que* ese regalo es para *mí.* 2. Aquí *está tu té.* ¿*Qué* más quieres? 3. *Él* dijo *que te* iba a llamar a las ocho. 4. *Sí, mi* amigo *se* llama Antonio. **Gramática** **Gramática 42.** **Ejercicio B.** 1. buscaré / compraré 2. harás / vivirás 3. vendrá / estará 4. iremos / nos divertiremos 5. tendrán / podrán 6. saldremos / volveremos **Ejercicio C.** 1. cobrará / lo pondrá 2. querrán / se sentarán 3. sabrá / se quedará 4. les dirá 5. tendremos / iremos / bailaremos **Ejercicio D.** (*Possible answers*) 1. …podré comprar un coche. 2. …habrá mucho tráfico. 3. …se pondrá furiosa. 4. …sabré cómo llegar a tu casa. **Ejercicio E.** 1. Ahora estudiará ingeniería. 2. Ahora será programadora. 3. Ahora estará casada. 4. Ahora jugará con un equipo profesional. **Gramática 43.** **Ejercicio A.** 1. a, Habitual 2. b, Futuro 3. b, Futuro 4. a, Habitual 5. a, Futuro **Ejercicio B.** 1. a. Cuando me casé b. Cuando me case 2. a. Tan pronto como vuelvo b. Tan pronto como volví c. Tan pronto como vuelva 3. a. hasta que nos llaman b. hasta que nos llamaban c. hasta que nos llamen 4. a. Después (de) que nos vamos b. Después (de) que nos fuimos c. Después (de) que nos vayamos **Ejercicio C.** 1. Cuando viaje a México, llevaré solamente dólares y tendré que cambiarlos a pesos. 2. Iré a la Casa de Cambio Génova, en el Paseo de la Reforma. 3. Firmaré los cheques de viajero en cuanto entre en el banco. 4. Haré cola hasta que sea mi turno. 5. Le daré mi pasaporte tan pronto como me lo pida. 6. Después de que le dé 100 dólares, él me dará un recibo. 7. Me devolverán el pasaporte cuando me den el dinero. 8. Iré al restaurante… en cuanto salga… **Ejercicio D.** 1. Elena hará su viaje en cuanto reciba su pasaporte. 2. Ellos no se casarán hasta que encuentren casa. 3. Roberto nos llamará tan pronto como sepa los resultados. 4. Mario vendrá a buscarnos después de que vuelva su hermano. 5. Mi hermana y yo iremos a México cuando salgamos de clases. **Un poco de todo** **Ejercicio.** 1. rapidez, comodidad, facilidad, tranquilidad 2. Le ahorra tiempo. 3. Tiene setecientos cincuenta telebancos. 4. Lo más maravilloso es que la tarjeta sea gratis. 5. Lo mejor es que la tarjeta les porporcione (dé) dinero a cualquier hora. 6. Si se pierde la tarjeta, nadie más que él la puede usar. **Conozca… el Uruguay y el Paraguay** **Ejercicio A.** 1. Montevideo / Asunción 2. 3 millones de habitantes / 5 millones de habitantes 3. español / español y guaraní 4. el peso uruguayo / el guaraní **Ejercicio B.** 1. 45 por ciento 2. 96 por ciento 3. No tienen costa marítima. 4. los numerosos ríos navegables 5. para producir energía eléctrica 6. el 90 por ciento **Póngase a prueba** **A ver si sabe…** **Ejercicio A.** *llevar:* llevará / llevaremos / llevarán; *poder:* podré / podremos / podrán; *saber:* sabré / sabrá / sabrán; *salir:* saldré / saldrá / saldremos, *venir:* vendré / vendrá / vendremos / vendrán **Ejercicio B.** 1. a 2. c 3. a 4. b 5. c 6. b **Prueba corta.** **Ejercicio A.** 1. iré 2. hará 3. habrá 4. pondré 5. devolverá **Ejercicio B.** 1. recibamos 2. deposite 3. pueda 4. fui 5. terminen 6. tenía 7. pase